JOACHIM HEISE / JÜRGEN HOFMANN

FRAGEN AN DIE GESCHICHTE DER DDR

VERLAG JUNGE WELT BERLIN · 1988

Herausgegeben
vom Zentralrat der FDJ
in Zusammenarbeit
mit der Akademie für Gesellschaftswissenschaften
beim ZK der SED

INHALTSVERZEICHNIS

? Warum beginnt die Geschichte der DDR nicht erst 1949?

Am 7. Oktober 1949 versammelten sich die Mitglieder des Deutschen Volksrates zu ihrer 9. Tagung. Der Deutsche Volksrat war das Leitungsorgan der Volkskongreßbewegung für Einheit und gerechten Frieden, die sich 1947 im Kampf gegen die imperialistische Politik der Spaltung Deutschlands formiert hatte. Die Bildung einer Deutschen Demokratischen Republik war nach Gründung der BRD ein dringendes Gebot der Stunde geworden. Sie duldete keinen Aufschub mehr. Zahlreiche Arbeitskollektive, Persönlichkeiten aus Wissenschaft, Kunst und Politik hatten diesen Schritt gefordert. Die 330 Mitglieder des Deutschen Volksrates beschlossen deshalb, sich zum ersten zunächst noch provisorischen Parlament der Deutschen Demokratischen Republik zu erklären und eine Regierung zu berufen. Darüber hatten sich zuvor alle Parteien und Massenorganisationen der sowjetischen Besatzungszone verständigt. In Berlin, im Festsaal des heutigen Hauses der Ministerien in der Leipziger Straße, wurde die Deutsche Demokratische Republik aus der Taufe gehoben.

Eine fortschrittliche volksverbundene deutsche Republik war seit langem Ziel der Arbeiterbewegung und anderer demokratischer Kräfte. Der Bund der Kommunisten hatte es bereits in seinen Forderungen zu Beginn der bürgerlich-demokratischen Revolution im Februar 1848 aufgestellt. Die revolutionäre deutsche Sozialdemokratie unter August Bebel, Wilhelm Liebknecht und Paul Singer focht gleichfalls für einen wahren Staat des Volkes. Immer wieder tauchte in ihren programmatischen Dokumenten die Idee des Volksstaates auf. Karl Liebknechts Ruf nach der freien sozialistischen Republik Deutschland im November 1918 – von der Revolution selbst auf die Tagesordnung gesetzt – blieb in diesen Kämpfen zunächst noch Vision, aber es blieb das Ziel lebendig. Rätedeutschland oder Arbeiter-und-Bauern-Regierung? Die KPD suchte nach Alternativen deutscher Staatlichkeit. Im Kampf gegen den Faschismus reiften die Vorstellungen über Formen und Inhalt eines deutschen Staates der Zukunft. Auf ihrer Berner Konferenz entwickelte die KPD 1939 den Vorschlag einer neuen demokratischen Republik. Sie sollte ein breites Bündnis aller patriotischen Kräfte ermöglichen, die Kräfte der Reaktion aber ein für allemal von der Macht ausschließen. Im Nationalkomitee „Freies Deutschland“ wurden Wege in diese Richtung beschritten.

»

Aus dem Manifest des Nationalkomitees „Freies Deutschland" an die Wehrmacht und an das deutsche Volk vom 13. Juli 1943:

„Das Ziel heißt: Freies Deutschland.

Das bedeutet:

Eine starke, demokratische Staatsmacht, die nichts gemein hat mit der Ohnmacht des Weimarer Regimes, eine Demokratie, die jeden Versuch des Wiederauflebens von Verschwörungen gegen die Freiheitsrechte des Volkes oder gegen den Frieden Europas rücksichtslos schon im Keim erstickt.

Restlose Beseitigung aller auf Völker- und Rassenhaß beruhenden Gesetze, aller unser Volk entehrenden Einrichtungen des Hitlerregimes, Aufhebung aller gegen die Freiheit und Menschenwürde gerichteten Zwangsgesetze der Hitlerzeit.

Wiederherstellung und Erweiterung der politischen Rechte und sozialen Errungenschaften der Schaffenden, Freiheit des Wortes, der Presse, der Organisation, des Gewissens und der Religion. Freiheit der Wirtschaft, des Handels und des Gewerbes. Sicherung des Rechtes auf Arbeit und des rechtmäßig erworbenen Eigentums, ...

Beschlagnahme des Vermögens der Kriegsschuldigen und der Kriegsgewinnler ...

Gerechtes, schonungsloses Gericht über die Kriegsverbrecher, über die Anführer, ihre Hintermänner und Helfer, die Deutschland ins Verderben, in Schuld und Schande stürzten ..."

(Das Nationalkomitee „Freies Deutschland". Manifest und Protokoll der Gründungstagung, Juli 1943, o. O. u. J.)

Der Aufruf der KPD vom 11. Juni 1945 knüpfte mit seiner Orientierung auf eine antifaschistisch-demokratische Ordnung und auf eine „parlamentarisch-demokratische Republik mit allen demokratischen Rechten und Freiheiten für das Volk" daran an. Die SED bekräftigte 1946 in ihren „Grundsätzen und Zielen" den Willen der revolutionären Arbeiterbewegung, Deutschland als einheitliche „antifaschistische, parlamentarisch-demokratische Republik" neu zu organisieren. Die Befreiung des deutschen Volkes vom Faschismus hatte dafür eine historische Chance eröffnet. Mit der Gründung der Deutschen Demokratischen Republik im Oktober 1949 war der deutsche Staat ins Leben getreten, um den viele Generationen von Revolutionären gerungen hatten. Sie mußte sich nicht als Fortsetzung und Krönung revolutionärer und demokratischer Bestrebungen deklarieren, sie verkörperte diese Kontinuität.

Die DDR konnte darüber hinaus auf breite humanistische und progressive Traditionen der deutschen Geschichte zurückgreifen. In ihrer Verfassung hatten fortschrittliche und demokratische Elemente früherer deutscher Verfassungen, darunter auch der der Weimarer Republik, Eingang gefunden. Die Existenz und das Wirken verschiedener

Karl Marx/Friedrich Engels
Forderungen der Kommunistischen Partei in Deutschland

„Proletarier aller Länder, vereinigt Euch!"

1. Ganz Deutschland wird zu einer einigen, unteilbaren Republik erklärt.

2. Jeder Deutsche, der 21 Jahre alt, ist Wähler und wählbar, vorausgesetzt, daß er keine Kriminalstrafe erlitten hat.

3. Die Volksvertreter werden besoldet, damit auch der Arbeiter im Parlament des deutschen Volkes sitzen könne.

4. Allgemeine Volksbewaffnung. Die Armeen sind in Zukunft zugleich Arbeiterarmeen, so daß das Heer nicht bloß, wie früher, verzehrt, sondern noch mehr produziert, als seine Unterhaltungskosten betragen.

Dies ist außerdem ein Mittel zur Organisation der Arbeit.

5. Die Gerechtigkeitspflege ist unentgeltlich.

6. Alle Feudallasten, alle Abgaben, Fronden, Zehnten etc., die bisher auf dem Landvolke lasteten, werden ohne irgendeine Entschädigung abgeschafft.

7. Die fürstlichen und andern feudalen Landgüter, alle Bergwerke, Gruben usw. werden in Staatseigentum umgewandelt. Auf diesen Landgütern wird der Ackerbau im großen und mit den modernsten Hilfsmitteln der Wissenschaft zum Vorteil der Gesamtheit betrieben.

Auszug aus dem erstmals verbreiteten Flugblatt im März 1848

Parteien gehörte gleichfalls zu ihren Wurzeln. Im Bildungswesen, in der Kultur und in vielen anderen Bereichen wurde an Leistungen und Erfahrungen angeknüpft, die aus der Zeit vor 1933 stammten.

Der Gründung der Deutschen Demokratischen Republik gingen im Osten Deutschlands seit 1945 entscheidende Veränderungen in Wirtschaft und Gesellschaft voraus. Die Arbeiterparteien vereinten ihre Kräfte. Die demokratische Bodenreform, die Enteignung der Nazi- und Kriegsverbrecher, der Aufbau neuer, antifaschistisch-demokratischer Verwaltungsorgane entzogen dem Monopolkapital, Junkern und Militaristen Einfluß und Machtpositionen. Im gemeinsamen Wirken für antifaschistisch-demokratische Reformen wuchsen Respekt und Vertrauen gegenüber der geeinten Arbeiterpartei auch bei bürgerlich-demokratischen Kräften. Das Bündnis der antifaschistisch-demokratischen Parteien hielt Widersprüchen und komplizierten Belastungsproben stand. So wurde auch die Gründung der Deutschen Demokratischen Republik das gemeinsame Werk aller Parteien und gesellschaftlichen Organisationen in der sowjetischen Besatzungszone. Die Fundamente des jungen Staates waren Schritt für Schritt in den Jahren 1945 bis 1949 gelegt worden.

Die Grundsätze für die Verfassung einer Deutschen Demokratischen Republik – die natürlich ganz Deutschland umfassen sollte – standen lange vor 1949 zur öffentlichen Diskussion. Bereits im Herbst 1946 unterbreitete die SED dazu ihre Vorschläge. In einem breiten, demokratischen und öffentlichen Prozeß der Meinungsbildung, an dem Parteien, Organisationen, Persönlichkeiten, Bürger unterschiedlicher weltanschaulicher und politischer Bindung Anteil hatten, entstand die Verfassung der Deutschen Demokratischen Republik. Über 500 Änderungsvorschläge sowie 15000 Resolutionen und Stellungnahmen waren dem Verfassungsausschuß zugegangen. In den Westzonen dagegen war die Öffentlichkeit aus der Vorbereitung des Grundgesetzes der BRD bewußt ausgeklammert worden. Der 3. Deutsche Volkskongreß bestätigte im Mai 1949 den endgültigen Verfassungsentwurf. Seine Delegierten konnten sich auf das Mandat von zwei Dritteln der Wähler in der sowjetischen Besatzungszone stützen. An den Beratungen des 3. Deutschen Volkskongresses hatten ebenfalls 600 Persönlichkeiten aus den Westzonen teilgenommen. Von der Provisorischen Volkskammer am 7. Oktober 1949 in Kraft gesetzt, blieb die erste Verfassung der Deutschen Demokratischen Republik bis 1968 gültig. Die Volkskongreßbewegung, aus der die DDR hervorging, vereinte Menschen unterschiedlicher Herkunft, politischer und weltanschaulicher Standorte. In ihr wirkten Persönlichkeiten aus allen Besatzungszonen, obwohl ihre Ausstrahlung in den Westzonen nach anfänglichen Erfolgen durch Maßnahmen der Besatzungsorgane und Behörden stark eingeschränkt wurde.

Anliegen der Volkskongreßbewegung war es, der drohenden Spaltung Deutschlands zu begegnen und alle Kräfte für die Bildung eines einheitlichen, den Grundsätzen des Potsdamer Abkommens verpflichteten deutschen Staates zu mobilisieren. Der 3. Deutsche Volkskongreß wählte im Mai 1949 aus seiner Mitte den Deutschen Volksrat, der sich schließlich im Oktober zur Provisorischen Volkskammer konstituierte.

Im Unterschied jedoch zur Politik der Westmächte und der deutschen Bourgeoisie, die auf die Bildung eines imperialistischen Separatstaates zielte, galten die Schritte und Maßnahmen der SED und der mit ihr verbündeten Kräfte dem Fortschritt auf deutschem Boden. Das schloß alle Besatzungszonen ein. Darauf verwies Wilhelm Pieck ausdrücklich, als in der Sitzung des Parteivorstandes der SED über die unmittelbaren Schritte zur Gründung der DDR beraten wurde.

»

Wilhelm Pieck in der Sitzung des Parteivorstandes der SED am 4. Oktober 1949:

„Es ist oft davon gesprochen worden und oft darauf angetippt worden, ob man nicht eine Ostregierung schaffen müsse. Wir haben bisher, wenn solche Anregungen an uns herankamen, immer darauf hingewiesen, daß wir zunächst abwarten müssen, was sich im separaten Weststaat vollziehen wird ... So ergibt sich aus der Entwicklung im Westen Deutschlands für uns ein nationaler Notstand und damit die Notwendigkeit, eine ernste nationale Selbsthilfe zu organisieren und sie durchzuführen ... Wir haben lange überlegt, ob wir mit einem Vorschlag zur Bildung einer Regierung der Deutschen Demokratischen Republik hervortreten sollen."

(Institut für Marxismus-Leninismus, Zentrales Parteiarchiv, IV 2/1/36)

Die junge Deutsche Demokratische Republik stand vom ersten Tage an in einer historischen Verantwortung, die sich aus der deutschen Geschichte ergab, Faschismus und Krieg eingeschlossen. Otto Grotewohl, der erste Ministerpräsident der DDR, ließ in seiner Regierungserklärung am 12. Oktober 1949 keinen Zweifel an „der ganzen Schwere der Schuld und der Verantwortung ... die das deutsche Volk dadurch auf sich lud, daß es blind der aggressiven Kriegspolitik der nationalsozialistischen Machthaber gefolgt ist und daß es die furchtbaren Verbrechen duldete, die im zweiten Weltkrieg an den Völkern Europas und besonders an den Völkern der Sowjetunion begangen wurden." Aus den Erfahrungen deutscher Geschichte seit der Jahrhundertwende leitete er den Auftrag ab, „vereint dafür zu sorgen, daß nie wieder der deutsche Imperialismus in seinem Drang nach Eroberungen die Lebensgrundlagen des deutschen Volkes zerstören kann".

Die Vergangenheit hatte der jungen Arbeiter-und-Bauern-Macht viele komplizierte Probleme hinterlassen. Zerstörte Städte, eine kriegs-

Die Novemberrevolution 1918 vertrieb den Kaiser und beendete den Krieg. Die Volksmassen forderten: „Alle Macht den Arbeiter- und Soldatenräten!“

Im Juli 1943 gründeten deutsche Patrioten in Krasnogorsk das „Nationalkomitee Freies Deutschland“. Der Dichter Erich Weinert (Mitte) wurde zum Präsidenten gewählt. Das Gründungsmitglied Wilhelm Pieck sollte sechs Jahre später Präsident der DDR werden.

geschädigte Wirtschaft, grassierende Tuberkulose, vor allem aber die Nachwirkungen faschistischer Ideologie waren die größten. Dazu kam die Wiedergutmachung, die für die Kriegsschäden in anderen Ländern zu leisten war. Völlig neu geordnet werden mußte das Verhältnis zu den Nachbarvölkern. Insbesondere galt es, Mißtrauen abzubauen und dauerhafte vertragliche und freundschaftliche Beziehungen herzustellen. Deutsche Schuld mußte nicht nur geistig, sondern vor allem praktisch abgetragen werden. Die antifaschistisch-demokratische Umgestaltung leistete hier Wesentliches, aber zu tun blieb mehr als genug.

Für den friedlichen Aufbau der jungen Republik erwuchsen aber auch Kräfte und Potenzen aus der deutschen Geschichte. Allen voran war es der antifaschistische Widerstand, dessen Vertreter die Geburtshelfer des neuen Staates waren. An der Spitze des neuen Deutschland arbeiteten Menschen, die schon in den politischen Kämpfen in der Weimarer Republik Erfahrungen sammelten und die sich später in faschistischen Zuchthäusern und Konzentrationslagern sowie in der Emigration bewährten.

Die Deutsche Demokratische Republik konnte auf eine mehr als einhundertjährige Arbeiterbewegung bauen, die in vielen komplizierten Auseinandersetzungen gereift war. Die Bewahrung, Förderung und Weiterentwicklung des humanistischen und progressiven Erbes aus Kultur und Geschichte wurde Staatsdoktrin. In der Verordnung zur Entwicklung einer fortschrittlichen demokratischen Kultur des deutschen Volkes vom 16. März 1950 wurden dafür konkrete Schritte festgelegt und beträchtliche Mittel bereitgestellt.

»

Wilhelm Pieck über den Umgang mit der Geschichte:

„Es ist an der Zeit, daß unsere Jugend nicht mehr Legenden und Mythos als Geschichtsbild vorgesetzt bekommt, sondern die historischen Tatsachen. Es ist an der Zeit, daß die Jugend des werktätigen Volkes den Kampf ihrer Väter und Großväter, den Kampf ihrer Ahnen um Freiheit und soziale Gerechtigkeit erkennen lernt und … Lehren für die Zukunft zieht."

(Neues Deutschland vom 29. Januar 1949)

Der junge Staat brachte seinen Bürgern die Leistungen bedeutender Persönlichkeiten der deutschen Geschichte nahe. So wurden 1950 Johann Sebastian Bach, 1952 Ludwig van Beethoven, 1953 Karl Marx und Lucas Cranach sowie 1955 Friedrich Schiller ins Blickfeld öffentlicher Würdigung gerückt. Auch den preußischen Reformern und anderen Patrioten galt große Aufmerksamkeit. Herausragende Ereignisse der deutschen Geschichte wie die frühbürgerliche Revolution mit dem großen Deutschen Bauernkrieg 1525, die antinapoleonischen Kämpfe

1813/15, die bürgerlich-demokratische Revolution von 1848/49 und die Novemberrevolution 1918 waren immer wieder Gegenstand gesellschaftlicher Diskussionen und Würdigungen.

Im regelmäßigen gesellschaftlichen Dialog mit der Geschichte wurden ständig neue Fragen aufgeworfen und neue Blickwinkel erschlossen. Dabei schälten sich deutlich die humanistischen, demokratischen, antifaschistischen und revolutionären Traditionen und Leitbilder des sozialistischen deutschen Staates heraus, denen er besonders verpflichtet ist und die er fördert. Dabei weitete sich die Sicht auf die historischen Wurzeln. Die sozialistische Gesellschaft lernte, souveräner und differenzierter auch mit den widersprüchlichen Erscheinungen und Persönlichkeiten umzugehen.

Die Deutsche Demokratische Republik setzt deutsche Geschichte fort, die viele Jahrhunderte umfaßt. Sie baut auf Leistungen und Überlieferungen vieler Generationen und unterschiedlichster sozialer und politischer Kräfte auf, die ihre Spuren in unserer Umwelt und im geistig-kulturellen Leben hinterlassen haben. Städte, Schlösser, Parks und vieles andere ist aus verschiedenen geschichtlichen Epochen in die sozialistische Gegenwart übernommen. Manche technische Anlage erfüllt noch heute ihren nützlichen Zweck. Die Spuren der Leistungen Martin Luthers lassen sich in der Sprache, in der Kultur und im religiösen Bekenntnis von Millionen DDR-Bürgern bis in die Gegenwart verfolgen. Kultur, Kunst und Literatur sind ohne das reichhaltige historische Erbe gar nicht denkbar.

Das geschichtliche und kulturelle Erbe, mit dem wir fast täglich umgehen, ist häufig nicht erst in der jüngeren Vergangenheit entstanden. Manche Stadt, manche Landschaft birgt heute noch die gestalterische Leistung längst verflossener Jahrhunderte. Das Können dieser Generationen nötigt uns Respekt ab. Nicht alle geschichtlichen Ereignisse und Leistungen, an die wir anknüpfen, haben ihren Ursprung auf dem heutigen Territorium der DDR. Das gilt auch für solche der Nationalgeschichte. Deshalb verzichtet die DDR weder auf die Traditionen der Roten Ruhrarmee noch auf die Musik Beethovens oder Mozarts. Viele Fäden – politische, geistige und auch materielle – verbinden unsere Gegenwart mit der Geschichte. Leistungen, Errungenschaften, Erfahrungen und Verantwortung werden uns vermittelt und helfen, jetzige und künftige Aufgaben zu lösen und Herausforderungen zu bestehen.

»

Erich Honecker vor den 1. Sekretären der Kreisleitungen der SED im Februar 1988:

„Wie wir alle wissen, ist die Geschichte ein großer Lehrmeister. Mit ihr beschäftigen wir uns aus der Sicht auf das Heute und Morgen. Unsere Partei und unser Volk stehen in einer langen revolutionären und humanistischen Tradition jahrhundertelanger Kämpfe für den gesellschaftlichen Fortschritt, für

Deutschland im Mai 1945: Die aus faschistischen Zuchthäusern befreiten, aus der Illegalität getretenen oder aus dem Exil zurückgekehrten Kommunisten stellen sich an die Spitze des antifaschistisch-demokratischen Neuaufbaus.

Einen großen Beitrag zur Beseitigung der Kriegsschäden leisteten die „Trümmerfrauen".

Freiheit, für die Rechte und die Würde des Menschen. Wir sind fest in der Geschichte verwurzelt ...

Wofür die Spartakuskämpfer vor 70 Jahren ihr Leben einsetzten, wofür in der Nacht der Hitlertyrannei die antifaschistischen Widerstandskämpfer unermeßliche Opfer brachten, erfüllt sich in unserem Arbeiter-und-Bauern-Staat ...

Auf deutschem Boden ist ein aufblühender sozialistischer Staat entstanden, der eine reale Alternative zur kapitalistischen Ausbeuterordnung darstellt. Darauf sind wir zu Recht stolz. Diesen Stolz, das Wissen um diesen historischen Prozeß auch in die nachfolgenden Generationen zu tragen, betrachten wir als eine ständige Aufgabe der ideologischen Arbeit ...

Es entspricht unserem Herangehen an das revolutionäre, progressive und humanistische Erbe, wenn wir Ereignisse aus vergangenen Zeiten einbeziehen. Dementsprechend werden wir den 200. Jahrestag der Französischen Revolution, den 175. Jahrestag der Befreiungskriege 1813/14 und andere historische Ereignisse würdigen. Alle diese Traditionen, denen wir zutiefst verpflichtet sind, gilt es zu nutzen ...“

(Erich Honecker: Mit dem Volk und für das Volk realisieren wir die Generallinie unserer Partei zum Wohle der Menschen. Berlin 1988, S. 100ff.)

Die Deutsche Demokratische Republik ist Erbe einer reichen und wechselvollen Geschichte. Sie setzt diese fort. Ihre erfolgreiche Entwicklung ist damit die Krönung aller Sehnsüchte, Bestrebungen und Kämpfe, die dem gesellschaftlichen Fortschritt Bahn brachen.

? Was wurde 1945 in Potsdam für die Entwicklung Deutschlands beschlossen?

Vom 17. Juli bis zum 2. August 1945 hatten die Regierungschefs der UdSSR, der USA und Großbritanniens – unterstützt von den Außenministern und zahlreichen Experten – im Schloß Cecilienhof in Potsdam Fragen der Nachkriegsentwicklung in Europa, einer internationalen Friedensordnung und weitere internationale Probleme beraten. „Terminal" – Endstation – lautete das Codewort, unter dem die Konferenz der „Großen Drei" vorbereitet worden war. Die Wahl fiel auf Potsdam, weil die ehemalige deutsche Reichshauptstadt angesichts der großen Zerstörungen keine hinreichenden Bedingungen für diesen Gipfel bot. Der einstige Wohnsitz des letzten Kronprinzen der Hohenzollern hatte den Krieg unbeschädigt überstanden und konnte kurzfristig für die Beratungen hergerichtet werden. Dennoch wurde das Potsdamer Abkommen als „Mitteilung über die Dreimächtekonferenz von Berlin" veröffentlicht. Die Dokumente trugen die Unterschriften von J.W. Stalin, H.S. Truman und C.R. Attlee, der Churchill als neuer britischer Premier im Verlaufe der Konferenz abgelöst hatte.

Kerngedanke aller Festlegungen, Deutschland betreffend, war, notwendige Voraussetzungen zu schaffen, „damit Deutschland niemals mehr seine Nachbarn oder die Erhaltung des Friedens in der ganzen Welt bedrohen kann". Die drei führenden Mächte der Antihitlerkoalition waren sich einig in dem Ziel, den deutschen Militarismus und Nazismus auszumerzen und seine Stützen auszuschalten.

» *„Das Ziel dieser Übereinkunft bildet die Durchführung der Krimdeklaration über Deutschland. Der deutsche Militarismus und Nazismus werden ausgerottet, und die Alliierten treffen nach gegenseitiger Vereinbarung in der Gegenwart und in der Zukunft auch andere Maßnahmen, die notwendig sind, damit Deutschland niemals mehr seine Nachbarn oder die Erhaltung des Friedens in der ganzen Welt bedrohen kann.*
Es ist nicht die Absicht der Alliierten, das deutsche Volk zu vernichten oder zu versklaven. Die Alliierten wollen dem deutschen Volk die Möglichkeit geben, sich darauf vorzubereiten, sein Leben auf einer demokratischen und friedlichen Grundlage von neuem wiederaufzubauen. Wenn die eigenen Anstrengungen des deutschen Volkes unablässig auf die Erreichung dieses Ziels gerichtet sein werden, wird es ihm möglich sein, zu gegebener Zeit seinen Platz unter den freien und friedlichen Völkern der Welt einzunehmen."
(Das Potsdamer Abkommen, Dokumentensammlung, Berlin 1975, S. 218)

Um dies zu gewährleisten, wurde vereinbart:

- alle Formationen und Einrichtungen der Wehrmacht, der SS, SA, des Sicherheitsdienstes und der Gestapo sowie alle anderen militärischen und halbmilitärischen Organisationen völlig und endgültig aufzulösen;
- die Nazipartei und alle ihre Nebenorganisationen zu zerschlagen;
- Nazi- und Kriegsverbrecher vor Gerichte zu stellen und zu bestrafen;
- alle aktiven Nazis aus öffentlichen Ämtern und von anderen verantwortlichen Posten zu entfernen;
- die Rüstungsindustrie zu beseitigen und Monopolvereinigungen in der Wirtschaft aufzulösen.

Das deutsche Volk wurde zur Wiedergutmachung für einen Teil der Schäden verpflichtet, die den von Hitlerdeutschland überfallenen Staaten zugefügt worden waren. Es lag in der Natur der Sache, daß konsequente Maßnahmen gegen Nutznießer, Steigbügelhalter und Parteigänger des deutschen Faschismus und Militarismus auch an Machtpositionen des Monopolkapitals und des Großgrundbesitzes rühren mußten.

Vorwiegend aus diesem Personenkreis kamen die Kräfte, die den Faschismus mit Spenden gefördert, an die Regierung geschoben und sich ihrer bedient, die aus Rüstung, Krieg und Vernichtung ihren Vorteil gezogen hatten.

Dieses grundsätzliche Mandat des Potsdamer Abkommens stimmte völlig mit dem überein, was sich die antifaschistisch-demokratischen Kräfte in Deutschland selbst zum Ziel gesetzt hatten. Sie begrüßten dieses Abkommen und halfen bei seiner Realisierung.

» ***Aus dem Aufruf des ZK der KPD vom 11. Juni 1945:***

„Jetzt gilt es, gründlich und für immer die Lehren aus der Vergangenheit zu ziehen. ***Ein ganz neuer Weg muß beschritten werden!*** *... Möge der Neuaufbau Deutschlands auf solider Grundlage erfolgen, damit eine dritte Wiederholung der imperialistischen Katastrophenpolitik unmöglich wird. ... Mit der Vernichtung des Hitlerismus gilt es gleichzeitig, ... den reaktionären altpreußischen Militarismus mit allen seinen ökonomischen und politischen Ablegern zu vernichten.“*

(Dokumente zur Geschichte der SED, Band 2, Berlin 1986, S. 12)

» ***Aus der Erklärung des Blocks der antifaschistisch-demokratischen Parteien zu den Beschlüssen der Potsdamer Konferenz vom 12. August 1945:***

„Nie dürfen die verhängnisvollen Kräfte der Vergangenheit, die Kräfte des Mi-

Im Sommer 1945 verhandelten die Delegationen der Siegermächte UdSSR, USA und Großbritannien in Potsdam.

litarismus, der Reaktion und des Hitlerismus wieder Gewalt über unser Volk bekommen. Deshalb muß der Weg von 1945 ein neuer sein:
der Weg der Demokratie, des Rechts und der Freiheit, des Friedens und der Achtung vor anderen Völkern.
Die Einheitsfront der antifaschistisch-demokratischen Parteien wird diesen Weg gehen.
Die Beschlüsse der Berliner Konferenz (gemeint ist die Potsdamer Konferenz; d. Hrsg.) stehen am Anfang dieses neuen Weges.
Sie geben die Möglichkeit zur friedlichen Erneuerung unseres Vaterlandes. Diese Beschlüsse beruhen auf der durch die bedingungslose Kapitulation besiegelten militärischen Niederlage Deutschlands. Das deutsche Volk muß die Verantwortung für die Ergebnisse des Hitlerregimes und die Folgen des Hitlerkrieges tragen. Angesichts der Ungeheuerlichkeit, deren sich das verhaßte Naziregime und seine Helfershelfer schuldig machten, können wir nicht über die Härte der Bedingungen klagen.
Wir sind auch verpflichtet, nach dem Maße des Möglichen im Rahmen der vorgesehenen Reparationen einen Ausgleich für die den angegriffenen Völkern zugefügten Schäden zu leisten. Zugleich muß unser Volk durch harte und unermüdliche Arbeit die materiellen Voraussetzungen seiner eigenen Existenz von neuem schaffen."
(Deutsche Volkszeitung vom 14. August 1945)

Die Grundzüge der alliierten Politik gegenüber Deutschland wurden damals oft als Politik der drei „D" auf einen kurzen Nenner gebracht – Demilitarisierung, Denazifizierung und Demokratisierung.

Die Zerschlagung des Faschismus und das Potsdamer Abkommen boten eine große Chance, eine Wende in der deutschen Geschichte herbeizuführen. Selbstverständlich hing es von der Politik der Besatzungsmächte und der Formierung der politischen Kräfte in Deutschland selbst ab, inwieweit diese Chance genutzt und mit welchen Ergebnissen das Mandat von Potsdam ausgefüllt werden konnte. Von großer Bedeutung für das Wirken der antifaschistisch-demokratischen Kräfte war, daß das Potsdamer Abkommen ihnen das Recht einräumte, sich politisch zu organisieren und an der Neugestaltung des politischen und wirtschaftlichen Lebens mitzuwirken. Dieser Grundsatz wurde in der Folgezeit jedoch in den westlichen Besatzungszonen unterlaufen. Vor allem die Formierung der Arbeiterbewegung wurde mit politischen „Quarantänebestimmungen" hinausgezögert.

Das Potsdamer Abkommen wandte sich, wie alle anderen Beschlüsse der alliierten Organe, ausdrücklich an das deutsche Volk. Ihm wurde die Möglichkeit zum demokratischen Wiederaufbau ebenso eingeräumt wie das Recht auf staatliche Neugeburt. Damit anerkannte das Potsdamer Abkommen das deutsche Volk als Völker-

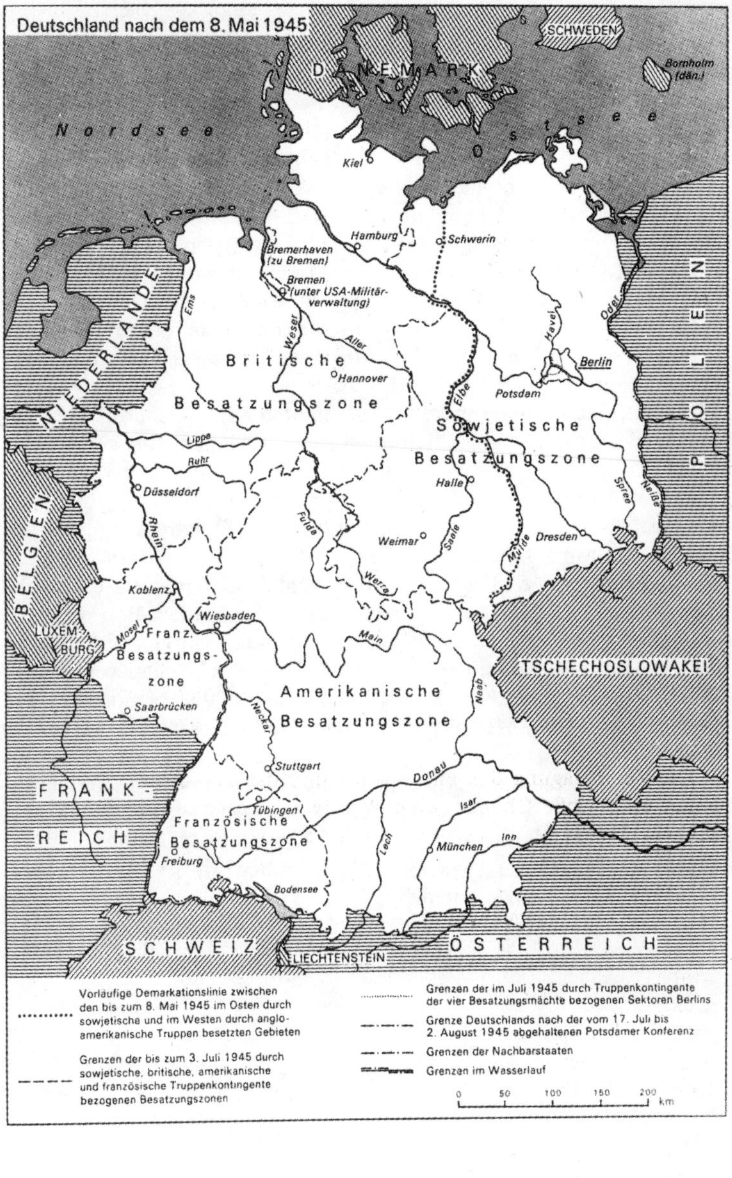
Deutschland nach dem 8. Mai 1945
DÄNEMARK
SCHWEDEN
Bornholm (dän.)
Nordsee
Ostsee
Kiel
Hamburg
Schwerin
Bremerhaven (zu Bremen)
Bremen (unter USA-Militärverwaltung)
NIEDERLANDE
Ems
Weser
Aller
Britische Besatzungszone
Hannover
Berlin
Potsdam
Havel
Oder
Elbe
POLEN
Sowjetische Besatzungszone
Lippe
Ruhr
Düsseldorf
Halle
Fulda
Rhein
Weimar
Saale
Mulde
Dresden
Spree
Neiße
BELGIEN
Koblenz
Werra
LUXEMBURG
Mosel
Wiesbaden
Franz. Besatzungszone
Main
TSCHECHOSLOWAKEI
Naab
Saarbrücken
Amerikanische Besatzungszone
Neckar
Stuttgart
Donau
FRANKREICH
Tübingen
Isar
Französische Besatzungszone
Lech
Inn
Freiburg
München
Bodensee
SCHWEIZ
LIECHTENSTEIN
ÖSTERREICH
Vorläufige Demarkationslinie zwischen den bis zum 8. Mai 1945 im Osten durch sowjetische und im Westen durch angloamerikanische Truppen besetzten Gebieten
Grenzen der bis zum 3. Juli 1945 durch sowjetische, britische, amerikanische und französische Truppenkontingente bezogenen Besatzungszonen
Grenzen der im Juli 1945 durch Truppenkontingente der vier Besatzungsmächte bezogenen Sektoren Berlins
Grenze Deutschlands nach der vom 17. Juli bis 2. August 1945 abgehaltenen Potsdamer Konferenz
Grenzen der Nachbarstaaten
Grenzen im Wasserlauf
0 50 100 150 200 km

rechtssubjekt. Das Recht auf nationale und soziale Selbstbestimmung wurde allerdings an völkerrechtliche Auflagen gebunden.

Träger des völkerrechtlichen Mandats konnte zu diesem Zeitpunkt nur das deutsche Volk sein. Das Deutsche Reich war im Feuer des zweiten Weltkrieges untergegangen, seine Organe existierten nicht mehr. Sie wären auch, wie die vier Mächte im Juni 1945 im Zusammenhang mit der Übernahme der obersten Regierungsgewalt erklärten, weder fähig noch berechtigt gewesen, Verantwortung gegenüber den Forderungen der siegreichen Antihitlerkoalition zu übernehmen. Auf der Tagesordnung stand die Bildung eines neuen deutschen Staatswesens. Den Vorschlag der Sowjetunion, eine deutsche Zentralverwaltung als Vorstufe einer Regierung einzusetzen, hatten die Westmächte in Potsdam jedoch abgelehnt. Dennoch sollte Deutschland als wirtschaftliche Einheit behandelt werden.

Trotz etlicher Meinungsverschiedenheiten und Kompromisse, die sich auch im Potsdamer Abkommen niederschlugen, war keineswegs die Spaltung Deutschlands vorprogrammiert, wie hin und wieder behauptet wird. Erst der Bruch mit Potsdam und der Übergang der USA und ihrer Partner zum kalten Krieg leitete jene Ereignisse ein, mit denen die Spaltung Deutschlands Schritt für Schritt vollzogen wurde.

In der sowjetischen Besatzungszone wurde von den antifaschistisch-demokratischen Kräften mit Unterstützung der Sowjetunion der Auftrag von Potsdam konsequent wahrgenommen. Mit der Entfernung von Nazis aus Verwaltungen und Behörden, dem Aufbau von antifaschistisch-demokratischen Verwaltungsorganen, der demokratischen Bodenreform, der Enteignung der Nazi- und Kriegsverbrecher sowie den anderen Reformen und Maßnahmen der antifaschistisch-demokratischen Umgestaltung erfüllten sie die Auflagen des Potsdamer Abkommens. Die Deutsche Demokratische Republik beruft sich auf das völkerrechtliche Mandat der Potsdamer Konferenz, das einen friedliebenden deutschen Staat vorsah, der für immer mit den Kräften reaktionärer Vergangenheit bricht.

? Welche Chancen gab es für einen antifaschistisch-demokratischen Neubeginn nach der Zerschlagung des Faschismus?

„Als ich kam in die Heimat
Und sah den Rest so stehen
Da bekam ich einen Schrecken
Und wollte schneller gehen.

Doch war ich auch schnell gegangen
So schnell wie nie, uns bangt:
Aus solcher Trümmerstätte
wär ich nicht hinausgelangt."

(Bertolt Brecht: „Als ich kam in die Heimat")

Jeder, der die Tage und Wochen am Ende des furchtbarsten aller Kriege miterlebt hat, wird diese Zeit nicht vergessen. Da waren zunächst das ungeheure Ausmaß der Zerstörungen, der Hunger, die Verzweiflung und die Apathie.

Am 4. Mai 1945 kam Erich Honecker auf seinem Weg vom Zuchthaus Brandenburg-Görden in das schwer zerstörte Berlin.

„Die Stadt hatte bis März/April 1945 über 400 anglo-amerikanische Bombenangriffe, darunter mehr als 40 Großangriffe, erlebt. Daher waren 37 von 100 Wohnungen zerstört worden (in Deutschland rund 21 von 100). Von den 400 Millionen Kubikmeter Trümmermenge in ganz Deutschland entfielen über 55 Millionen Kubikmeter allein auf Berlin.

Der anglo-amerikanische Luftkrieg forderte rund 500000 Todesopfer unter der Zivilbevölkerung, darunter mehr als 100000 Kinder ... Aus den wenigen unbeschädigten Häusern hingen aus Bettlaken gefertigte weiße Fahnen."

Hans Schmaul, ein Aktivist der ersten Stunde, beschrieb seine ersten Eindrücke, als er nach Berlin kam, so:

„Das äußere Bild war erschreckend genug. Die Trümmerberge in der Frankfurter Allee und in der Leipziger Straße. Auf den Trampelpfaden zwischen den Ruinen immer eilige Menschen, sehr viel mehr Frauen als Männer, in Igilitschuhen und zurechtgeschneiderten, zum Teil umgefärbten Wehrmachtsuniformen, mit Rucksäcken über den Schultern. Die langen Schlangen vor den Lebensmittelläden. Das Schwarzmarktgewimmel am Bahnhof Friedrichstraße und am Potsdamer Platz: die Amizigarette 2 Mark, ein Pfund Kartoffeln 4 Mark, eine Tafel Schokolade 35 Mark."

» Zerstörte Wohnungen

Ort	Zerstörter Wohnraum vom vorhandenen Wohnraum
Berlin	65 Prozent
Chemnitz	38 Prozent
Leipzig	25 Prozent
Rostock	32 Prozent
Potsdam	40 Prozent
Dessau	80 Prozent
Frankfurt (Oder)	50 Prozent
Magdeburg	50 Prozent
Plauen	75 Prozent
Nordhausen	74 Prozent
Dresden	65 Prozent
Halberstadt	82 Prozent
Bautzen	45 Prozent

Dresden, die Perle der Kultur, war in einer einzigen Nacht in Schutt und Asche gesunken. In einem Bombardement ohnegleichen starben in der Nacht vom 13. zum 14. Februar 1945 in dieser Stadt 35 000 Menschen. Von 220 000 Wohnungen wurden 80 000 völlig zerstört, 75 000 schwer beschädigt. 114 öffentliche Gebäude, 40 Krankenhäuser und Kliniken, 68 Kulturstätten, 35 Schulen wurden vernichtet. 20 Kirchen fielen dem Inferno zum Opfer. Von 30 weltbekannten kulturhistorischen Bauten wurden 11 schwer und 10 weitere erheblich beschädigt.

» Zerstörungen von kulturellen und wissenschaftlichen Einrichtungen

Theater	86 Prozent
Opernhäuser	68 Prozent
wissenschaftliche Bibliotheken	32 Prozent

Von den 70 Prozent der deutschen Industrie, die sich in den westlichen Besatzungszonen befanden, wurden 20 Prozent zerstört. In der sowjetischen Besatzungszone befanden sich 30 Prozent der deutschen Industrie, wovon 45 Prozent zerstört waren. Produktionsstätten und Betriebe der Energie- und Wasserversorgung lagen in Trümmern oder waren schwer beschädigt, die meisten Verkehrs- und Nachrichtenverbindungen waren unterbrochen.

» **Persönliche Verluste der deutschen Bevölkerung**

40 Prozent	Verlust des gesamten Eigentums
25 Prozent	Verlust eines Teils des Eigentums
35 Prozent	keine bzw. sehr geringe Verluste an Eigentum

Groß waren die Verluste an Menschenleben. Fast jede Familie hatte Tote zu beklagen. Viele Männer und Söhne galten noch als vermißt oder befanden sich in Kriegsgefangenschaft. 6 Millionen Deutschen hatte der Krieg das Leben gekostet. 4 Millionen waren an den Fronten gefallen oder vermißt. Mehr als 400000, vor allem Frauen, Kinder, Greise, kamen im Bombenhagel um, und 175000 jüdische Bürger, die nicht emigriert waren, fielen dem faschistischen Terror zum Opfer, 6 Millionen Juden insgesamt. Von 100 Jugendlichen des Jahrganges 1924 (21 Jahre – wahlberechtigt) waren im Jahre 1945: 25 gefallen oder vermißt, 31 schwer kriegsbeschädigt, 5 leicht verwundet, 2 arbeitsunfähig.

Angesichts all dessen, der Zerstörung, der Not, des Leidens und der Verzweiflung der Menschen, fragten sich viele, ob es überhaupt jemals möglich sein werde, aus der verheerenden Lage, in der sich das deutsche Volk befand, herauszukommen. Hatte das deutsche Volk eine Zukunft, oder war es zum Untergang verurteilt? Würde jemals wieder das deutsche Volk einen geachteten Platz in der internationalen Völkerfamilie einnehmen können, nach all den Verbrechen, die im Namen des deutschen Volkes begangen worden waren? Werden sich die Sieger über den Faschismus nicht grausam am deutschen Volk rächen?

Wie sich Erich Honecker später erinnerte, fragten damals viele: „Wieviel Zeit und Kraft es wohl brauchen würde, um diese verheerenden Folgen des Krieges, der nunmehr an seinen Ausgangspunkt zurückgekehrt war, zu überwinden. Vor allem aber: Mit wem sollte uns das gelingen?"

Wie sah es also mit den herrschenden Klassen aus?

Der deutsche Imperialismus war durch die Zerschlagung seiner faschistischen Diktatur, durch seine beispiellose militärische Niederlage und das Scheitern seiner barbarischen Weltherrschaftspläne in eine tiefe Krise geraten. Das Deutsche Reich war im Feuer des zweiten Weltkrieges untergegangen.

Die Macht der Monopolbourgeoisie und der Junker mußte endgültig gebrochen werden, um ein Deutschland aufzubauen, das den Interessen des Volkes diente und bei dem seine Nachbarn sicher sein konnten, daß von ihm immer nur Frieden und nie wieder Krieg ausgehen wird. Eine derartig gigantische Aufgabe erforderte die Anspannung aller Kräfte des Volkes. Aber: War das deutsche Volk 1945 dazu bereit und fähig?

Der Kampf um das nackte Leben beherrschte angesichts der Not und des Elends das Denken und Handeln der meisten Deutschen. Apathie, Angst und Hoffnungslosigkeit griffen um sich. Schrecken und Scham über die Verbrechen, die im Namen des deutschen Volkes verübt worden waren, überkamen viele Menschen. Antikommunistische, antisowjetische Vorstellungen beherrschten viele. Rassismus und Chauvinismus saßen tief. Die Mehrheit des deutschen Volkes war der faschistischen Ideologie erlegen und war den faschistischen Durchhalteparolen manchmal bis 5 nach 12 gefolgt. Objektiv war das deutsche Volk zwar vom Faschismus befreit worden, aber die Mehrheit der Deutschen betrachteten ihr Land als besiegt. Es hatte bedingungslos kapituliert. War es angesichts dieser Situation überhaupt realistisch, Not und Elend überwinden und die Macht der Monopolbourgeoisie und Junker brechen zu wollen?

Neben vielen Faktoren, die eine grundlegende Wende in der deutschen Geschichte erschwerten, gab es eine Reihe von fördernden Faktoren, die es zu nutzen galt.

Welche waren das vor allem?

Die deutsche Arbeiterklasse war zahlenmäßig stark, qualifiziert, diszipliniert und verfügte über jahrzehntelange Erfahrungen im Klassenkampf. Sie gehörte zu den traditionsreichsten Abteilungen der internationalen Arbeiterbewegung. Zwar war es den Faschisten gelungen, das Klassenbewußtsein von Teilen der deutschen Arbeiterklasse zu verschütten, ausrotten konnten sie es dennoch nicht. Zwar konnten sie der deutschen Arbeiterklasse durch Mord und Terror viele ihrer besten Führer nehmen, aber auslöschen konnten sie die deutsche Arbeiterbewegung nicht. Vor allem aber verfügte die deutsche Arbeiterbewegung im Unterschied zu 1918, als in Deutschland schon einmal eine revolutionäre Situation herangereift war, über eine kampferfahrene revolutionäre Partei: die KPD.

Sehr differenziert war die Lage in der Bauernschaft. Die Masse waren Klein- und Mittelbauern, die über vielfältige Erfahrungen bei der landwirtschaftlichen Produktion und über reiche Traditionen verfügten. Viele von ihnen waren den Versprechungen der Faschisten auf den Leim gegangen und enttäuscht worden. Zugleich hatten sie aber Vorbehalte gegenüber der revolutionären Arbeiterbewegung. Glaubte ein Teil, sich 1945 jeder politischen Tätigkeit enthalten zu müssen, entwickelte sich bei einem anderen Teil zögernd die Bereitschaft, die Situation auf dem Lande gründlich zu verändern.

Not und Elend zu überwinden erforderte die Mitarbeit von Hand-

Heimatlos –
obdachlos.
Hoffnungslos?

Deutschland in Trümmern:
Jede fünfte Wohnung ist zerstört.

Lebenszeichen an Ruinenmauern.

werkern, Gewerbetreibenden und Einzelhändlern, die über Jahrhunderte fachliches Können und Geschick entwickelt hatten. Tiefe Einbrüche waren dem Faschismus in diese Schichten gelungen. Widersprüchlich war ihre Haltung 1945.

In Deutschland hatte sich über viele Jahrzehnte eine leistungsfähige Schicht der Intelligenz herausgebildet, die auf den verschiedensten Gebieten der Wissenschaft, Technik und Kultur Werke von Weltgeltung geschaffen hatte. Die Mehrheit der bürgerlichen Intelligenz diente mit ihrem Wissen und Können dem faschistischen Regime, während ein nur kleiner Teil ihren Platz auf der Seite der Demokratie und des Fortschritts suchte.

Insgesamt bestand im Mai 1945 ein ernster Widerspruch zwischen den objektiven Bedingungen für eine revolutionäre Umwälzung der Gesellschaft und der politischen Reife und Organisiertheit der Volksmassen. Alles hing davon ab, ob und vor allem wie schnell es gelang, den subjektiven Faktor für eine tiefgreifende antifaschistisch-demokratische Umwälzung zu formieren. Bürgerliche Historiker nehmen dies zum Anlaß, um die Geschichte zu verfälschen.

So schrieb beispielsweise der Schweizer Historiker Dietrich Steier:

„Die DDR versteht ihre Gründung als Ergebnis einer Revolution, einer ‚antifaschistisch-demokratischen Umwälzung'. Seltsam nur, daß sich für diese ‚Revolution' so gar nichts nachweisen lassen will, was nach leninistischer Auffassung unbedingt zu einer Revolution gehört, eine revolutionäre Situation z. B. War das vielleicht eine ‚Revolution' ohne revolutionäre Situation im eigenen Land? Also doch bloß eine importierte Evolution?" Was damit gesagt werden sollte, ist offenkundig. Da die antifaschistisch-demokratische Umwälzung in der sowjetischen Besatzungszone angeblich nicht aus einer revolutionären Situation „im eigenen Land" erfolgte, sei sie eben nur die „importierte" Veränderung gewesen.

Natürlich erleichterte die Anwesenheit einer sozialistischen Besatzungsmacht den antifaschistisch-demokratischen Kräften, die Wurzeln von Faschismus und Militarismus auszurotten. Ob das gelang, diese historische Aufgabe konnte und wollte dem deutschen Volk niemand abnehmen. Es mußte mit seinen Verderbern selber fertig werden. Zwar hatte der Sieg über den Faschismus die Machtpositionen des deutschen Monopolkapitals und Junkertums erheblich geschwächt, an den Eigentumsverhältnissen hatte der Sieg der Alliierten jedoch nichts geändert.

So wurde zum Beispiel die antifaschistisch-demokratische Bodenreform im Herbst 1945, die damals tiefgreifendste der Veränderungen auf dem Lande, auf Anordnung der Landes- und Provinzialverwaltungen durchgeführt.

Die ökonomische Entmachtung der Monopolbourgeoisie, eine entscheidende Frage im revolutionären Umwälzungsprozeß, erfolgte auf der Grundlage eines Gesetzes, das als Ergebnis eines Volksentscheides in Sachsen über die Übergabe von Betrieben von Kriegs- und Naziverbrechern an das deutsche Volk in Kraft trat.

Sergej Tjulpanow, der Leiter der Informationsabteilung der SMAD, schrieb zum Vorwurf des „Exports der Revolution" folgendes:

„Die gesamte praktische Arbeit der SMAD ging von der Notwendigkeit aus, möglichst breite Schichten der Bevölkerung für die antifaschistisch-demokratische Umwälzung heranzuziehen. Der militärische Sieg der Alliierten, an dem die Sowjetarmee den entscheidenden Anteil hatte, brachte dem deutschen Volk die politische Befreiung. Doch die Befreiung von der Naziideologie konnte jetzt erst beginnen. Die Überwindung des schwerwiegenden, pervertierten Einflusses des Faschismus konnte ohne die aktive Teilnahme der deutschen Werktätigen am Aufbau eines friedliebenden, demokratischen Deutschland nicht erfolgen. Doch dieser Prozeß der Umerziehung benötigte seine Zeit und konnte nicht glatt und geradlinig verlaufen. Das Volk ideologisch und sozial zu befreien und ein neues Verhältnis zur jüngsten Vergangenheit herzustellen, war ‚von oben', gewissermaßen ‚von außen', durch die Kräfte eines fremden, wenn auch sozialistischen Staates nicht möglich. Darüber, daß die marxistisch-leninistische Theorie und Praxis in einem sozialistischen Land den ‚Export der Revolution' als Politik ablehnen, sprachen wir zu dieser Zeit nicht, und wir polemisierten über diese Frage auch nicht mit der bürgerlichen Presse, da die Durchführung antifaschistischer Maßnahmen keineswegs ein Export der sozialistischen Revolution war. Aber die antifaschistisch-demokratische Umgestaltung war ihrem Charakter nach eine revolutionäre Umgestaltung; sie konnte also nicht ‚von außen' erfolgen."

Im Osten Deutschlands wurde die Chance, eine grundlegende Wende in der deutschen Geschichte einzuleiten, genutzt. Mit Unterstützung der SMAD wurden die Wurzeln von Faschismus und Krieg ausgerottet, Not und Elend überwunden, und mit dem Aufbau eines neuen, demokratischen Deutschland wurde begonnen.

? Welche Lehren deutscher Geschichte mußten beim antifaschistisch-demokratischen Aufbau berücksichtigt werden?

Diese Frage bewegte seit 1933 immer wieder all jene, die Widerstand gegen den Faschismus leisteten. Sie war ein Schlüssel, wenn ein erfolgreicher Ausweg aus den katastrophalen Folgen faschistischer Herrschaft und ihrer Gewalt- und Kriegspolitik gefunden werden sollte. Besonders intensiv wurden von den Kommunisten historische Erfahrungen und Niederlagen analysiert und diskutiert. Die Ergebnisse dieser Diskussion führten zu den Beschlüssen der Brüsseler (1935) und Berner (1939) Parteikonferenzen. Ernst Thälmann beschäftigte diese Frage gleichfalls, als er sich im Kerker auf seine Gerichtsverhandlung vorbereitete, die bekanntlich nie stattfand. Anton Saefkow, Frank Jacob und andere Genossen der illegalen Leitung der KPD im Reich stellten sie sich, bevor sie ihre Plattform für ein antifaschistisches Deutschland formulierten. Im Nationalkomitee „Freies Deutschland" waren die Lehren deutscher Geschichte ebenfalls Gegenstand kontroverser Diskussionen und zugleich Basis für die Verständigung zwischen Kommunisten, Sozialdemokraten, Gewerkschaftern, bürgerlichen Intellektuellen, patriotischen Militärs und Christen. Dabei reifte die Strategie des antifaschistisch-demokratischen Neuaufbaus für die Zeit nach dem Sieg über den Faschismus.

Es überraschte deshalb kaum, daß der Aufruf der KPD vom 11. Juni 1945 überzeugende Antworten geben konnte. Dieser trug die Unterschriften von Wilhelm Pieck, Anton Ackermann, Martha Arendsee, Johannes R. Becher, Franz Dahlem, Hermann Matern, Walter Ulbricht und weiteren führenden Funktionären. Den Entwurf hatte nach gründlicher kollektiver Beratung Anton Ackermann in der Nacht vom 5. zum 6. Juni 1945 ausgearbeitet.

Auch in Aufrufen des Zentralausschusses der SPD und des Vorbereitenden Gewerkschaftsausschusses vom 15. Juni sowie in den Gründungsaufrufen der anderen Parteien waren Lehren der Arbeiterbewegung und der jüngsten deutschen Geschichte formuliert worden. In vielen grundlegenden Fragen zeigte sich Übereinstimmung mit der KPD.

» ***Aus dem Aufruf des Zentralausschusses der SPD vom 15. Juni 1945:***
„Die Geschichte erteilt dem deutschen Volk die eherne Lehre, sich auf seinem dornenvollen Opfergang, trotz Hunger und Elend, durch unermüdliche Arbeit und eisernen Willen die Achtung aller friedlichen, freiheitsliebenden Völker zu

erwerben. Niemals und von niemandem soll das deutsche Volk je wieder als vertrauensseliges Opfer gewissenloser politischer Abenteurer mißbraucht werden."
(Dokumente zur Geschichte der SED, Band 2, Berlin 1986, S. 18)

»

Aus dem Aufruf des Vorbereitenden Ausschusses zur Schaffung freier Gewerkschaften vom 15. Juni 1945:
„Die neuen freien Gewerkschaften sollen unter Zusammenfassung aller früheren Richtungen in ihrer Arbeit eine Kampfeinheit zur völligen Vernichtung des Faschismus und zur Schaffung eines neuen, demokratischen Rechtes der Arbeiter und Angestellten werden."
(Um ein antifaschistisch-demokratisches Deutschland, Dokumente aus den Jahren 1945 bis 1949, Berlin 1968, S. 65)

»

Aus dem Gründungsaufruf der CDU vom 26. Juni 1945:
„Das furchtbare Ausmaß von Unrecht, das die Hitlerzeit gebracht hat, verpflichtet, die Schuldigen und ihre Helfershelfer unnachsichtig, in strenger Gerechtigkeit, jedoch ohne Rachsucht zur Rechenschaft zu ziehen ... Und wir geloben, alles bis zum letzten auszutilgen, was dieses ungeheure Blutopfer und dieses namenlose Elend verschuldet hat, und nichts zu unterlassen, was die Menschheit künftig vor einer solchen Katastrophe bewahrt."
(Dokumente der CDU, Band 1, Berlin 1956, S. 19ff.)

»

Aus dem Gründungsaufruf der LDPD vom 5. Juli 1945:
„Die Verantwortung für den durch die Katastrophenpolitik der Vorkriegszeit verschuldeten Krieg lastet schwer auf dem deutschen Volk ... Es gilt, völlig neue Voraussetzungen für eine Wiedergeburt des deutschen Volkes zu gewinnen ...
Als nächste Ziele dieser jahrelang zu leistenden schweren Arbeit erkennen wir folgendes:
1. ... Bestrafung aller derjenigen, die sich im Kriege und in der Vorkriegszeit gegen Gesetz und Menschlichkeit vergangen haben, sowie derjenigen, die die politische Verantwortung für die Gewaltherrschaft der Nationalsozialisten seit 1933 tragen ...
6. ... Beseitigung des Militarismus und Förderung aller Bestrebungen, den Krieg mit seinem Elend und Jammer aus dem Gemeinschaftsleben der Völker zu verbannen ..."
(Um ein antifaschistisch-demokratisches Deutschland, Dokumente aus den Jahren 1945 bis 1949, Berlin 1968, S. 88/89)

»

Aus den „Grundsätzen und Zielen" der FDJ vom Juni 1946:

„Wir Jungen und Mädel der Freien Deutschen Jugend bekennen uns in Deutschland bitterster Not zum Neuaufbau unserer Heimat auf antifaschistisch-demokratischer Grundlage. Uns vereint der heilige Wille, durch gemeinsame Anstrengungen die vom Nazismus verschuldete Not unseres Volkes überwinden zu helfen."

(Dokumente zur Geschichte der Freien Deutschen Jugend, Band 1, Berlin 1960, S. 48)

Die wohl wichtigste Lehre der Vergangenheit lautete, dafür zu sorgen, daß eine Wiederholung der imperialistischen Katastrophenpolitik unmöglich wird, wie es im Aufruf der KPD hieß. Von deutschem Boden durfte nie wieder Krieg ausgehen. Die erschütternde Bilanz des zweiten Weltkrieges machte diese Schlußfolgerung geradezu zu einer Existenzfrage.

»

Der zweite Weltkrieg forderte 50 Millionen Tote.

Davon in der UdSSR	20 Millionen (10,4 % der Vorkriegsbevölkerung)
in Polen über	6 Millionen (17,2 % der Vorkriegsbevölkerung)
in Deutschland	6 Millionen (8,8 % der Vorkriegsbevölkerung)

Dazu kamen 35 Millionen ***Kriegsversehrte*** und 20 Millionen ***Waisen.***

Die materiellen Verluste betrugen für

die UdSSR	128 Mrd. Dollar
Deutschland	48 Mrd. Dollar

Zerstörungen in Deutschland:

Städte	durchschnittlich 30 %
Großstädte	durchschnittlich 40–50 %
Verkehrsanlagen	durchschnittlich 40 %

Förderer und Nutznießer des Faschismus und des faschistischen Krieges mußten zur Verantwortung gezogen werden. Kriegsverbrechern, Militaristen, Rüstungsmonopolen war ein für allemal das Handwerk zu legen. Dies konnte nur gelingen, wenn ihnen ihre ökonomische

Der Weg zum Sturze Hitlers und der Kampf um die neue demokratische Republik (Resolution der Berner Konferenz der KPD)

I
DIE DROHENDE KRIEGS- UND WIRTSCHAFTSKATASTROPHE

Die Entwicklung seit der Eroberung Österreichs und der Annexion des Sudetengebietes bestätigt die Feststellung der Resolution des ZK vom Mai 1938, daß die Losungen des Hitlerregimes „Großdeutschland" und „Selbstbestimmungsrecht des deutschen Volkes" nur ein Vorwand zur Durch-

V
DIE NEUE DEMOKRATISCHE REPUBLIK

Auf Grund der ganzen letzten Entwicklung wächst nicht nur die Opposition gegen einzelne Maßnahmen des Hitlerregimes, sondern die Stimmung „Hitler muß weg – so kann es nicht weitergehen – es gibt keine Ruhe, solange die am Ruder sind" verbreitet sich im Volk. In allen Schichten wächst die Sehnsucht nach einem Regime und einer Regierung, unter der man nicht immer in ständiger Furcht vor dem Ausbruch des Krieges, vor der Gestapo, vor neuen, das ganze Leben umstürzenden Maßnahmen bangen muß und in der man mit Zuversicht der Zukunft entgegensehen kann.

Aber es besteht noch wenig Klarheit darüber, was nach Hitler kommen soll. Die Verschiedenheit der Auffassungen

Macht und der politische Einfluß entzogen wurden. Wohin es führte, wenn solche Kräfte ungeschoren blieben, hatte die Entwicklung nach der Novemberrevolution nur allzu deutlich gezeigt.

Ein weiteres dringendes Gebot war die Herstellung der Einheit der Arbeiterbewegung. Nur so konnten die Auseinandersetzungen mit reaktionären Kräften erfolgreich geführt und antifaschistisch-demokratischen Maßnahmen ein bleibender Erfolg gesichert werden. Der Faschismus hatte die tragischen Folgen der Spaltung besonders nachhaltig ins Bewußtsein gerückt. Hunderttausende bezahlten mit ihrem Leben dafür, daß die beiden Arbeiterparteien nicht vor 1933 zu gemeinsamem Handeln fanden und der faschistischen Diktatur den Weg verstellten. Noch in der Zeit des Faschismus sprach sich die KPD deshalb grundsätzlich und eindeutig für die **„Schaffung einer einheitlichen politischen Massenpartei der deutschen Arbeiterklasse"** aus. Der Emigrationsvorstand der SPD anerkannte in seinem Prager Manifest 1934 gleichfalls die Notwendigkeit, „die Arbeiterklasse in einer politischen Partei des revolutionären Sozialismus zu vereinen". Die geeinte Arbeiterpartei, dessen waren sich Freund wie Feind bewußt, würde eine unüberwindliche Kraft sein. Diese Kraft galt es für die konsequente Abrechnung mit dem Faschismus und für die revolutionäre Erneuerung der Gesellschaft zu schaffen. Dafür war jedoch die Absage an Opportunismus und Revisionismus unerläßlich.

»

Otto Grotewohl auf dem 40. Parteitag der SPD am 20. April 1946:
„Wir haben schon einmal in der deutschen Arbeiterbewegung eine Strömung erlebt, die glaubte, sich von den Grundsätzen des klassenkämpferischen Marxismus entfernen zu können, und die glaubte, diese Entwicklung mit wissenschaftlichen Gründen erläutern und darlegen zu müssen. Ich meine den Revisionismus. Die deutsche Arbeiterbewegung und besonders die Sozialdemokratische Partei hat diesen revisionistischen Kurs der Sozialdemokratie in den hinter uns liegenden Jahren bitterböse bezahlt. (Sehr richtig! Beifall.) Wir brauchen heute keine neuen sozialistischen Theorien. Wir brauchen nur die Theorie des Marxismus, unter der zwei Generationen deutscher Arbeiter siegreich und mit Erfolg gekämpft haben, wieder zur Anwendung zu bringen. Dieser Geist soll und wird auch die Sozialistische Einheitspartei beseelen."
(40. Parteitag der Sozialdemokratischen Partei Deutschlands am 19. und 20. April 1946 in Berlin, Berlin 1946, S. 95)

Der antifaschistisch-demokratische Neuaufbau und die gesellschaftlichen Veränderungen, die er einleitete, verlangten nach schöpferischen Lösungen. Rezepte gab es nicht. Bisherige Vorstellungen über Ziele und Wege der Revolution mußten kritisch überdacht werden. Die Revolution ließ sich auch dann nicht importieren, wenn Streitkräfte eines sozialistischen Staates im Lande standen. Ihre Kräfte mußten erst Schritt für Schritt formiert werden. Die Losung vom Sowjetdeutschland hatte sich bereits vor 1933 nicht als massenwirksam und bündnisfördernd erwiesen. In der Situation nach 1945 konnte ein sozialistisches Deutschland erst recht nicht der nächste Schritt sein. Nur wenn jeder Schematismus vermieden, internationale Erfahrungen schöpferisch auf konkrete nationale Bedingungen angewandt und den Traditionen des eigenen Landes Rechnung getragen wurde, ließen sich breite Kräfte für einen Weg aus dem Faschismus in eine gesellschaftliche Zukunft mobilisieren.

» ***Wilhelm Pieck auf dem 15. Parteitag der KPD am 20. April 1946:***
„Beseelt von dem absolut richtigen Bestreben, aus dem gewaltigen historischen Ereignis der siegreichen Oktoberrevolution so viel wie möglich zu lernen, waren die Kommunisten oftmals bestrebt, die Erfahrungen der Oktoberrevolution schematisch auf Deutschland zu übertragen. Dabei haben wir die nationalen Besonderheiten Deutschlands und der deutschen Arbeiterbewegung häufig weitgehend ignoriert. Auch machte das revolutionäre Klassenbewußtsein die Kommunisten oftmals überheblich gegenüber anderen Arbeiterschichten und führte zu ihrer Abkapselung von den Massen."
(Bericht über die Verhandlungen des 15. Parteitages der Kommunistischen Partei Deutschlands, 19. und 20. April 1946 in Berlin, Berlin 1946, S. 193)

Der Aufruf der KPD vom 11. Juni 1945 sprach, eingedenk vorliegender Erfahrungen, deutlich aus, daß es falsch wäre, „Deutschland das Sowjetsystem aufzuzwingen". Er orientierte auf „den Weg der Aufrichtung eines antifaschistisch-demokratischen Regimes, einer parlamentarisch-demokratischen Republik mit allen demokratischen Rechten und Freiheiten für das Volk". Darüber war noch in Moskau gründlich mit führenden Funktionären der KPdSU und mit Georgi Dimitroff beraten worden.

» ***Wilhelm Pieck auf der gemeinsamen Konferenz des ZK der KPD und des Zentralausschusses der SPD (1. Sechziger-Konferenz) im Dezember 1945:***
„Wenn wir die schönsten Programme aufstellen, dafür aber nicht das Verständnis der Massen finden, so werden wir sie nicht zur Gefolgschaft veranlassen. Deshalb sollen wir uns nur Aufgaben stellen, die wir vorläufig erfüllen können. Es sind keine Endziele, die wir aufstellen, es sind Gegenwartsaufgaben, die wir auf Grund der gegebenen Bedingungen aufstellen, die wir vorfinden, die wir verändern wollen, um bei diesem Prozeß der Veränderung die Voraussetzungen für weitere Etappen unseres Kampfes zu schaffen, an deren

Aufruf der Kommunistischen Partei Deutschlands

Wir veröffentlichen nochmals den Aufruf des Zentralkomitees der KPD. Er ist das Programm der Kommunistischen Partei für die Periode des Neuaufbaues. Lest ihn gründlich zwei-, dreimal, diskutiert über ihn im Betrieb und im Häuserblock, reicht ihn weiter und bringt ihn ans schwarze Brett im Hause und im Betrieb.

Schaffendes Volk in Stadt und Land!

Männer und Frauen!

Deutsche Jugend!

Wohin wir blicken, Ruinen, Schutt und Asche. Unsere Städte sind zerstört, weite ehemals fruchtbare Gebiete verwüstet und verlassen. Die Wirtschaft ist desorganisiert und völlig gelähmt. Millionen und aber Millionen Menschenopfer hat der Krieg verschlungen, den das Hitlerregime verschuldete. Millionen wurden in tiefste Not und größtes Elend gestoßen.

Eine Katastrophe unvorstellbaren Ausmaßes ist über Deutschland hereingebrochen, und aus den Ruinen schaut das Gespenst der Obdachlosigkeit, der Seuchen, der Arbeitslosigkeit, des Hungers.

Und wer trägt daran die Schuld?

Die Schuld und Verantwortung tragen die gewissenlosen Abenteurer und Verbrecher, die die Schuld am Kriege tragen. Es sind die Träger des reaktionären Militarismus, die Keitel, Jodl und Konsorten. Es sind die imperialistischen Auftraggeber der Nazipartei, die Herren der Großbanken und Konzerne, die Krupp und Röchling, Poensgen und Siemens.

Eindeutig ist diese Schuld. Sie wurde von den Naziführern selbst offen bekannt, als sie auf der Höhe ihrer trügerischen Triumphe standen, als ihnen Sieg und Beute gesichert erschienen.

Euch allen, ihr Männer und Frauen des schaffenden Volkes, euch Soldaten und Offizieren klingen noch die Worte in den Ohren:

„Das ist für uns der Sinn des Krieges: Wir kämpfen nicht um Ideale, wir kämpfen um die ukrainischen Weizenfelder, um das kaukasische Erdöl, den Reichtum der Welt. Gesundstoßen wollen wir uns!"

Dafür wurde das nationale Dasein unseres Volkes aufs Spiel gesetzt. Der totale Krieg Hitlers — das war der ungerechteste, wildeste und verbrecherischste Raubkrieg aller Zeiten!

Das Hitlerregime hat sich als Verderben für Deutschland erwiesen; denn durch seine Politik der Aggression und der Gewalt, des Raubes und des Krieges, der Völkervernichtung hat Hitler unser eigenes Volk ins Unglück gestürzt und es vor der gesamten gesitteten Menschheit mit schwerer Schuld und Verantwortung beladen.

Ein Verbrechen war die gewaltsame Annexion Oesterreichs, die Zerstückelung der Tschechoslowakei. Ein Verbrechen war die Eroberung und Unterdrückung Polens, Dänemarks, Norwegens, Belgiens, Hollands und Frankreichs, Jugoslawiens und Griechenlands. Ein Verbrechen, das sich so furchtbar an uns selbst rächte, war die Coventrierung und Ausradierung englischer Städte.

Das größte und verhängnisvollste Kriegsverbrechen Hitlers aber war der heimtückische Ueberfall auf die Sowjetunion, die nie einen Krieg mit Deutschland gewollt hat, aber seit 1917 dem deutschen Volke zahlreiche Beweise ehrlicher Freundschaft erbracht hat.

Deutsche Arbeiter! Konnte es ein größeres Verbrechen als diesen Krieg gegen die Sowjetunion geben?!

Und ungeheuerlich sind die Greueltaten, die von den Hitlerbanditen in fremden Ländern begangen wurden. An den Händen der Hitlerdeutschen klebt das Blut von vielen, vielen Millionen gemordeter Kinder, Frauen und Greise. In den Todeslagern wurde die Menschenvernichtung Tag für Tag fabrikmäßig in Gaskammern und Verbrennungsöfen betrieben. Bei lebendigem Leibe verbrannt, bei lebendigem Leibe verscharrt, bei lebendigem Leibe in Stücke geteilt — so haben die Nazibanditen gehaust!

Millionen Kriegsgefangene und nach Deutschland verschleppte ausländische Arbeiter wurden zu Tode geschunden, starben an Hunger, Kälte und Seuchen.

Die Welt ist erschüttert und zugleich von tiefstem Haß gegenüber Deutschland erfüllt angesichts dieser beispiellosen Verbrechen, dieses grauenerregenden Massenmordens, das von Hitlerdeutschland als System betrieben wurde.

Wäre Gleiches mit Gleichem vergolten worden, deutsches Volk, was wäre mit dir geschehen?

Aber auf der Seite der Vereinten Nationen, mit der Sowjetunion, England und den Vereinigten Staaten an der Spitze, stand die Sache der Gerechtigkeit, der Freiheit und des Fortschritts. Die Rote Armee und die Armeen ihrer Verbündeten haben durch ihre Opfer die Sache der Menschheit vor der Hitlerbarbarei gerettet. Sie haben die Hitlerarmee zerschlagen, den Hitlerstaat zertrümmert und damit auch dir, schaffendes deutsches Volk, Frieden und Befreiung aus den Ketten der Hitlersklaverei gebracht.

Um so mehr muß in jedem deutschen Menschen das Bewußtsein und die Scham brennen, daß das deutsche Volk einen bedeutenden Teil Mitschuld und Mitverantwortung für den Krieg und seine Folgen trägt.

Nicht nur Hitler ist schuld an den Verbrechen, die an der Menschheit begangen wurden! Ihr Teil Schuld tragen auch die zehn Millionen Deutsche, die 1932 bei freien Wahlen für Hitler stimmten, obwohl wir Kommunisten warnten: „Wer Hitler wählt, der wählt den Krieg!"

Ihr Teil Schuld tragen alle jene deutschen Männer und Frauen, die willenlos und widerstandslos zusahen, wie Hitler die Macht an sich riß, wie er alle demokratischen Organisationen, vor allem die Arbeiterorganisationen, zerschlug und die besten Deutschen einsperren, martern und köpfen ließ.

Schuld tragen alle jene Deutschen, die in der Aufrüstung die „Größe Deutschlands" sahen und im wilden Militarismus, im Marschieren und Exerzieren das alleinseligmachende Heil der Nation erblickten.

Unser Unglück war, daß breite Bevölkerungsschichten das elementare Gefühl für Anstand und Gerechtigkeit verloren und Hitler folgten, als er ihnen einen gutgedeckten Mittags- und Abendbrottisch auf Kosten anderer Völker, durch Krieg und Raub versprach.

So wurde das deutsche Volk zum Werkzeug Hitlers und seiner imperialistischen Auftraggeber.

Deutsche Arbeiter und Arbeiterinnen! Deutsche Arbeiterjugend! Schaffendes deutsches Volk!

Gegen den Willen eines geeinten und kampfbereiten Volkes hätte Hitler niemals die Macht ergreifen, sie festigen und seinen verbrecherischen Krieg führen können. Wir deutschen Kommunisten erklären, daß auch wir uns schuldig fühlen, indem wir es trotz der Blutopfer unserer besten Kämpfer infolge einer Reihe unserer Fehler nicht vermocht haben, die antifaschistische Einheit der Arbeiter, Bauern und Intelligenz entgegen allen Widersachern zu schmieden, im werktätigen Volk die Kräfte für den Sturz Hitlers zu sammeln, in den erfolgreichen Kampf zu führen und jene Lage zu vermeiden, in der das deutsche Volk geschichtlich versagte.

Nach all dem Leid und Unglück, der Schmach und Schande, nach der dunkelsten Aera der deutschen Geschichte, heute, am Ende des „Dritten Reiches", wird uns auch der sozialdemokratische Arbeiter recht geben, daß sich die faschistische Pest in Deutschland nur ausbreiten konnte, weil 1918 die Kriegsschuldigen und Kriegsverbrecher ungestraft blieben, weil nicht der Kampf um eine wirkliche Demokratie geführt wurde, weil die Weimarer Republik der Reaktion freies Spiel gewährte, weil die Antisowjethetze einiger demokratischer Führer Hitler den Weg ebnete und die Ablehnung der antifaschistischen Einheitsfront die Kraft des Volkes lähmte.

Daher fordern wir:

Keine Wiederholung der Fehler von 1918!

Schluß mit der Spaltung des schaffenden Volkes!

Keinerlei Nachsicht gegenüber dem Nazismus und der Reaktion,

Nie wieder Hetze und Feindschaft gegenüber der Sowjetunion;

denn wo diese Hetze auftaucht, da erhebt die imperialistische Reaktion ihr Haupt!

Die Kommunistische Partei Deutschlands war und ist die Partei des entschiedenen Kampfes gegen Militarismus, Imperialismus und imperialistischen Krieg. Sie ist nie von diesem Wege abgewichen. Sie hat die Fahne Karl Liebknechts und Rosa Luxemburgs, Ernst Thälmanns und Jonny Schehrs stets reingehalten. Mit Stolz blicken wir Kommunisten auf diesen Kampf zurück, in dem unsere besten und treuesten Genossen fielen. Rechtzeitig und eindringlich haben wir gewarnt, der imperialistische Weg, der Weg des Hitlerfaschismus führt Deutschland unvermeidlich in die Katastrophe.

Im Januar 1933 forderte die Kommunistische Partei zum einmütigen Generalstreik auf, um den Machtantritt Hitlers zu verhindern.

Im Juni 1933 haben wir gewarnt:

„Der Krieg steht vor der Tür! Hitler treibt Deutschland in die Katastrophe!"

Im Januar 1939 hat die Berner Konferenz der KPD dem deutschen Volk zugerufen:

„Im Osten wie im Westen schafft das Hitlerregime eine Lage, wo über Nacht das deutsche Volk in die Katastrophe des Krieges gestürzt werden kann — eines Krieges gegen die gewaltige Front aller von Hitler und der Kriegsachse bedrohten und angegriffenen Völker."

Im Oktober 1941, als Hitler prahlerisch verkündete, Sowjetrußland sei endgültig zu Boden geworfen und werde sich niemals mehr erheben, da erklärte das Zentralkomitee der Kommunistischen Partei Deutschlands in seinem Aufruf an das deutsche Volk und das deutsche Heer:

„Dieser Krieg ist ein für das deutsche Volk hoffnungsloser Krieg. Hitlers Niederlage ist unvermeidlich. Die einzige Rettung für das deutsche Volk besteht darin, mit dem Kriege Schluß zu machen. Um aber mit dem Kriege Schluß zu machen, muß Hitler gestürzt werden. Und wehe unserem Volk, wenn es sein Schicksal bis zuletzt an Hitler bindet!"

Jetzt gilt es, gründlich und für immer die Lehren aus der Vergangenheit zu ziehen. **Ein ganz neuer Weg muß beschritten werden!**

Werde sich jeder Deutsche bewußt, daß der Weg, den unser Volk bisher ging, ein falscher Weg, ein Irrweg war, der in Schuld und Schande, Krieg und Verderben führte!

Nicht nur der Schutt der zerstörten Städte, auch der reaktionäre Schutt aus der Vergangenheit muß gründlich hinweggeräumt werden. Möge der Neubau Deutschlands auf solider Grundlage erfolgen, damit eine dritte Wiederholung der imperialistischen Katastrophenpolitik unmöglich wird.

Mit der Vernichtung des Hitlerismus gilt es gleichzeitig, die Sache der Demokratisierung Deutschlands, die Sache der bürgerlich-demokratischen Umbildung, die 1848 begonnen wurde, zu Ende zu führen, die feudalen Ueberreste völlig zu beseitigen und den reaktionären altpreußischen Militarismus mit allen seinen ökonomischen und politischen Ablegern zu vernichten.

Wir sind der Auffassung, daß der Weg, Deutschland das Sowjetsystem aufzuzwingen, falsch wäre, denn dieser Weg entspricht nicht den gegenwärtigen Entwicklungsbedingungen in Deutschland.

Wir sind vielmehr der Auffassung, daß die entscheidenden Interessen des deutschen Volkes in der gegenwärtigen Lage für Deutschland einen anderen Weg vorschreiben, und zwar den Weg der Aufrichtung eines antifaschistischen, demokratischen Regimes, einer parlamentarisch-demokratischen Republik mit allen demokratischen Rechten und Freiheiten für das Volk.

An der gegenwärtigen historischen Wende rufen wir Kommunisten alle Werktätigen, alle demokratischen und fortschrittlichen Kräfte des Volkes zu diesem großen Kampf für die demokratische Erneuerung Deutschlands, für die Wiedergeburt unseres Landes auf!

Die unmittelbarsten und dringendsten Aufgaben auf diesem Wege sind gegenwärtig vor allem:

1. **Vollständige Liquidierung der Ueberreste des Hitlerregimes und der Hitlerpartei.** Mithilfe aller ehrlichen Deutschen bei der Aufspürung der versteckten Naziführer, Gestapoagenten und SS-Banditen. Restlose Säuberung aller öffentlichen Aemter von den aktiven Nazisten. Außer der Bestrafung der großen Kriegsverbrecher, die vor den Gerichten der Vereinten Nationen stehen werden, strengste Bestrafung durch deutsche Gerichte aller jener Nazis, die sich krimineller Verbrechen und der Teilnahme an Hitlers Volksverrat schuldig gemacht haben. Schnellste und härteste Maßnahmen gegen alle Versuche, die verbrecherische nazistische Tätigkeit illegal fortzusetzen, gegen alle Versuche, die Herstellung der Ruhe und Ordnung und eines normalen Lebens der Bevölkerung zu stören.

2. **Kampf gegen Hunger, Arbeitslosigkeit und Obdachlosigkeit.** Allseitige aktive Unterstützung der Selbstverwaltungsorgane in ihrem Bestreben, rasch ein normales Leben zu sichern und die Erzeugung wieder in Gang zu bringen. Völlig ungehinderte Entfaltung des freien Handels und der privaten Unternehmerinitiative auf der Grundlage des Privateigentums. Wirkungsvolle Maßnahmen zum Wiederaufbau der zerstörten Schulen, Wohn- und Arbeitsstätten. Strenge Sparsamkeit in der Verwaltung und bei allen öffentlichen Ausgaben. Umbau des Steuerwesens nach dem Grundsatz der progressiven Steigerung. Sicherung der restlichen Ernteeinbringung auf dem Wege breiter Arbeitshilfe für die Bauern. Gerechte Verteilung der Lebensmittel und der wichtigsten Verbrauchsgegenstände; energischer Kampf gegen die Spekulation.

3. **Herstellung der demokratischen Rechte und Freiheiten des Volkes.** Wiederherstellung der Legalität freier Gewerkschaften der Arbeiter, Angestellten und Beamten sowie der antifaschistischen demokratischen Parteien. Umbau des Gerichtswesens gemäß den neuen demokratischen Lebensformen des Volkes. Gleichheit aller Bürger ohne Unterschied der Rasse vor dem Gesetz und strengste Bestrafung aller Aeußerungen des Rassenhasses. Säuberung des gesamten Erziehungs- und Bildungswesens von dem faschistischen und reaktionären Unrat. Pflege eines wahrhaft demokratischen, fortschrittlichen und freiheitlichen Geistes in allen Schulen und Lehranstalten. Systematische Aufklärung über den barbarischen Charakter der Nazi-Rassentheorie, über die Verlogenheit der „Lehre vom Lebensraum", über die katastrophalen Folgen der Hitlerpolitik für das deutsche Volk. Freiheit der wissenschaftlichen Forschung und künstlerischen Gestaltung.

4. **Wiederaufrichtung der auf demokratischer Grundlage beruhenden Selbstverwaltungsorgane in den Gemeinden, Kreisen und Bezirken sowie der Provinzial- beziehungsweise Landesverwaltungen und der entsprechenden Landtage.**

5. **Schutz der Werktätigen gegen Unternehmerwillkür und unbotmäßige Ausbeutung.** Freie demokratische Wahlen der Betriebsvertretungen der Arbeiter, Angestellten und Beamten in allen Betrieben, Büros und bei allen Behörden. Tarifliche Regelung der Lohn- und Arbeitsbedingungen. Oeffentliche Hilfsmaßnahmen für die Opfer des faschistischen Terrors, für Waisenkinder, Invaliden und Kranke. Besonderer Schutz den Müttern.

6. **Enteignung des gesamten Vermögens der Nazibonzen und Kriegsverbrecher.** Uebergabe dieses Vermögens in die Hände des Volkes zur Verfügung der kommunalen oder provinzialen Selbstverwaltungsorgane.

7. **Liquidierung des Großgrundbesitzes, der großen Güter der Junker, Grafen und Fürsten und Uebergabe ihres ganzen Grund und Bodens sowie des lebenden und toten Inventars an die Provinzial- bzw. Landesverwaltungen zur Zuteilung an die durch den Krieg ruinierten und besitzlos gewordenen Bauern.** Es ist selbstverständlich, daß diese Maßnahmen in keiner Weise den Grundbesitz und die Wirtschaft der Großbauern berühren werden.

8. **Uebergabe aller jener Betriebe, die lebenswichtigen öffentlichen Bedürfnissen dienen (Verkehrsbetriebe, Wasser-, Gas- und Elektrizitätswerke usw.) sowie jener Betriebe, die von ihren Besitzern verlassen wurden, in die Hände der Selbstverwaltungsorgane der Gemeinden oder Provinzen bzw. Länder.**

9. **Friedliches und gutnachbarliches Zusammenleben mit den anderen Völkern.** Entschiedener Bruch mit der Politik der Aggression und der Gewalt gegenüber anderen Völkern, der Politik der Eroberung und des Raubes.

10. **Anerkennung der Pflicht zur Wiedergutmachung für die durch die Hitleraggression den anderen Völkern zugefügten Schäden. Gerechte Verteilung der sich daraus ergebenden Lasten auf die verschiedenen Schichten der Bevölkerung nach dem Grundsatz, daß die Reicheren auch eine größere Last tragen.**

Werktätige in Stadt und Land!

Das sind die ersten und dringendsten Aufgaben zum Wiederaufbau Deutschlands, zur Neugeburt unseres Volkes. Diese Aufgaben können nur durch die feste Einheit aller antifaschistischen, demokratischen und fortschrittlichen Volkskräfte verwirklicht werden.

Erfüllt von der Erkenntnis des Ausmaßes der Katastrophe und der verhängnisvollen Folgen der bisherigen Spaltung des Volkes gegenüber Nazismus und Reaktion bricht sich in Stadt und Land immer stärker der Drang zur Einheit Bahn. In Uebereinstimmung mit diesem Willen des Volkes darf den Spaltern und den Saboteuren der Einheit kein Zoll Raum für ihr verräterisches Werk gegeben werden. Notwendig ist

die Schaffung einer festen Einheit der Demokratie für die endgültige Liquidierung des Nazismus und zum Aufbau eines neuen demokratischen Deutschlands!

Das Zentralkomitee der Kommunistischen Partei Deutschlands ist der Auffassung, daß das vorstehende Aktionsprogramm als Grundlage zur Schaffung eines

Blocks der antifaschistischen demokratischen Parteien

(der Kommunistischen Partei, der Sozialdemokratischen Partei, der Zentrumspartei und anderer) dienen kann.

Wir sind der Auffassung, daß ein solcher Block die feste Grundlage im Kampf für die völlige Liquidierung der Ueberreste des Hitlerregimes und für die Aufrichtung eines demokratischen Regimes bilden kann.

Ein neues Blatt in der Geschichte des deutschen Volkes wird aufgeschlagen. Aus den Lehren des Niederbruchs Deutschlands bahnen sich im Volke neue Erkenntnisse den Weg.

Wir erklären:

Feste Einheit, entschlossener Kampf und beharrliche Arbeit bilden die Garantien des Erfolges unserer gerechten Sache!

Fester den Tritt gefaßt! Höher das Haupt erhoben! Mit aller Kraft ans Werk! Dann wird aus Not und Tod, Ruinen und Schmach die Freiheit des Volkes und ein neues würdiges Leben erstehen.

Zentralkomitee der Kommunistischen Partei Deutschlands

Im Auftrage:

Wilhelm Pieck	Gustav Sobottka	Hans Jendretzky	Bernhard Koenen
Walter Ulbricht	Ottomar Geschke	Michel Niederkirchner	Martha Arendsee
Franz Dahlem	Johannes R. Becher	Hermann Matern	Otto Winzer
Anton Ackermann	Edwin Hörnle	Irene Gärtner	Hans Mahle

Berlin, den 11. Juni 1945.

Verantwortl.: Herbert [illegible], Leipzig. — Druck: [illegible], Leipzig [illegible]

Ende die Verwirklichung des Sozialismus stehen wird ... Aber, Genossen, wir müssen dafür die Voraussetzungen schaffen; denn wir brauchen dafür nicht nur den Willen der beiden Vorstände und später des gemeinsamen Vorstandes einer einheitlichen Partei, sondern wir brauchen dazu große Kreise des Bürgertums, wir brauchen die Angestellten, die Beamten, alle Kreise, die schließlich aus den Reihen der Reaktion losgelöst und für uns gewonnen werden müssen ... Das ist es, was ich gegenüber der Besorgnis hervorheben wollte, als ob die Komm. Partei in Reformismus versumpfen könnte. Dafür besteht keinerlei Gefahr. Wir sind Realpolitiker und haben sehr viel aus den Erfahrungen der Vorhitlerzeit gelernt, und wir sind so entschlossen, wie wir für die Durchsetzung der von uns aufgestellten Forderungen kämpfen, auch die Schlußfolgerungen aus den schlechten Erfahrungen der Vorhitlerzeit zu ziehen."

(Nach dem stenographischen Protokoll abgedruckt bei: Heinz Voßke: Die Reden Wilhelm Piecks auf der ersten Sechziger-Konferenz. In: Beiträge zur Geschichte der Arbeiterbewegung, 1986, H. 2, S. 213)

Eine weitere wichtige Erfahrung der jüngeren Geschichte besagte, daß die Arbeiterbewegung keines der wesentlichen gesellschaftlichen Probleme im Alleingang lösen konnte. Der Kampf gegen den Faschismus und seine Folgen erforderte ein besonders breites Bündnis. Diese Erkenntnis hatte sich seit 1933 immer deutlicher herausgeschält und im antifaschistischen Widerstandskampf bereits praktisch bewährt. Maßstab für ein solches Bündnis konnte nicht die Haltung zum Sozialismus sein. Entscheidend waren vielmehr die gemeinsame Ablehnung des Faschismus und die Bereitschaft, ihn energisch zu bekämpfen. Darüber hinaus mußten jene Millionen Menschen auf dem neuen Weg mitgenommen werden, die sich hatten irreführen lassen und den faschistischen Parolen gefolgt waren. Die KPD regte deshalb an, einen Block der antifaschistisch-demokratischen Parteien zu bilden. Der Neuaufbau konnte „nur durch die feste Einheit aller antifaschistischen, demokratischen und fortschrittlichen Volkskräfte verwirklicht werden". Noch im Juli 1945 trafen sich auf Initiative der KPD Vertreter ihres Zentralkomitees mit Vertretern des Zentralausschusses der SPD, des Vorstandes der CDU und des Vorstandes der LDPD, um die Grundsätze ihrer Zusammenarbeit zu beraten. Gerade die Zersplitterung der demokratischen Kräfte, dies war eine Lehre der Weimarer Republik, hatte reaktionäre Machenschaften immer wieder begünstigt.

» ***Aus dem Kommuniqué über die Bildung des Blocks der antifaschistisch-demokratischen Parteien vom 14. Juli 1945:***

„Nur durch einen grundlegenden Umschwung im Leben und im Denken unse-

Erste Schritte auf dem Weg zur Demokratie.

res ganzen Volkes, nur durch Schaffung einer antifaschistisch-demokratischen Ordnung ist es möglich, die Nation zu retten. Die Vertreter der vier Parteien beschließen, unter gegenseitiger Anerkennung ihrer Selbständigkeit, die Bildung einer festen Einheitsfront der antifaschistisch-demokratischen Parteien, um mit vereinter Kraft die großen Aufgaben zu lösen. Damit ist ein neues Blatt in der Geschichte Deutschlands aufgeschlagen.
Es wurde ein gemeinsamer Ausschuß gebildet, in den die vier Parteien je fünf Vertreter entsenden. Dieser Ausschuß wird unter wechselndem Vorsitz mindestens zweimal monatlich tagen. Die Parteien vereinbaren, ein gemeinsames Aktionsprogramm auszuarbeiten."
(Deutsche Volkszeitung vom 15. Juli 1945)

Schließlich lehrte die Geschichte zweier Weltkriege, daß Revanchismus und Chauvinismus letztlich die Existenz des deutschen Volkes selbst in Frage stellten. Ihr Einfluß auf Ideologie und Politik mußte ein für allemal ausgeschaltet werden. Entschieden zu brechen war mit der Politik der Aggression, der Eroberung und der Gewalt gegenüber anderen Völkern, vor allem mit den Hintermännern und Parteigängern dieser Politik. Als besonders verhängnisvoll hatte sich die Feindschaft gegenüber der Sowjetunion erwiesen.

Chauvinismus, Revanchismus und Antisowjetismus waren stets mit innerer Reaktion einhergegangen, mit Abbau der Demokratie, Terror und Menschenverachtung im eigenen Land. Ein neues, demokratisches Deutschland war deshalb undenkbar, ohne dem Gedanken der Völkerfreundschaft, des gutnachbarlichen Zusammenlebens und auch der guten Beziehungen zur Sowjetunion Geltung zu verschaffen.

? Wie vollzog sich die Vereinigung von KPD und SPD zur SED?

Am 21. April 1946 trat im Saal des heutigen Metropoltheaters in Berlin der Gründungsparteitag der SED zusammen. Nach der Ouvertüre zu Beethovens Oper „Fidelio“ öffnete sich der Vorhang. Von links kommend, betrat Wilhelm Pieck die festlich geschmückte Bühne, von rechts näherte sich Otto Grotewohl. In der Mitte trafen sich beide und reichten sich die Hände. Der symbolische Händedruck zwischen den beiden Arbeiterführern besiegelte die Überwindung der Spaltung der deutschen Arbeiterbewegung.

Am 2. Verhandlungstag nahmen die Delegierten die Grundsätze und Ziele der Sozialistischen Einheitspartei Deutschlands an. Als strategisches Ziel war in diesem Grundsatzdokument verankert, die antifaschistisch-demokratische Umwälzung konsequent fortzusetzen, um den Weg zum Sozialismus einschlagen zu können.

Nachdem die Grundsätze und Ziele, das Parteistatut und ein Manifest an das deutsche Volk von den Delegierten bestätigt worden waren, faßten sie den historischen Beschluß über die Vereinigung von KPD und SPD zur Sozialistischen Einheitspartei Deutschlands. Bewegt erhoben sich die Delegierten des Parteitages von ihren Plätzen und stimmten „Die Internationale“ an. Wilhelm Pieck und Otto Grotewohl wurden zu gleichberechtigten Vorsitzenden der SED gewählt.

Nach fast drei Jahrzehnten der Spaltung und des Bruderzwistes hatte die deutsche Arbeiterbewegung ihre Einheit auf revolutionärer Grundlage wiederhergestellt und damit die entscheidende Lehre aus der Geschichte gezogen.

Wie war dies möglich?

Die meisten Historiker im Westen behaupten: „Zwangsvereinigung“.

Wie vollzog sich die Entwicklung zu einer einheitlichen Arbeiterpartei tatsächlich? Der Drang zur Einheit der Arbeiterklasse war nach dem Ende der faschistischen Schreckensherrschaft überall spürbar. Der Wille zur Einheit wuchs in der antifaschistischen Abwehrfront, in der Illegalität, in den Kerkern der Gestapo, in den faschistischen Zuchthäusern und Konzentrationslagern, in der Emigration, den Schützengräben und Luftschutzkellern. Die Einheit wurde im gemeinsamen Leid, im gemeinsamen Kampf gegen die faschistischen Feinde geschmiedet. Mitte Mai 1945 versammelten sich beispielsweise in Forst in der Lausitz Mitglieder der KPD und der SPD. Sie bildeten einen Aktionsausschuß der Vereinigten Kommunistischen Partei. Dieser verabschiedete ein Schreiben an das Zentralkomitee der KPD, das auf einer Versammlung einmütig bestätigt wurde. In ihm hieß es: „In Anbetracht der Notwendigkeit der Zusammenfassung aller sozialistischen Kräfte der Werktätigen auf dem Boden einer bedingungslosen

Einheit des werktätigen Volkes haben wir diese Vereinigung vollzogen." Die Versammelten wandten sich an die Führungen von KPD und SPD, unter allen Umständen die Vereinigung beider Parteien herbeizuführen. Auf ähnliche Weise entstanden noch weitere lokale Einheitsorganisationen, so die Sozialistische Einheitspartei in Braunschweig, die Partei der Werktätigen in Eisleben, die Sozialistische Arbeiterpartei (Vereinigte KPD und SPD) in Köthen.

Reichte dieser spürbare Drang vieler Mitglieder beider Arbeiterparteien aber schon aus, um zwei Parteien, die mitunter erbitterte Auseinandersetzungen geführt hatten, zu einer Partei zu vereinen?

Max Fechner erinnerte sich an ein Gespräch, das er über diese Frage in den Junitagen des Jahres 1945 geführt hat. Walter Ulbricht vertrat die Auffassung, daß vor einem organisatorischen Zusammenschluß erst eine ideologische Klärung unter den Mitgliedern beider Parteien erfolgen müsse. „Offen gesagt, ich habe diesen Standpunkt zunächst nicht verstanden. Ich glaubte, daß das Denken aller in der SPD und KPD organisierten Menschen durch die Erlebnisse von zwölf Jahren Faschismus klar sein müßte und keine Zeit mehr verlorengehen dürfte."

Nicht übersehen werden darf, daß in beiden Arbeiterparteien gegenseitige Vorbehalte und Mißtrauen tief saßen, die nicht selten bis zur persönlichen Feindschaft geführt hatten. Sprach man über den Weg zur Einheit, gerieten sich alte Kommunisten und Sozialdemokraten gelegentlich in die Haare, weil alte Streitigkeiten neu aufflammten und angeblich „ungetilgte Rechnungen" beglichen werden mußten. Gegenseitige Vorwürfe und Schuldzuweisungen beherrschten manchmal schnell das Gespräch. Angesichts dieser Lage hielt das Zentralkomitee der KPD es unmittelbar nach der Wiederzulassung demokratischer Parteien und Massenorganisationen für verfrüht, eine Einheitspartei der Arbeiterklasse zu bilden. Es ging nicht um Einheit schlechthin, sondern um die Herstellung der Einheit der Arbeiterklasse auf revolutionärer Grundlage. Der Weg zu diesem Ziel konnte nur über gemeinsame Aktionen für antifaschistisch-demokratische Veränderungen und die Klärung komplizierter politischer, ideologischer und organisatorischer Fragen führen. In diesem Sinne einigte sich der gemeinsame zentrale Aktionsausschuß von KPD und SPD am 19. Juni 1945 auf ein Aktionsprogramm und vereinbarte gemeinsame Beratungen zu politisch-ideologischen Fragen.

Vereinbart wurde an diesem Tag:

„1. Enge Zusammenarbeit bei der Durchführung der gemeinsam beschlossenen dringlichen Aktionsaufgaben für Liquidierung der Überreste des Nazismus und zum Wiederaufbau des Landes auf sicherer Grundlage. Als Voraussetzung hierfür wird der Aufbau einer antifaschistischen, demokratisch-parlamentarischen Republik betrachtet, die die Fehler und Schwächen der Vergangenheit vermeidet und dem schaffenden Volke alle demokratischen Rechte und Freiheiten sichert.

2. Es sind alle notwendigen Schritte zu unternehmen, um mit allen anderen antifaschistischen demokratischen Parteien Vereinbarungen über die Bildung eines festen Blockes zu treffen.

3. Gemeinsame Vertretung der Interessen des schaffenden Volkes in Stadt und Land.

4. Durchführung gemeinsamer Veranstaltungen beider Parteien.

5. Gemeinsame Beratungen zur Klärung ideologischer Fragen.

Die Vertreter beider Parteien drücken ihren festen Willen aus, alles zu tun, um auf dem Wege guter Zusammenarbeit in allen Fragen des antifaschistischen Kampfes und des Wiederaufbaues die Voraussetzungen für die politische Einheit des werktätigen Volkes zu schaffen ..."

Es war das erste Mal in der Geschichte der deutschen Arbeiterbewegung, daß die Führungsgremien der beiden Arbeiterparteien ein Abkommen schlossen, um auf seiner Grundlage eine gemeinsame Politik durchzusetzen.

Diese Vereinbarung wirkte wie ein Signal. An ihr orientierten sich Kommunisten und Sozialdemokraten in Städten und Gemeinden aller Besatzungszonen. Das erste Abkommen zwischen Bezirksleitungen von KPD und SPD wurde am 3. Juli 1945 in Dresden für das Land Sachsen vereinbart. Für das Land Thüringen fanden die Verhandlungen Anfang August ihren Abschluß. In der sowjetischen Besatzungszone konnte sich die Zusammenarbeit ungehindert entfalten. Die sowjetische Besatzungsmacht verfolgte sehr aufmerksam, wie sich die Bewegung zur Einheit der Arbeiterklasse entwickelte. *Der Leiter der Informationsabteilung, Sergej I. Tjulpanow, erinnerte sich an eine Episode aus jener Zeit mit dem Chef der sowjetischen Militäradministration, Marschall G. K. Shukow:*

„Er wußte über die Tätigkeit des Zentralkomitees der KPD und des Zentralvorstandes der SPD unter Führung von Otto Grotewohl Bescheid. Er wußte, daß das Zentralkomitee der KPD und – unter Führung des Genossen Grotewohl – der Zentralvorstand der SPD die Gründung einer Einheitspartei vorbereiteten, ihm war bekannt, daß sich in den Organisationen beider Parteien an der Basis Bestrebungen nach unverzüglicher organisatorischer Vereinigung entfalteten. Er kannte die Schwierigkeiten und Widersprüche dieses Prozesses. Darüber mußte ich ihm zweimal wöchentlich berichten. Die Gefahr übereilter Eingriffe in diesen Prozeß seitens der Organe der SMAD erkennend, deren Mitarbeiter möglicherweise – wenn auch mit besten Absichten – den Wunsch für die Wirklichkeit hätten auffassen können – lud er Wilhelm Pieck und Otto Grotewohl zu sich ein ... Marschall

Übergabe des Parteihauses in Halle (Saale), Frühjahr 1946

Shukow interessierte sich vor allem für den Standpunkt Grotewohls. ‚Ich kenne Sie noch wenig, habe viel Gutes über Sie gehört und möchte nun mit Ihnen näher bekannt werden', sagte der Marschall zu Grotewohl. Es interessierte ihn auch, wie stark der Einfluß Grotewohls in der Partei war. ‚Ich persönlich', sagte der Marschall, ‚würde die Vereinigung der beiden Parteien begrüßen. Aber wie viele Parteimitglieder werden Ihnen folgen? Was wird sich im Westen tun?'"

Die Sorgen des Chefs der SMAD waren durchaus begründet. Die Mehrheit der SPD war für die Zusammenarbeit mit Kommunisten und die Vereinigung beider Arbeiterparteien. In allen Parteieinheiten der SPD bis hinein in den Zentralausschuß der SPD gab es aber auch Kräfte, die eine von Opportunismus geprägte Einheitspartei anstrebten oder den Gedanken eines Zusammengehens mit Kommunisten rundweg ablehnten.

Dem Einheitsstreben legten die Besatzungsbehörden in den Westzonen eine Vielzahl von Steinen in den Weg. Verbote politischer Tätigkeit und politischer Organisationen und die Schürung des Antikommunismus behinderten die Arbeit entstandener Aktionsausschüsse. Dem Einfluß des Berliner Zentralausschusses mit Otto Grotewohl waren Grenzen gesetzt. Vielmehr entfaltete Dr. Kurt Schumacher mit Unterstützung der britischen Besatzungsmacht seine einheitsfeindlichen Aktivitäten in den Westzonen. Im Oktober 1945 übernahm er nach einer Parteikonferenz die Leitung der SPD in den Westzonen.

Trotz aller Schwierigkeiten und Störversuche einheitsfeindlicher Kräfte entwickelte und bewährte sich im Osten Deutschlands die Aktionseinheit von Kommunisten und Sozialdemokraten.

» Erfolge gemeinsamen Handelns von KPD und SPD

19. Mai 1945	Bildung des demokratischen Magistrats von Groß-Berlin
15. Juni 1945	Aufruf zur Gründung des FDGB
4. Juli 1945	Bildung von Landes- und Provinzialverwaltungen in der sowjetischen Besatzungszone
14. Juli 1945	Konstituierung des Blocks der vier antifaschistisch-demokratischen Parteien
Anfang September 1945	Erlaß der Verordnungen über die demokratische Bodenreform
Oktober 1945	Beginn der demokratischen Bodenreform
29. Oktober 1945	Enteignung des Kriegsverbrechers Flick durch Beschluß der Landesverwaltung Sachsen
7. März 1946	Gründung der FDJ

Gemeinsame Anstrengungen erwiesen sich als beste Methode, Vorbehalte abzubauen, Vertrauen zueinander zu fassen und eine Kampfgemeinschaft zu werden. Hierzu gehörte auch die Herausgabe der Werke der Klassiker des Marxismus-Leninismus, zunehmende gemeinsame Schulungsarbeit, gemeinsame Veranstaltungen der Arbeiterparteien zur Pflege der revolutionären Traditionen.

In welchen Schritten vollzog sich der Vereinigungsprozeß?

Auf Initiative der KPD kam es am 20. und 21. Dezember 1945 zu einer gemeinsamen Konferenz von KPD und SPD. Sie beschloß, die Vereinigung von KPD und SPD ideologisch und organisatorisch vorzubereiten. Die Konferenz beauftragte eine gemeinsame Studienkommission, die programmatischen Dokumente auszuarbeiten. Sie beschloß die Herausgabe der „Einheit“ als theoretisches Organ. Während die Vertreter der KPD dafür eintraten, die Vereinigung dort herbeizuführen, wo die Bedingungen dafür herangereift waren, hofften Otto Grotewohl und andere Funktionäre der SPD noch auf eine solche Möglichkeit im gesamtdeutschen Rahmen. Unterschiedliche Meinungen gab es auch über die Aufstellung gemeinsamer Kandidaten bei Wahlen. Ein Termin für die Vereinigung wurde noch nicht festgelegt.

Am 26. Februar 1946 fand erneut eine Beratung des Zentralkomitees der KPD und des Zentralausschusses der SPD mit Vertretern der Bezirksorganisationen beider Parteien statt. Seit der Dezemberkonferenz war es zu einem weiteren Mitgliederzuwachs in beiden Parteien gekommen. Der Druck von unten nach einer Vereinigung nahm zu, zugleich verstärkten die Gegner der Einheit ihre Aktivitäten.

Otto Buchwitz erinnerte sich später: „Genosse Grotewohl hatte uns informiert, daß er in vielen Versammlungen Westdeutschlands zu den Arbeitern gesprochen und begeisterte Zustimmung der SPD-Arbeiter für die Einheit der Arbeiterklasse gefunden habe, daß jedoch Dr. Schumacher, mit dem er viele Male über die Frage der Einheit verhandelt und der ihm stets privat versichert habe, daß auch er für die Einheit der Arbeiterklasse sei, in Wahrheit alles tat, um die Einheit zu verhindern. Die gesamte Politik Dr. Schumachers war auf Verschleppung von Einigungsverhandlungen gerichtet. Als er aber keine triftigen Ausreden mehr für seine Verschleppungspolitik fand, stellte er Bedingungen, die in Wahrheit die Verewigung des Bruderkampfes zwischen den Arbeitern bedeuteten.“

So lehnte Schumacher das Angebot Otto Grotewohls ab, einen gesamtdeutschen Parteitag der SPD über die Frage der Einheit entscheiden zu lassen. Vielmehr schlug er die Auflösung der SPD in der sowjetischen Besatzungszone vor: In dieser Situation billigten die Vertreter des Zentralkomitees der KPD und des Zentralausschusses der SPD die vorgelegten Entwürfe der Grundsätze und Ziele der Einheitspartei. Sie beschlossen, die Arbeit am Statut zu Ende zu führen, und erteilten den

Der symbolische Händedruck der beiden Arbeiterführer Wilhelm Pieck und Otto Grotewohl besiegelt die Vereinigung von KPD und SPD zur SED, 21. April 1946.

Auftrag, den Vereinigungsparteitag für den 21. und 22. April 1946 nach Berlin einzuberufen.

Am 2. und 3. März 1946 tagte die Reichskonferenz der KPD. Sie orientierte die gesamte Partei, Kurs auf die Vereinigung zu nehmen und auf der unteren Ebene die Vereinigung zu vollziehen.

In den darauffolgenden Wochen spitzten sich die Auseinandersetzungen mit den Gegnern der Einheit besonders in Berlin zu. Sie setzten nunmehr auf die Durchführung einer „Urabstimmung", um die Vereinigung noch in letzter Minute zu verhindern. Bis heute wird das Ergebnis dieser „Urabstimmung" benutzt, um die These von der angeblichen „Zwangsvereinigung" am Leben zu halten.

Wie war das nun mit der „Urabstimmung"?

Am 31. März 1946 wurde sie in den Westsektoren Berlins durchgeführt. Lediglich etwa ein Drittel der Sozialdemokraten aller Berliner Sektoren beteiligten sich an der Abstimmung. Von einer überwältigenden Absage an die Vereinigung konnte von daher schon keine Rede sein. 28,6 Prozent der SPD-Mitglieder Groß-Berlins stimmten gegen die sofortige Vereinigung. Die Mehrheit der Teilnehmer der Urabstimmung bejahte das Bündnis mit der KPD. Nur 8,6 Prozent der Berliner SPD-Mitglieder lehnten das Zusammengehen der Arbeiterparteien ab. Das Ergebnis wäre noch klarer ausgefallen, hätten die zur Entscheidung stehenden Fragen den Sinn der Abstimmung nicht verschleiert. Es wurde gefragt: „Bist du für den sofortigen Zusammenschluß der beiden Arbeiterparteien? Ja/Nein, oder bist du für ein Bündnis beider Parteien, welches gemeinsame Arbeit sichert und den Bruderkampf ausschließt? Ja/Nein."

Der Rummel um die „Urabstimmung" heizte zwar die Atmosphäre an, konnte aber den Drang nach Vereinigung nicht mehr aufhalten.

Am Vorabend des Vereinigungsparteitages tagten in Berlin der 15. Parteitag der KPD und der 40. Parteitag der SPD. Beide billigten die Grundsätze und Ziele sowie das Parteistatut. Sie beschlossen die Vereinigung und wählten die jeweiligen Mitglieder des künftigen Parteivorstandes der Einheitspartei. Der Weg war frei, um am 21./22. April 1946 die Sozialistische Einheitspartei Deutschlands zu gründen. Damit wurde die wichtigste Lehre aus der Geschichte der deutschen Arbeiterbewegung gezogen:

Die Arbeiterklasse kann ihre historische Mission nur erfüllen, wenn sie die vom Imperialismus und Opportunismus verursachte Spaltung ihrer Reihen beseitigt, wenn sie ihre Einheit auf revolutionärer Grundlage herstellt und von einer zielklaren, geschlossenen kampfgestählten marxistisch-leninistischen Partei geführt wird, die eng mit den Massen verbunden ist.

? Warum wurde die FDJ als einheitliche demokratische Jugendorganisation gegründet?

Am 7. März 1946 stimmte die Sowjetische Militäradministration dem Antrag des Zentralen Antifaschistischen Jugendausschusses vom 26. Februar 1946 zu, die Tätigkeit einer einheitlichen, antifaschistisch-demokratischen Jugendorganisation mit dem Namen „Freie Deutsche Jugend" zu gestatten. Dies war die Geburtsstunde der FDJ.

Die Entscheidung, ob die Bildung einer einheitlichen Jugendorganisation zweckmäßig und zeitlich günstig sei, war nicht leicht zu treffen. „Einerseits entwickelten sich die Jugendausschüsse unter Führung Erich Honeckers und seiner Freunde in Richtung eines einheitlichen Verbandes. Andererseits war damit das erklärte Ziel verbunden, nach Möglichkeit die gesamte Jugend für diese Organisation zu gewinnen – also nicht nur jene Jugendlichen, die früher bereits kommunistischen, sozialdemokratischen oder kirchlichen Jugendorganisationen angehört hatten oder aus wiederaufgelebten Familientraditionen damit sympathisierten, sondern auch die Mitglieder der ehemaligen nazistischen Jugendbewegung. Zur Führung des neuen Jugendverbandes sollten neben jungen Mitgliedern der KPD und der SPD – was natürlich war im Zusammenhang mit der angestrebten Vereinigung beider Parteien – auch Vertreter der CDU und der LDPD gehören." *(S. I. Tjulpanow: Erinnerungen an deutsche Freunde und Genossen, Berlin 1984, S. 147)*

Auch in den Reihen der KPD und der SPD gab es Mitglieder und Funktionäre, die sich mit dem Gedanken an eine einheitliche Jugendorganisation nicht sogleich anfreunden konnten. Während der 12 Jahre Faschismus konnte man sich als Jugendlicher nur in der Hitlerjugend (HJ) oder im Bund deutscher Mädchen (BDM) legal betätigen. Jetzt, wo die Tätigkeit demokratischer Jugendorganisationen endlich wieder möglich war, da wollte so mancher an die Tätigkeit des Kommunistischen Jugendverbandes anknüpfen und eine starke Jugendorganisation der KPD aufbauen.

Ähnlich dachte auch so mancher Sozialdemokrat, Gewerkschaftler, bürgerliche Demokrat, Protestant und Katholik. Manche in der KPD und SPD meinten auch, daß die Zeit für eine einheitliche Jugendorganisation noch nicht reif sei. Man müsse erst die Vereinigung beider Arbeiterparteien abwarten. Bedenken gab es, ob ein einheitlicher Jugendverband in der Lage sein würde, die vielfältigen und zum Teil sehr unterschiedlichen Interessen der Jugendlichen zu vertreten. Vorbehalte und Ablehnung gab es zu einer Einbeziehung ehemaliger Mitglieder faschistischer Organisationen. Was sprach angesichts dieser ernsthaften Überlegungen und Einwände für eine einheitliche demokratische Jugendorganisation? Standen ihre Befürworter nicht auf einsamen Positionen? Im Gegenteil. Nicht nur junge Kommunisten, sondern auch Sozialdemokraten, junge bürgerliche Demokraten, Christen und parteilose Jugendliche zogen vor allem aus den schmerzlichen Erfahrungen der faschistischen Barbarei den Schluß, daß ihre Interessen am wirkungsvollsten durch eine einheitliche demokratische Jugendorganisation verwirklicht werden konnten und der Kampf um ein neues, demokratisches und friedliebendes Deutschland eine starke Jugendorganisation erforderte. Von dieser Überlegung ließ sich auch die Führung der KPD leiten.

Bereits auf der 1. Funktionärskonferenz der KPD Groß-Berlins am 25. Juni 1945 erklärte Walter Ulbricht im Namen der Führung der KPD:

„Wir verzichten auf die Schaffung eines Kommunistischen Jugendverbandes, denn wir wollen, daß eine einheitliche freie Jugendbewegung entsteht."

Am 10. Mai 1945 erhielt Erich Honecker den Auftrag von Walter Ulbricht, Grundlinien für die Jugendarbeit der KPD in den nächsten Wochen und Monaten auszuarbeiten. Diese erarbeiteten Grundlinien orientierten darauf, nicht nur die revolutionären Kräfte der Arbeiterjugend zu sammeln. Vielmehr mußte der gesamten jungen Generation der Weg in die Zukunft gewiesen, ihr Vertrauen gewonnen und ihr geholfen werden, ihrem Leben durch aktives Wirken für die völlige Überwindung von Faschismus und Militarismus einen neuen Sinn zu geben. Es galt, ehemalige Funktionäre und Mitglieder des Kommunistischen Jugendverbandes Deutschlands ausfindig zu machen und in die Arbeit einzubeziehen. Zugleich ging es um Kontakte zu früheren Funktionären und Mitgliedern der Sozialistischen Arbeiterjugend sowie zu katholisch und protestantisch gebundenen Jugendlichen. In den Monaten Juni und Juli 1945 bildeten sich die ersten antifaschistischen Jugendausschüsse. Beharrlich propagierten Erich Honecker, Edith Baumann, Heinz Keßler, Paul Verner und andere den Gedanken einer einheitlichen Jugendorganisation. So wandte sich beispielsweise am 23. Juli 1945 der Jugendausschuß Dresden mit dem Appell „Wir rufen die Jugend!" an die Öffentlichkeit. Er endete mit den Worten: „Deutsche Jugend! Heute steht vor uns allen die Aufgabe, der Welt zu zeigen, daß wir in Freiheit zu leben würdig sind und daß die Ideale der kämpferischen Demokratie auch die Ideale der neuen deutschen Jugend sind. Her zu uns und ran ans Werk! Die deutsche Jugend wird aus Schutt und Trümmern ein neues, ein besseres Deutschland bauen."

Ganz in diesem Sinne wirkten die antifaschistischen Jugendausschüsse in Dresden und vielen anderen Orten. Ausgehend von den Orientierungen des Zentralen Antifaschistischen Jugendausschusses – er war am 10. September 1945 gebildet worden und wurde von Erich Honecker geleitet –, leiteten sie bestehende Jugendgruppen an und

Unterzeichnung des Antrages auf Zulassung der FDJ
(v. l. n. r. Theo Wiechert, Erich Honecker, Paul Verner),
26. Februar 1946

Gründungsbeschluß

Die am 26. Februar 1946 im Sitzungssaal des Magistrats der Stadt Berlin, Parochialstraße, anwesenden Mitglieder des Zentralen Jugendausschusses für die sowjetische Besatzungszone Deutschlands bekunden hiermit einmütig ihren Willen, sich zwecks Gründung einer überparteilichen, einigen, demokratischen Jugendorganisation

"Freie Deutsche Jugend"

an die sowjetische Militärverwaltung in Deutschland zu wenden.
Die Grundlagen hierzu bilden die von allen Unterzeichneten angenommenen und der Urkunde beigefügten Ziele und Satzungen der Freien Deutschen Jugend.

Berlin, den 26. 2. 1946

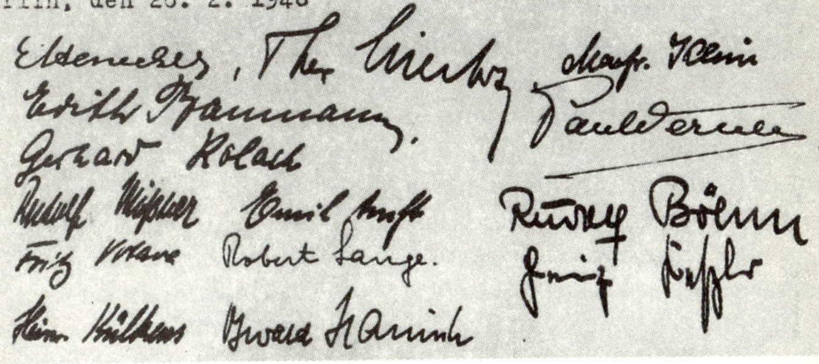

halfen ihnen, möglichst viele Jugendliche für die Teilnahme an Heimatabenden zu gewinnen.

Für diejenigen, die noch keine Lehr- oder Arbeitsstelle besaßen, war die Gruppenarbeit oft die einzige Möglichkeit, sich sinnvoll in der Gemeinschaft zu bestätigen. Den Schwerpunkt bildete die Überwindung der faschistischen Ideologie. Mit tatkräftiger Unterstützung der sowjetischen Kultur- und Jugendoffiziere wurde daran gearbeitet, die Erinnerung an das humanistische und progressive Erbe der deutschen Nationalkultur zu wecken.

Die Jugendausschüsse taten auch viel, um die materielle Not zu überwinden. In Berlin beispielsweise beteiligten sich 10000 Jugendliche, um zerstörte Dächer auszubessern und rund 200 Jugendheime und Sportplätze einzurichten. Thüringens Jugendliche sammelten 400 Zentner Äpfel für Berliner Kinder. Auch die erste Friedensweihnachtsfeier 1945 für Kinder halfen Jugendausschüsse vorzubereiten. So wuchs die Gemeinsamkeit der jungen Generation, wenngleich Vorbehalte, Mißtrauen und Skepsis bei vielen bestehenblieben. Große Teile der Jugend verhielten sich abwartend und standen noch abseits. Aber die Entwicklung zu einer einheitlichen Jugendorganisation war dadurch nicht mehr aufzuhalten.

Nachdem die SMAD dem Antrag, die FDJ als einheitliche antifaschistisch-demokratische Jugendorganisation zu gründen, zugestimmt hatte, nahm ein provisorischer Vorstand mit Erich Honecker als Vorsitzendem seine Tätigkeit auf. Damit war der entscheidende Schritt zur Herstellung der Einheit der Jugend auf antifaschistisch-demokratischer Grundlage getan.

Noch im März 1946 fanden in Ländern und Provinzen der sowjetischen Besatzungszone Gründungsversammlungen der FDJ statt. Anfang April vereinigte der Verband bereits 160300 junge Menschen.

Mit dem I. Parlament der FDJ Pfingsten 1946 in Brandenburg fand der Gründungsprozeß der FDJ seinen Abschluß.

Erich Honecker hob dazu in seiner Autobiographie „Aus meinem Leben“ hervor:

„Die FDJ entstand als einheitliche Jugendorganisation im Kampf gegen reaktionäre Kräfte, die von neuem die Jugend in eine Vielzahl politischer und konfessioneller Verbände spalten wollten. Die Einheit und der antifaschistisch-demokratische Charakter der FDJ mußten gegen viele Angriffe verteidigt werden. In das Zentrum der Auseinandersetzung rückten die Grundrechte der jungen Generation, die sich nur verwirklichen ließen, wenn die antifaschistisch-demokratische Umwälzung weitergeführt wurde.“

»

Grundrechte der jungen Generation

Auf dem I. Parlament der FDJ (8. bis 10. Juni 1946 in Brandenburg) wurden die Forderungen der jungen Generation, für deren Erfüllung die FDJ eintrat, als Grundrechte zusammengefaßt. Eine Arbeitsgruppe unter Leitung Erich Honeckers hatte auf Vorschlag des ZK der KPD in den Nachkriegswochen die Lage der Jugend analysiert, einen Entwurf der „Grundrechte der jungen Generation" formuliert und diesen zunächst im Zentralen Ausschuß, dann in der FDJ und einer demokratischen Öffentlichkeit ausführlich erörtert.

An der Spitze des Papiers stand die Forderung nach den politischen Rechten, nach der gleichberechtigten Teilnahme der Jugend am politischen Leben. Sie schloß das Wahlrecht ab 18 Jahren und die Wählbarkeit ab 21 Jahren, die Übernahme verantwortlicher Funktionen in Staat und Wirtschaft sowie die Entsendung von Vertretern in die Betriebsräte ein. Zweitens forderte der Jugendverband das Recht auf Arbeit und Erholung.

Jeder Jugendliche sollte einen Arbeitsplatz erhalten, vor kapitalistischer Willkür geschützt werden und regelmäßig bezahlten Urlaub bekommen. Das dritte Grundrecht war das Recht auf politische Bildung. Die demokratische Umgestaltung sollte den Mädchen und Jungen alle Möglichkeiten der Bildung und der Aneignung der Kultur eröffnen. Und viertens schließlich trat die FDJ für das Recht der Jugend auf Freude und Frohsinn, für das Recht auf ein glückliches Leben in Frieden ein.

? Warum entstanden in der sowjetischen Besatzungszone verschiedene Parteien, und wie kamen sie zusammen?

In Deutschland gehörte es zur demokratischen Tradition, daß die verschiedenen Klassen und Schichten ihre spezifischen Interessen in und durch verschiedene Parteien wahrnahmen. Deshalb war es zu erwarten, daß nach der Befreiung vom Faschismus auch verschiedene Parteien an die Öffentlichkeit traten. Während der zwölf Jahre faschistischer Diktatur waren alle Parteien außer der NSDAP aufgelöst oder verboten worden.

Die Entscheidung darüber konnten aber nur die Besatzungsbehörden treffen. Am 10. Juni 1945, in ihrem Befehl Nr. 2, erlaubte die Sowjetische Militäradministration die Bildung und Tätigkeit von Parteien, „die sich die endgültige Ausrottung der Partei des Faschismus und die Festigung der Grundlage der Demokratie und der bürgerlichen Freiheiten in Deutschland und die Entwicklung der Initiative und Selbstbestätigung der breiten Massen der Bevölkerung in dieser Richtung zum Ziel setzen".

Auf der Grundlage dieses Befehls entstanden im Osten Deutschlands unmittelbar nach Kriegsende neben den beiden Arbeiterparteien, KPD und SPD, zwei weitere Parteien. Am 26. Juni 1945 wurde die Christlich-Demokratische Partei Deutschlands (CDU) und am 5. Juli 1945 die Liberal-Demokratische Partei Deutschlands (LDPD) gegründet. Das Gründungsdokument der CDU enthielt ein Bekenntnis zu einer antifaschistischen Demokratie, zu Frieden, Völkerfreundschaft, Christentum, zum Wiederaufbau Deutschlands auf einer neuen Grundlage und zur Zusammenarbeit aller demokratischen Kräfte. Die neue Partei trat für den Schutz des Privateigentums an Produktionsmitteln ein und erklärte es für notwendig, die Bodenschätze zu verstaatlichen und den Bergbau sowie weitere monopolartige Schlüsselunternehmen der Wirtschaft der Staatsgewalt zu unterwerfen. Ausdrücklich wurde im Gründungsaufruf hervorgehoben: „Wir erkennen die Kraft an, die von der Arbeiterschaft in das Volksganze einströmt."

Das Gründungsdokument der LDPD enthielt ein deutliches Bekenntnis zur „Neugestaltung des deutschen Gemeinschaftslebens auf wahrhaft demokratischer Grundlage". Dazu mußten die Überreste des Faschismus und Militarismus beseitigt werden. Zugleich trat die junge Partei für die Beibehaltung des Privateigentums an Produktionsmitteln sowie für die Zulassung von Gewerkschaften und Unternehmerverbänden ein. Sie anerkannte die Möglichkeit, Unternehmen der öffentlichen Kontrolle zu unterstellen. Auffällig ist in beiden Gründungsdokumenten, daß bei aller Unterschiedlichkeit in bestimmten Fragen zwischen ihnen und den Aufrufen der KPD und des Zentralausschusses der SPD eine Reihe von Gemeinsamkeiten bestanden. Alle vier Parteien waren sich vor allem in dem Streben einig, die Überreste des Faschismus zu beseitigen, Not und Elend durch wirtschaftlichen Neuaufbau schrittweise zu überwinden und eine demokratische Ordnung aufzubauen.

Innerhalb von wenigen Wochen hatten somit in der sowjetischen Besatzungszone vier Parteien mit ihrer Tätigkeit begonnen. Die Frage war nunmehr, wie sich ihr Verhältnis zueinander gestalten sollte. Sollte der Parteienhader der bürgerlichen Weimarer Republik neu aufgelegt werden, oder bot sich nicht die Chance, etwas völlig Neues im Verhältnis verschiedener Parteien zu versuchen? War es zugleich nicht dringend geboten, angesichts der komplizierten Aufgabe, antifaschistisch-demokratische Änderungen herbeizuführen, neue Wege ausfindig zu machen, um politische Interessen durchzusetzen? Vergleicht man die programmatischen Dokumente der beiden bürgerlich-demokratischen Parteien CDU und LDPD mit dem Aufruf der KPD vom 11. Juni 1945 und dem des Zentralausschusses der SPD vom 15. Juni 1945, so wird deutlich, daß sich eine derartige Chance in der Tat bot. Die KPD zog in ihrem Aufruf wichtige Lehren aus der Vergangenheit. Sie versprach dem deutschen Volk:

„Keine Wiederholung der Fehler von 1918! Schluß mit der Spaltung des schaffenden Volkes! Keinerlei Nachsicht gegenüber dem Nazismus und der Reaktion! Nie wieder Hetze und Feindschaft gegenüber der Sowjetunion."

Als Ziel erklärten die deutschen Kommunisten die Errichtung eines „antifaschistisch-demokratischen Regimes, einer parlamentarisch-demokratischen Republik mit allen demokratischen Rechten und Freiheiten für das Volk".

In zehn Punkten faßte die KPD die dringlichsten Gegenwartsaufgaben zusammen:

» *An der gegenwärtigen historischen Wende rufen wir Kommunisten alle Werktätigen, alle demokratischen und fortschrittlichen Kräfte des Volkes zu diesem großen Kampf für die demokratische Erneuerung Deutschlands, für die Wiedergeburt unseres Landes auf!*

Die unmittelbarsten und dringendsten Aufgaben auf diesem Wege sind gegenwärtig vor allem:

1.

Vollständige Liquidierung der Überreste des Hitlerregimes und der Hitlerpartei. Mithilfe aller ehrlichen Deutschen bei der Aufspürung versteckter Naziführer, Gestapoagenten und SS-Banditen. Restlose Säuberung aller öffentlichen Ämter von den aktiven Nazisten. Außer der Bestrafung der großen Kriegsver-

brecher, die vor den Gerichten der Vereinten Nationen stehen werden, strengste Bestrafung durch deutsche Gerichte aller jener Nazis, die sich krimineller Verbrechen und der Teilnahme an Hitlers Volksverrat schuldig gemacht haben. Schnellste und härteste Maßnahmen gegen alle Versuche, die verbrecherische nazistische Tätigkeit illegal fortzusetzen, gegen alle Versuche, die Herstellung der Ruhe und Ordnung und eines normalen Lebens der Bevölkerung zu stören.

2.

Kampf gegen Hunger, Arbeitslosigkeit und Obdachlosigkeit. Allseitige aktive Unterstützung der Selbstverwaltungsorgane in ihrem Bestreben, rasch ein normales Leben zu sichern und die Erzeugung wieder in Gang zu bringen. Völlig ungehinderte Entfaltung des freien Handels und der privaten Unternehmerinitiative auf der Grundlage des Privateigentums. Wirkungsvolle Maßnahmen zum Wiederaufbau der zerstörten Schulen, Wohn- und Arbeitsstätten. Strenge Sparsamkeit in der Verwaltung und bei allen öffentlichen Ausgaben. Umbau des Steuerwesens nach dem Grundsatz der progressiven Steigerung. Sicherung der restlosen Ernteeinbringung auf dem Wege breiter Arbeitshilfe für die Bauern. Gerechte Verteilung der Lebensmittel und der wichtigsten Verbrauchsgegenstände; energischer Kampf gegen die Spekulation.

3.

Herstellung der demokratischen Rechte und Freiheiten des Volkes. Wiederherstellung der Legalität freier Gewerkschaften der Arbeiter, Angestellten und Beamten sowie der antifaschistischen, demokratischen Parteien. Umbau des Gerichtswesens gemäß den neuen demokratischen Lebensformen des Volkes. Gleichheit aller Bürger ohne Unterschied der Rasse vor dem Gesetz und strengste Bestrafung aller Äußerungen des Rassenhasses. Säuberung des gesamten Erziehungs- und Bildungswesens von dem faschistischen und reaktionären Unrat. Pflege eines wahrhaft demokratischen, fortschrittlichen und freiheitlichen Geistes in allen Schulen und Lehranstalten. Systematische Aufklärung über den barbarischen Charakter der Nazi-Rassentheorie, über die Verlogenheit der „Lehre vom Lebensraum“, über die katastrophalen Folgen der Hitlerpolitik für das deutsche Volk. Freiheit der wissenschaftlichen Forschung und künstlerischen Gestaltung.

4.

Wiederaufrichtung der auf demokratischer Grundlage beruhenden Selbstverwaltungsorgane in den Gemeinden, Kreisen und Bezirken sowie der Provinzial- bzw. Landesverwaltungen und der entsprechenden Landtage.

5.

Schutz der Werktätigen gegen Unternehmerwillkür und unbotmäßige Ausbeutung. Freie demokratische Wahlen der Betriebsvertretungen der Arbeiter, Angestellten und Beamten in allen Betrieben, Büros und bei allen Behörden. Tarifliche Regelung der Lohn- und Arbeitsbedingungen. Öffentliche Hilfsmaßnahmen für die Opfer des faschistischen Terrors, für Waisenkinder, Invaliden und Kranke. Besonderer Schutz den Müttern.

6.
Enteignung des gesamten Vermögens der Nazibonzen und Kriegsverbrecher, Übergabe dieses Vermögens in die Hände des Volkes zur Verfügung der kommunalen oder provinzialen Selbstverwaltungsorgane.
7.
Liquidierung des Großgrundbesitzes, der großen Güter der Junker, Grafen und Fürsten und Übergabe ihres ganzen Grund und Bodens sowie des lebenden und toten Inventars an die Provinzial- bzw. Landesverwaltungen zur Zuteilung an die durch den Krieg ruinierten und besitzlos gewordenen Bauern. Es ist selbstverständlich, daß diese Maßnahmen in keiner Weise den Grundbesitz und die Wirtschaft der Großbauern berühren werden.
8.
Übergabe aller jener Betriebe, die lebenswichtigen öffentlichen Bedürfnissen dienen (Verkehrsbetriebe, Wasser-, Gas- und Elektrizitätswerke usw.), sowie jener Betriebe, die von ihren Besitzern verlassen wurden, in die Hände der Selbstverwaltungsorgane der Gemeinden oder Provinzen bzw. Länder.
9.
Friedliches und gutnachbarliches Zusammenleben mit den anderen Völkern. Entschiedener Bruch mit der Politik der Aggression und der Gewalt gegenüber anderen Völkern, der Politik der Eroberung und des Raubes.
10.
Anerkennung der Pflicht zur Wiedergutmachung für die durch die Hitleraggression den anderen Völkern zugefügten Schäden. Gerechte Verteilung der sich daraus ergebenden Lasten auf die verschiedenen Schichten der Bevölkerung nach dem Grundsatz, daß die Reicheren auch eine größere Last tragen.
(Auszug aus dem Aufruf der KPD vom 11. Juni. Dokumente zur Geschichte der SED. Band 2, Berlin 1986, S. 12–15)

Damit unterbreitete die KPD dem deutschen Volk ein konkretes Aktionsprogramm, das von den unmittelbaren Tagesinteressen der Werktätigen ausging. Zugleich umriß es die zur Beseitigung von Faschismus, Militarismus und Imperialismus notwendigen grundlegenden gesellschaftlichen Veränderungen. Dieses Aktionsprogramm war eine Plattform für das Zusammenwirken aller antifaschistisch-demokratischen Parteien und Organisationen. Es war kein Programm des Aufbaus des Sozialismus, aber ein Programm, das den Weg zu diesem Ziel ebnen half.

Der Aufruf der KPD vom 11. Juni 1945 war nicht etwa nur an die Werktätigen in der sowjetischen Besatzungszone gerichtet, sondern an die werktätigen Menschen in allen Besatzungszonen. Die Anstrengungen der KPD waren auf ein antifaschistisch-demokratisches Deutschland als Ganzes gerichtet. Dieses Herangehen stimmte voll und ganz mit den Festlegungen des Potsdamer Abkommens überein. Zu wichtigen Fragen gab es zwischen dem Aufruf der KPD und dem des Zentralausschusses der SPD Übereinstimmung. Auch die klassenbewußten Sozialdemokraten forderten, die Reste des Faschismus zu beseitigen und antifaschistisch-demokratische Veränderungen herbeizuführen. Sie traten für die Zusammenarbeit mit Kommunisten und für ein positives Verhältnis zur Sowjetunion ein.

»

Aufruf des Zentralausschusses der Sozialdemokratischen Partei Deutschlands, 15. Juni 1945

In dieser entscheidenden Stunde ist es wiederum die geschichtliche Aufgabe der deutschen Arbeiterklasse, Trägerin des Staatsgedankens zu sein: einer neuen, antifaschistisch-demokratischen Republik!
Jedes eigensüchtige Parteiengezänk, wie es das politische Schlachtfeld der Weimarer Republik erfüllte, muß im Keime erstickt werden. In einer antifaschistisch-demokratischen Republik können demokratische Freiheiten nur denen gewährt werden, die sie vorbehaltlos anerkennen. Demokratische Freiheiten sind aber denen zu versagen, die sie nur nutzen wollen, um die Demokratie zu schmähen und zu zerschlagen.
Das elementarste Lebensgesetz des neuen Staates verlangt die völlige Beseitigung aller Reste der faschistischen Gewaltherrschaft. Ebenso muß der Militarismus aus den Köpfen und Herzen getilgt werden. Die durch den Faschismus geistig entwurzelte Jugend muß wieder zu freien und kritisch denkenden Menschen erzogen werden.
Der neue Staat muß wiedergutmachen, was an den Opfern des Faschismus gesündigt wurde, er muß wiedergutmachen, was faschistische Raubgier an den Völkern Europas verbrochen hat. Dieser Staat muß zuerst und vor allem dem deutschen Volk die wirtschaftliche und moralische Kraft geben, diese übermenschliche Aufgabe zu erfüllen.
Deshalb fordert die Sozialdemokratische Partei Deutschlands:
1. Restlose Vernichtung aller Spuren des Hitlerregimes in Gesetzgebung, Rechtsprechung und Verwaltung, einen sauberen Staat der Rechtlichkeit und Gerechtigkeit. Haftpflicht der Mitglieder der NSDAP und ihrer Gliederungen für die durch das Naziregime verursachten Schäden.
2. Sicherung der Ernährung. Bereitstellung von Arbeitskräften und genossenschaftlicher Zusammenschluß in der Landwirtschaft. Verbreiterung der Fettgrundlage durch Einfuhr von Rohstoffen, Futtermitteln und Vieh. Förderung der Verbrauchergenossenschaften und Neuregelung des Kleinhandels.
3. Sicherung des lebensnotwendigen Bedarfs der breiten Volksmassen an Wohnung, Kleidung und Heizung mit Hilfe der kommunalen Selbstverwaltung.
4. Wiederaufbau der Wirtschaft unter Mitwirkung der kommunalen Selbstverwaltung und der Gewerkschaften. Beschleunigte Wiederherstellung der Verkehrsmittel. Beschaffung von Rohstoffen. Beseitigung aller Hemmungen der

Vor der ersten gemeinsamen Kundgebung des antifaschistisch-demokratischen Blockes im großen Saal des Berliner Rundfunks (v. l. n. r.): Otto Grotewohl (SPD), Andreas Hermes (CDU), Wilhelm Pieck (KPD), Dr. Arthur Werner (parteilos), Waldemar Koch (LDPD); 12. August 1945

privaten Unternehmerinitiative unter Wahrung der sozialen Interessen. Beseitigung der nazistischen Überorganisation in der Wirtschaft. Klarer und einfacher Neuaufbau ehrenamtlich verwalteter Wirtschaftsverbände. Neuaufbau des Geldwesens, Sicherung der Währung. Kommunale Kredite für Industrie, Handwerk und Handel. Belebung des bargeldlosen Zahlungsverkehrs. Vereinfachung des Steuerwesens durch straffste Zusammenfassung der Steuerarten. Stärkere Berücksichtigung der sozialen Lage bei der Bemessung der Steuern.

5. Volkstümlicher Kulturaufbau. Erziehung der Jugend im demokratischen, sozialistischen Geiste. Förderung von Kunst und Wissenschaft.

6. Neuregelung des Sozialrechtes. Freiheitliche und demokratische Gestaltung des Arbeitsrechtes. Einbau der Betriebsräte in die Wirtschaft. Mitwirkung der Gewerkschaften und Verbrauchergenossenschaften bei den Organisationen der Wirtschaft. Ausbau der Sozialversicherung zur Sozialversorgung für Kranke, Wöchnerinnen und Mütter, Invaliden und Unfallverletzte, Witwen, Waisen, Kriegsversehrte und Arbeitslose. Einbeziehung aller arbeitenden Menschen in die Sozialversorgung.

7. Förderung der Wohnungsfürsorge und des Siedlungswesens. Kommunale Wohnungsaufsicht. Anpassung der Mieten und Hypotheken an die durch die Kriegsfolge geschaffene Wirtschaftslage. Aufteilung des Großgrundbesitzes zur Beschaffung von Grund und Boden für umsiedlungsbereite Großstädter. Verpflanzung von mittel- und kleinindustriellen Betrieben in wirtschaftlich günstig gelegene Landbezirke.

8. Verstaatlichung der Banken, Versicherungsunternehmungen und der Bodenschätze. Verstaatlichung der Bergwerke und der Energiewirtschaft. Erfassung des Großgrundbesitzes und der lebensfähigen Großindustrie und aller Kriegsgewinne für die Zwecke des Wiederaufbaus. Beseitigung des arbeitslosen Einkommens aus Grund und Boden und Mietshäusern. Scharfe Begrenzung der Verzinsung aus mobilem Kapital. Verpflichtung der Unternehmer zur treuhänderischen Leitung der ihnen von der deutschen Volkswirtschaft anvertrauten Betriebe. Beschränkung des Erbrechtes auf die unmittelbaren Verwandten.

9. Anpassung des Rechtes an die antifaschistisch-demokratische Staatsauffassung. Staatlicher Schutz der Person. Freiheit der Meinungsäußerung in Wort, Bild und Schrift unter Wahrung der Interessen des Staates und der Achtung des einzelnen Staatsbürgers. Gesinnungsfreiheit und Religionsfreiheit. Strafrechtlicher Schutz gegen Rassenverhetzung.

(Auszug aus dem Aufruf der SPD vom 15. Juni 1945. In: Dokumente zur Geschichte der SED, Band 2, Berlin 1986, S. 18–21)

Am 19. Juni schlossen erstmals die Führungsgremien der beiden Arbeiterparteien ein gemeinsames Aktionsprogramm. Sie verpflichteten sich, bei der Überwindung der Reste des Faschismus zusammenzuarbeiten, gemeinsam antifaschistisch-demokratische Veränderungen durchzusetzen und zwischen ihnen bestehende ideologische Probleme und Meinungsverschiedenheiten gemeinsam zu klären. Damit war ein bedeutender Schritt getan, um die politischen Kräfte für die antifaschistisch-demokratische Umwälzung zu formieren. Wie aber stellten sich die beiden Arbeiterparteien zu den beiden bürgerlich-demokratischen Parteien?

Sollte man sie aus der Zusammenarbeit ausschließen und in die Opposition drängen?

Auf Initiative der KPD kamen am 14. Juli 1945 führende Vertreter aller vier Parteien zusammen und bildeten nach konstruktiver Aussprache den zentralen Ausschuß des Blocks der antifaschistisch-demokratischen Parteien. Gemeinsame Ausschüsse entstanden in der sowjetischen Besatzungszone auf allen Ebenen. In Berlin einigten sich die führenden Repräsentanten der Parteien, vor allem bei der Lösung folgender Hauptaufgaben zusammenzuarbeiten:

- Säuberung Deutschlands von den Überresten des Faschismus und Aufbau des Landes auf antifaschistisch-demokratischer Grundlage;
- Wiederaufbau der Wirtschaft, um die Lage der Bevölkerung zu verbessern;
- Herstellung der Rechtssicherheit;
- Sicherung der Geistes- und Gewissensfreiheit sowie Achtung religiöser Überzeugungen und sittlicher Anschauungen;
- Wiedergewinnung des Vertrauens und auf Achtung beruhender Verhältnisse zu allen Völkern, Unterbindung jeglicher Völkerhetze, Unterstützung der Besatzungsbehörden und Anerkennung der Pflicht zur Wiedergutmachung gegenüber anderen Völkern.

Zugleich einigten sich die vier Parteien über Grundprinzipien der Arbeit des Blocks, die später erweitert oder präzisiert wurden. So entsandte jede Partei die gleiche Anzahl von Vertretern in den Block, der Vorsitz wechselte, und Beschlüsse durften nur einstimmig gefaßt werden. Diese Festlegungen garantierten die Selbständigkeit jeder Partei und sicherten zugleich das vereinte Handeln aller vier Parteien. Mit den Beschlüssen der Sitzung vom 14. Juli 1945 war ein wichtiger Schritt für die Formierung der Kräfte für eine antifaschistisch-demokratische Umwälzung getan. Ihre Zusammenarbeit forderte von keiner der vier Parteien, daß sie ihr spezifisches Profil aufgaben, sondern mit ihren Mitteln und Möglichkeiten für antifaschistisch-demokratische Veränderungen wirkten. Die Wiederbelebung christlich-humanistischer Positionen war bei der Überwindung faschistischen Ungeistes ebenso wichtig wie fortschrittliches liberales Gedankengut.

Die Zusammenarbeit in wichtigen Grundfragen änderte jedoch nichts an der Tatsache, daß zwei Arbeiterparteien und zwei bürgerlich-demokratische Parteien ihre Beziehungen gestalteten. So darf es nicht wundern, wenn in den ersten Jahren der Zusammenarbeit Konfliktsituationen entstanden und manche Zerreißprobe zu bestehen war. Die Mitglieder und Funktionäre der CDU und der LDPD blieben natürlich auch in der Zusammenarbeit Christdemokraten und Liberaldemokraten. Nicht selten kamen sie darum zu unterschiedlichen Auffassungen über Inhalt, Methoden und Dauer der Zusammenarbeit mit beiden Arbeiterparteien, was natürlich auch das Maß für konsequente antifaschistisch-demokratische Veränderungen bestimmte.

Anschaulich beschreibt der Leiter der Informationsabteilung der SMAD, Sergej I. Tjulpanow, wie der Mitbegründer der LDPD, Dr. Wilhelm Külz, um seine politische Haltung und die seiner Partei rang:

„Es wäre nicht richtig, wenn man behaupten wollte, Dr. Külz habe schon bei der Gründung der LDPD eine ganz klarlinige politische Haltung zum Ausdruck gebracht ... Aber er erarbeitete sich seinen Standpunkt bedeutend schneller als viele seiner politischen Freunde in dieser Partei. Einer der Hauptgründe dafür lag meines Erachtens in der tiefen und mutigen Ehrlichkeit von Dr. Külz.

Bedeutend klarsichtiger blickte er jetzt auf seine neuen Freunde im Demokratischen Block, auf Wilhelm Pieck, Walter Ulbricht, Otto Grotewohl, Otto Buchwitz und Hermann Matern ...

Besonders bekannt wurde seine feste Haltung bei dem Volksentscheid in Sachsen 1946 über die Enteignung der Betriebe von Monopolkapitalisten und Kriegsverbrechern und bei entsprechenden Verordnungen in den anderen Ländern des sowjetischen Besatzungsgebietes in Deutschland. Das wurde zum Prüfstein für die wahre Gesinnung in bezug auf Demokratie und Antifaschismus auch bei anderen Parteiführern, wie Jacob Kaiser und Ernst Lemmer, die damals in den antifaschistisch-demokratischen Block hineingelangt waren.“

Kaiser und Lemmer – beide CDU – erwiesen sich sehr bald als Feinde der antifaschistisch-demokratischen Entwicklung. Unter den Gründungsaufruf der CDU hatte aber auch Otto Nuschke seine Unterschrift gesetzt. An ihn erinnerte sich S. I. Tjulpanow ebenfalls mit großer Herzlichkeit: „Otto Nuschke widersetzte sich energisch dem offenen (und verlogenen) politischen Mißbrauch religiöser Überzeugungen, die von den reaktionären Führern der CDU ausgenutzt wurden. Das war insbesondere ein Jahr später, im Sommer 1946, der Fall, als Kaiser und Lemmer versuchten, die Einheit des antifaschistischen Blocks durch die Propagierung der Idee eines besonderen christlichen Sozialismus zu sprengen, dem angeblich die antifaschistisch-demokratische Ordnung der sowjetischen Besatzungszone widersprach.“

Zu besonders harten Auseinandersetzungen kam es im Prozeß der Überleitung der antifaschistisch-demokratischen Umwälzung zur sozialistischen Etappe des einheitlichen revolutionären Umwälzungsprozesses. In der SED wurde angesichts des erreichten Entwicklungsniveaus und der verschärften Auseinandersetzung auf deutschem Boden intensiv über den Charakter und die Perspektiven der neuen Ordnung im Osten Deutschlands nachgedacht. Einige Mitglieder und Funktionäre der CDU und der LDPD meinten, den Weg zu weiteren Veränderungen nicht mehr mitgehen zu können, und hielten die Zusammenarbeit mit der SED mehr und mehr für erschöpft. Einige von ihnen wollten die Zusammenarbeit aufkündigen, um so ein weiteres Voranschreiten des revolutionären Prozesses zu verhindern. Zwischen Februar und August 1948 unterbrachen Vertreter der CDU und der LDPD ihre Mitarbeit im zentralen Block. In diesen Monaten veränderte sich aber das Kräfteverhältnis in den beiden Parteien allmählich zugunsten jener, die die Zusammenarbeit fortsetzen wollten.

Die politische Landschaft in der sowjetischen Besatzungszone wurde zudem durch die Entstehung von zwei weiteren Parteien verändert. Am 29. April 1948 wurde die Demokratische Bauernpartei Deutschlands (DBD) und am 25. Mai 1948 die National-Demokratische Partei Deutschlands (NDPD) gegründet.

Die DBD bekannte sich in ihren „Grundsätzen und Forderungen" zum Bündnis zwischen Arbeiterklasse und werktätigen Bauern. Sie anerkannte die führende Rolle der SED und sprach sich für die Zusammenarbeit aller antifaschistisch-demokratischen Parteien aus. Sie trat für die Freundschaft mit der Sowjetunion und den volksdemokratischen Ländern ein. Sie setzte sich für die Sicherung der demokratischen Bodenreform, für gesunde, produktive Bauernwirtschaften, die Privateigentum ihrer Besitzer sind, ein.

Die NDPD nahm Handwerker, Einzelhändler, kleine Unternehmer, Angehörige der Intelligenz, Angestellte, ehemalige Angehörige der NSDAP, Offiziere und Berufssoldaten sowie Beamte auf, die mit ihrer Vergangenheit gebrochen hatten. In ihrem Gründungsdokument bekannte sich die NDPD zu den Ergebnissen der antifaschistisch-demokratischen Umwälzung und den Zielen des Demokratischen Blocks. Sie erklärte ihre Unterstützung für die nationale Politik der SED und verpflichtete ihre Mitglieder zur Freundschaft mit der Sowjetunion. Am 5. Mai 1948 wurde die DBD und am 7. September die NDPD in den Demokratischen Block aufgenommen.

Eine neue Etappe der Parteizusammenarbeit begann im August 1949. Am 19. August 1949 nahm der antifaschistisch-demokratische Block die „Grundsätze des antifaschistisch-demokratischen Blocks in der sowjetischen Besatzungszone (Demokratischer Block)" an. In diesen Grundsätzen legten die Parteien ein Bekenntnis zur Freundschaft mit der Sowjetunion und den anderen sozialistischen Ländern ab und anerkannten die Oder und Neiße als Grenze zur Volksrepublik Polen. Sie bekräftigten den Willen zur Fortsetzung der Zusammenarbeit und einigten sich, das Prinzip des demokratischen Zentralismus in der Blockarbeit durchzusetzen.

Als am 7. Oktober 1949 der Deutsche Volksrat sich als Provisorische Volkskammer der Deutschen Demokratischen Republik konstituierte, waren unter den 330 Abgeordneten 46 von der CDU, 46 von der LDPD, 17 von der NDPD und 15 von der DBD. Zum Präsidenten der

Volkskammer wurde Johannes Dieckmann (LDPD) gewählt. Am 12. Oktober 1949 stellte Otto Grotewohl die erste Regierung der DDR vor. Zu seinen Stellvertretern gehörten neben Walter Ulbricht Otto Nuschke (CDU) und Hermann Kastner (LDPD).

Von den 18 Ministern kamen 8 von der SED, 4 von der CDU, 3 von der LDPD, jeweils einer von der DBD und der NDPD. Ein Minister war parteilos.

Seither sind 40 Jahre vergangen. Die Zusammenarbeit der Parteien hat reiche Früchte getragen. Fast eine halbe Million Bürger der DDR sind Mitglieder der mit der SED befreundeten Parteien.

? Wie wurde die Umsiedlerfrage im Osten Deutschlands gelöst?

Zu den tragischen Folgen, mit denen sich Millionen Menschen in Deutschland am Ende des zweiten Weltkrieges konfrontiert sahen, gehörte der Verlust ihrer ursprünglichen Lebens- und Arbeitsumwelt, ihrer Heimat. Nach zeitgenössischen Schätzungen waren 25 Millionen – Ausgebombte, Evakuierte, Zwangsverpflichtete, Umsiedler – im Sommer 1945 auf der Suche nach ihrer alten oder einer neuen Heimstatt. Ihre Kolonnen bevölkerten die Straßen und stellten die Städte und Gemeinden vor schier unlösbare Probleme. Besonders hart betroffen waren jene, die nicht wieder in ihre Wohnorte zurückkehren konnten oder sie in den Folgejahren noch verlassen mußten.

Der deutsche Imperialismus hatte im Ergebnis seiner verbrecherischen Eroberungs- und Ausrottungspolitik traditionelle deutsche Siedlungsgebiete im Osten und Südosten unwiderruflich verspielt. Angesichts der Erfahrungen zweier Weltkriege war es mehr als verständlich, daß die Hauptmächte der Antihitlerkoalition die Grenzen Deutschlands unter Berücksichtigung der berechtigten Sicherheitsinteressen vor allem der östlichen Nachbarn neu absteckten und die Aussiedelung deutscher Bevölkerungsteile aus Polen, der ČSR und Ungarn vereinbarten. Diese Maßnahmen konnten niemand verwundern, war doch die Rolle, die faschistische und nationalistische Elemente sowie ihr Massenanhang beispielsweise bei der Destabilisierung im Sudetengebiet oder im Vernichtungsfeldzug gegen Polen gespielt hatten, noch in frischer Erinnerung. Sie waren Bestandteil der Festlegungen, die eine erneute Gefährdung des Weltfriedens und der Existenz der Nachbarvölker von deutschem Boden aus verhindern sollten, und auf der Potsdamer Konferenz im Sommer 1945 zwischen der UdSSR, den USA und Großbritannien völkerrechtlich verbindlich vereinbart worden sind. Der Abschnitt XIII des Potsdamer Abkommens enthielt grundsätzliche Aussagen zur geordneten Umsiedlung deutscher Bevölkerungsteile.

» *Aus der Mitteilung über die Dreimächtekonferenz von Berlin, 2. August 1945 (Potsdamer Abkommen):*

„Die Konferenz erzielte folgendes Abkommen über die Ausweisung Deutscher aus Polen, der Tschechoslowakei und Ungarn: Die drei Regierungen haben die Frage unter allen Gesichtspunkten beraten und erkennen an, daß die Überführung der deutschen Bevölkerung oder Bestandteile derselben, die in Polen, Tschechoslowakei und Ungarn zurückgeblieben sind, nach Deutschland durchgeführt werden muß. Sie stimmen darin überein, daß jede derartige Überfüh-

rung, die stattfinden wird, in ordnungsgemäßer und humaner Weise erfolgen soll.“

(Das Potsdamer Abkommen. Dokumentensammlung. Berlin 1975, S. 231)

Am 20. November 1945 legte der Alliierte Kontrollrat einen Plan für die Umsiedlung vor. Die deutschen Behörden waren angewiesen, die notwendigen Vorkehrungen für die Unterbringung und den Unterhalt der Umsiedler zu treffen. Die geregelte Umsiedlung in die vier Besatzungszonen erfolgte vor allem in den Jahren 1946 und 1947. Sie war für die sowjetische Besatzungszone 1949 abgeschlossen. Bis zu diesem Zeitpunkt waren nahezu 11 Millionen Frauen, Männer und Kinder in den vier Besatzungszonen in Deutschland angesiedelt worden, davon über 4 Millionen auf dem Territorium der heutigen Deutschen Demokratischen Republik. Als Umsiedler zählten nicht nur diejenigen, die entsprechend den Festlegungen des Alliierten Kontrollrates aus ehemaligen deutschen Siedlungsgebieten in eine der Besatzungszonen überführt wurden, sondern auch jene, die diese Gebiete bereits vor Kriegsende verlassen hatten und nun nicht mehr in ihre Heimatorte zurückkehren konnten. Die Behörden des faschistischen Deutschen Reiches hatten bereits ganze Landstriche in den Ostprovinzen entvölkert, um den Krieg an der Ostfront noch „totaler“ führen zu können. Diese Evakuierungen betrafen Millionen Menschen. Hunderttausende verließen schließlich ihre Wohnorte, um sich vor der herannahenden Front in Sicherheit zu bringen.

» **Umsiedler** (Stand Januar 1948):

Insgesamt	10,72 Mill. =	100 %
Davon:		
Sowjetische Besatzungszone	4,38 Mill. =	40,9 %
Amerikanische Besatzungszone	2,96 Mill. =	27 %
Britische Besatzungszone	3,32 Mill. =	31 %
Französische Besatzungszone	0,06 Mill. =	0,6 %

Die sowjetische Besatzungszone hatte die Hauptlast der Umsiedlung zu tragen. Sie war zugleich Durchzugsgebiet für die Masse des Umsiedlerstroms. Neben denen, die geplant aufzunehmen waren, blieben viele, denen der weitere Transport zu beschwerlich oder unmöglich wurde, vor allem Frauen mit Kindern, ältere Menschen und Kranke. Diese Situation verschärfte sich noch, nachdem im Zuge des kalten

Krieges die Westmächte ab Frühjahr 1947 keine Umsiedlertransporte in ihren Besatzungszonen mehr aufnahmen.

Die Partei der Arbeiterklasse und die antifaschistisch-demokratischen Verwaltungsorgane waren vor komplizierte Probleme gestellt. Zunächst galt es, Wohnraum zu organisieren, ein Existenzminimum für die Umsiedler zu gewährleisten und sie in den Arbeitsprozeß einzureihen – angesichts der Zerstörungen und der allgemeinen Notlage eine schier unlösbare Aufgabe.

Noch im Herbst 1945 wurde die Zentralverwaltung für deutsche Umsiedler geschaffen, in den Ländern und Provinzen wurden Umsiedlerämter eingerichtet. In den Städten, Gemeinden und Kreisen entstanden Umsiedlerausschüsse. In ihnen fanden sich Vertreter aller Parteien und Organisationen, Einheimische und Umsiedler zusammen, um das gegenseitige Verständnis zu fördern und gemeinsam die anstehenden Probleme zu lösen. Vor allem galt es, einer Polarisierung zwischen ortsansässiger Bevölkerung und neu Zuziehenden vorzubeugen. Der Krieg hatte viele Menschen abgestumpft gegen die Not anderer. Das Gefühl der Solidarität war neu zu aktivieren.

»

Gemeinsamer Aufruf des Blocks der antifaschistisch-demokratischen Parteien, des Landesausschusses des FDGB sowie der Landeskirchen in Sachsen:

„Tiefe Not herrscht in unserem Lande ... Hunderttausende von Menschen sind obdach- oder heimatlos. Heimkehrer, Flüchtlinge, Ausgebombte und Umsiedler, Kinder und Greise stehen vor einem harten Winter. In diesen Abgrund von Elend und Verzweiflung wurden Millionen von Menschen durch die verbrecherische Verantwortungslosigkeit der Hitlerherrschaft gestoßen. Alle warten auf die rettende Tat, die nur von uns allen gemeinsam vollbracht werden kann."

(Sächsische Volkszeitung vom 19. Oktober 1945)

Bis zum Sommer 1946 gelang es beispielsweise in Sachsen, 12041 Stück Möbel, 3109 Paar Schuhe, 1,8 Millionen Kleidungsstücke und 1404 Decken durch Ausschüsse der Volkssolidarität für Umsiedler und Heimkehrer bereitzustellen.

Umsiedlerwochen, die im Herbst 1947 und im Frühjahr 1948 in der sowjetischen Besatzungszone durchgeführt wurden, förderten das Verständnis der einheimischen Bevölkerung für die Lage dieser Menschen und für entsprechende Maßnahmen.

Ein entscheidender Schritt zur Integration vieler Umsiedler war die demokratische Bodenreform. Mehr als 90000 Umsiedlerfamilien erhielten Land aus dem Bodenreformfonds und konnten sich eine gesicherte und schuldenfreie Existenz aufbauen. In den Bodenreformkommissionen hatten über 6300 Umsiedler mitgewirkt. Durch vielfältige

Entwurzelt durch den imperialistischen Krieg:
Millionen Deutsche suchen eine neue Heimat

Anstrengungen konnten bis Ende 1947 mehr als 84% der arbeitsfähigen Umsiedler in den Arbeitsprozeß eingegliedert werden. Auf der Grundlage des Befehls Nr. 304 des Chefs der Sowjetischen Militäradministration wurden vom November 1946 bis Juni 1949 für etwa 2 Millionen arbeitsunfähige mittellose Umsiedler ungefähr 403 Millionen Mark bereitgestellt.

Die Sozialistische Einheitspartei Deutschlands nutzte ihren Einfluß in den Kommunal- und Verwaltungsorganen, um die Lösung des Umsiedlerproblems zu fördern. Sie orientierte auf eine rasche Einbeziehung dieser Menschen in das politische Leben und unterstützte die Kandidatur von Umsiedlern zu den Gemeinde- und Landtagswahlen 1946. Sie und die anderen antifaschistisch-demokratischen Parteien und Organisationen organisierten Patenschaften. Beauftragte Mitglieder suchten den Kontakt und das vertrauensvolle Gespräch mit den Umsiedlerfamilien.

Noch schwieriger und vor allem langwieriger als die Beschaffung von Wohnraum, Arbeitsplätzen und Hausrat war in der Regel die geistige Bewältigung der Umsiedlung. Waren die neuen Grenzen wirklich endgültig? Würde man wieder in die alte Heimat zurückkehren können? Diese und andere Fragen bewegten die Umsiedler. Von ihrer wirklichen Integration konnte aber erst die Rede sein, wenn Klarheit zu den Ereignissen geschaffen war und die neue Umwelt als künftige Heimat begriffen wurde.

Die SED und die mit ihr verbündeten Kräfte wandten sich energisch gegen jegliche Versuche, diese vom Verlust ihrer Heimat betroffenen Menschen als Potential für Revanchismus und Chauvinismus zu mißbrauchen. Verantwortung und Menschlichkeit geboten, allen Illusionen entgegenzutreten und die ungeschminkte Wahrheit immer wieder ins Bewußtsein zu rücken, auch wenn sie bitter war und nicht sofort den Beifall und das Verständnis der Umsiedler fand.

Die Umsiedlung war ebenso wie die Grenzziehung Teil der Wiedergutmachung und der völkerrechtlichen Auflagen, die uneingeschränkt zu respektieren waren. Das deutsche Volk stand hier in einer historischen Schuld gegenüber seinen Nachbarn. Die Eroberungs- und Ausrottungspolitik des deutschen Imperialismus die unsagbaren Verbrechen des deutschen Faschismus selbst hatten die Maßregeln diktiert, die den berechtigten Sicherheitsinteressen der Nachbarvölker entsprachen. Die SED bekannte sich klar und eindeutig zu den Festlegungen des Potsdamer Abkommens.

Bereits wenige Monate nach Gründung der DDR kamen ihre Vertreter mit der Regierung der Volksrepublik Polen überein, im Interesse gutnachbarlicher Beziehungen, des Friedens und der Freundschaft „die festgelegte, zwischen beiden Staaten bestehende unantastbare Friedens- und Freundschaftsgrenze an der Oder und der Lausitzer Neiße zu markieren“.

In gemeinsamen Deklarationen mit der ČSR und Ungarn bekräftigte die Regierung der DDR, daß es keine strittigen und ungelösten Fragen gibt und die durchgeführte Umsiedlung ebenfalls „unabänderlich, gerecht und endgültig“ ist. Solche unmißverständlichen Erklärungen halfen den ehemaligen Umsiedlern, Klarheit zu gewinnen, und bereiteten Wege für ein neues, freundschaftliches Verhältnis zu den Nachbarvölkern.

Ein knappes Jahr nach ihrer Konstituierung, am 8. September 1950, verabschiedete die Provisorische Volkskammer der DDR ein Gesetz über die Verbesserung der Lage der ehemaligen Umsiedler.

Immerhin galt zum damaligen Zeitpunkt jeder vierte bis fünfte Einwohner der DDR als ehemaliger Umsiedler. In Verwirklichung dieses Gesetzes wurden bis zum Sommer 1951 über 3 500 Handwerkerkredite in Höhe von 10,8 Millionen Mark sowie 535 000 Wohnbedarfskredite in Höhe von 249 Millionen Mark vergeben. Die junge Republik leistete viel, um ehemaligen Umsiedlern eine neue und sichere Heimstatt zu bieten.

GESETZBLATT
der Deutschen Demokratischen Republik

1950	Berlin, den 14. September 1950	Nr. 104

Gesetz
über die weitere Verbesserung der Lage der ehemaligen Umsiedler in der Deutschen Demokratischen Republik.

Vom 8. September 1950

In der Deutschen Demokratischen Republik wurde zur Verbesserung der materiellen Lage der Umsiedler bereits viel geleistet. Zahlreiche Umsiedler haben durch die Bodenreform Land und bei der Einrichtung ihrer Wirtschaften wesentliche Hilfe erhalten. Ein großer Teil der ehemaligen Umsiedler arbeitet in allen Zweigen der Volkswirtschaft und im Staatsapparat.

So wurde den Umsiedlern die Möglichkeit der aktiven Mitarbeit am Aufbau eines neuen friedliebenden Deutschlands gegeben, sie sind vollberechtigte Staatsbürger.

Die wirtschaftliche Erstarkung der Deutschen Demokratischen Republik, an deren Schaffung die Umsiedler durch Festigung des demokratischen Aufbaues und durch die Erfüllung und Übererfüllung der

? Wer hat Deutschland gespalten?

Am 16. November 1947 war in der „New York Times" zu lesen:

„Deutsche Finanziers zeigen sich heute enthusiastisch über die Zukunftsaussichten. Allgemein glauben sie, daß mit der unwiderruflichen Aufspaltung Deutschlands bestimmt gute Zeiten kommen."

Keine der Sonntagsreden, die seitdem westlich unserer Staatsgrenze zur Beschwörung einer angeblichen Einheit der deutschen Nation gehalten werden, können über die historischen Tatsachen hinwegtäuschen. Es waren verantwortliche Politiker der imperialistischen Besatzungsmächte sowie Vertreter und Parteigänger der deutschen Monopolbourgeoisie, die bewußt und systematisch die Spaltung Deutschlands betrieben. Sie erhielten Schützenhilfe von antisowjetischen und antikommunistischen Kräften unterschiedlicher parteipolitischer Zuordnung.

Pläne, Deutschland in verschiedene Staaten aufzuspalten, hatte es bereits während des zweiten Weltkrieges in den USA und in Großbritannien gegeben. So sah der Welles-Plan von 1944 eine Dreiteilung Deutschlands vor. Der Morgenthau-Plan vom September des gleichen Jahres projektierte einen Nord- und einen Süddeutschen Staat sowie eine internationale Zone, die das Ruhrgebiet und große Teile Nordwestdeutschlands einschließen sollte. Ein Jahr zuvor war die Aufteilung in fünf kleinere Staaten und die Abtrennung wichtiger Industrie- und Wirtschaftszentren erwogen worden. Der britische Premier Churchill favorisierte die Idee einer Donauföderation, der er die süddeutschen Länder zuordnen wollte. Alle diese Projekte liefen darauf hinaus, den imperialistischen Konkurrenten entscheidend zu schwächen und eigene Einflußsphären in Mitteleuropa sicherzustellen. Sie wurden, soweit sie in den Verhandlungen zur Sprache kamen, von der Sowjetunion abgelehnt.

Der Übergang der US-Administration von der Politik der Antihitlerkoalition zur imperialistischen Strategie des kalten Krieges gegen die Sowjetunion rückte auch für die Deutschlandpolitik der imperialistischen Hauptmacht und ihrer Partner neue Gesichtspunkte ins Blickfeld. Die Verhinderung gesellschaftlicher Umgestaltungen in den eigenen Besatzungszonen und der Kurs auf einen fest in die eigene Allianz integrierten Separatstaat schien geeigneter zu sein, die Politik des „containment" – der Eindämmung des Sozialismus – in Europa in Szene zu setzen, als die vordergründige Schwächung des ehemaligen Konkurrenten. „Wir waren darauf vorbereitet, eher die zeitweilige Teilung der Ostzone und der Westzonen zu akzeptieren als einer hohlen Vereinigung zuzustimmen, die es den Sowjets nur erleichtert hätte, ihre Ziele in ganz Deutschland zu erreichen", bekannte der amerikanische Botschafter in Moskau nach der Beratung der Außenminister der vier Mächte zur deutschen Frage 1947. Der westliche Teil Deutschlands hatte nach Auffassung der Planer in den USA „als Prellbock für die Kräfte des Totalitarismus“ – so die diffamierende Bezeichnung für den Sozialismus – zu wirken. Die in Jalta, Teheran und Potsdam zwischen der UdSSR, den USA und Großbritannien getroffenen Vereinbarungen waren diesen Zielen hinderlich. Sie wurden deshalb in der Folgezeit mehr und mehr unterlaufen. Die Konfrontation wurde vor allem ab 1947/48 das bestimmende Element imperialistischer Deutschlandpolitik.

Die „New York Harald Tribune“ vom 20. Dezember 1947 ließ ihre Leser wissen: „Das Zeitalter von Jalta ist vorbei ... Die Aufteilung Deutschlands wird uns freie Hand geben, Westdeutschland in ein System der Westmächte einzubauen.“

Bereits im September 1946 hatte US-Außenminister Byrnes vor Mitarbeitern der Militärregierung und den Ministerpräsidenten der amerikanischen Besatzungszone die Revision der Besatzungspolitik und die bevorstehende Vereinigung mit der britischen Besatzungszone angekündigt. Praktische Konsequenzen ließen nicht lange auf sich warten. Schon mit Beginn des Jahres 1947 war die sogenannte Bizone gebildet. Ansätze für eine antifaschistisch-demokratische Umgestaltung in den Westzonen wurden von den Besatzungsbehörden behindert oder rückgängig gemacht, wenn sie an Besitzverhältnissen und gesellschaftlichen Strukturen zu rühren drohten. So unterband die amerikanische Militärbehörde die Verwirklichung des hessischen Verfassungsartikels 41, der eine Überführung der Schlüsselindustrie in Gemeineigentum vorsah. Ähnliche Beschlüsse und Gesetze anderer Landtage kamen gleichfalls nicht zur Ausführung.

Während die Westmächte in den Verhandlungen mit der Sowjetunion Vereinbarungen zur Regelung der deutschen Angelegenheiten blockierten, nahmen sie zügig Kurs auf die Bildung eines westdeutschen Seperatstaates. Auf einer gesonderten Konferenz, die unter Beteiligung der Benelux-Staaten mit Unterbrechungen von Februar bis Juni 1948 tagte, setzten sich die USA mit ihrem Konzept eines westdeutschen Bundesstaates durch, der so schnell wie möglich in das imperialistische Blocksystem einbezogen werden sollte.

»

Stellungnahme des Leiters des Northern Department im Foreign Office (Großbritannien), R. M. A. Hankey, zur Frage nach der Einheit Deutschlands vom Mai 1948:

„Rußland und Deutschland zusammen würden eine tödliche Gefahr für die westliche Welt sein ... Meiner Meinung nach haben die Westmächte nicht die nötigen Mittel, um ein vereinigtes Deutschland von 62 Millionen oder noch mehr Einwohnern hinreichend zu kontrollieren oder es ihrem Einfluß zu un-

terwerfen; die Zwischenkriegszeit hat dies bewiesen. Nur die Russen können dies mit Hilfe der kommunistischen Partei ... Meiner Meinung nach wird ein vereintes, nicht kommunistisches Deutschland, selbst wenn es mit uns verbündet ist, immer versucht sein, uns mit der Drohung zu erpressen, sich mit Rußland zu verbünden ...

Westdeutschland mit 40 Millionen von der Russenfurcht beherrschten Einwohnern ist dagegen auf die Zusammenarbeit mit den Westmächten angewiesen, um Schutz zu erhalten (übrigens dürfte ja wohl klar sein, daß es wiederbewaffnet werden muß), und es ist vollkommen abhängig von den Westmächten ... Kurz gesagt: Wir würden es insgesamt viel besser im Griff haben ... Damit ist auf jeden Fall ganz klar, daß es ein vereintes Deutschland nicht geben darf."*

** eingeklammerte Stelle wurde im Original wieder gestrichen.*

(Rolf Steiniger: Eine Chance zur Wiedervereinigung. Die Stalin-Note vom 10. März 1952. Darstellung und Dokumentation auf der Grundlage unveröffentlichter britischer und amerikanischer Akten, Bonn 1985, S. 37)

Noch im Juli 1948 wurden in Ausführung der Londoner Beschlüsse die Ministerpräsidenten der 11 westdeutschen Länder von den Militärgouverneuren der Westzonen angewiesen, eine Verfassung auszuarbeiten.

Zuvor war im Juni 1948 unter dem Deckwort „bird dog" eine von langer Hand vorbereitete separate Währungsreform in den Westzonen durchgeführt worden, die Deutschland in zwei Währungsgebiete aufspaltete. Diese Maßnahme der ökonomischen Spaltung wurde durch die Einbeziehung der Westzonen in den Marshallplan ergänzt. Der Marshallplan koppelte amerikanische „Aufbauhilfe" für Europa mit ökonomischen und politischen Auflagen, die eindeutig auf die Sicherung kapitalistischer Strukturen und auf Unterordnung unter amerikanische Interessen hinausliefen. Im August 1948 war mit der Vereinigung der französischen Besatzungszone und der Bizone zur sogenannten Trizone ein separates Wirtschafts- und Verwaltungsgebiet geschaffen, das zum Vorläufer der Bundesrepublik Deutschland wurde.

»

Protest des Soziologen Prof. Dr. Alfred Weber von der Universität in Heidelberg. Juni 1948:

„Die Gefahr, daß Deutschland ***endgültig geteilt*** *werden wird, ist angesichts der ‚Empfehlungen' der Londoner Deutschland-Konferenz und der bevorstehenden Währungsreform in ein akutes Stadium getreten. Alle Versuche, die* ***deutsche Einheit*** *dennoch zu wahren, sind bisher fehlgeschlagen.*

Eine nicht unbeträchtliche Anzahl gewichtiger und auch unabhängiger deutscher Stimmen hat sich in letzter Zeit für die ***alsbaldige Errichtung eines deutschen Weststaates*** *ausgesprochen. Es gibt Leute, die schon in Frankfurt*

BRD-Kanzler Konrad Adenauer, einer der Hauptinitiatoren der Spaltung, gibt vor dem Bundestag seine Regierungserklärung ab, 21. Oktober 1949.

So sahen sowjetische Karikaturisten die Marshallplan-„Hilfe“.

Entnazifizierung in der BRD: Von den Anklagebänken zu den Sesseln in den Aufsichtsräten

eine deutsche Nationalversammlung zur Schaffung einer Verfassung für diesen Weststaat tätig sehen ...
Es besteht kein Zweifel, daß sich in London sehr entscheidende Stellen wenigstens vorläufig für die Schaffung eines ***deutschen Weststaates*** *entschieden haben ...*
Die Errichtung eines deutschen Weststaates birgt die ***ungeheuersten Gefahren*** *in sich für die gesamtdeutsche Zukunft ... Man befände sich* ***vor der auf geschichtlich absehbare Zeit endgültigen Teilung Deutschlands.***
Kein frommer Wunsch kann die ***grausame Tatsache des vorläufigen Endes der gesamtdeutschen Geschichte,*** *die damit gegeben wäre, und die weitere Tatsache aus der Welt schaffen, daß wir dann, statt ein drittes, die beiden Rivalen auseinanderhaltendes Element zwischen Osten und Westen zu werden, nur noch das strategisch sehr entscheidende Kampffeld zwischen beiden wären."*
(Rheinische Post, Düsseldorf, 12. Juni 1948.
Abgedruckt in: Spaltung und Wiedervereinigung Deutschlands, hrsg. von K. Bittel, I. Teil: 1945–1948, Berlin 1958, S. 85–87)

Der Kurs der Westmächte traf sich mit den Intentionen restaurativer Kräfte in den Westzonen. Unter dem Schirm imperialistischer Besatzungspolitik konnte sich die deutsche Monopolbourgeoisie von ihrer eklatanten Niederlage erholen, ökonomische und politische Positionen bewahren und wiederherstellen. Vor die Frage nach dem Rahmen künftiger deutscher Staatlichkeit gestellt, entschieden sich ihre Vertreter, ohne lange zu zögern, für die relativ gesicherte Wiederherstellung eigener Machtpositionen in einem westdeutschen Separatstaat. Die deutsche Monopolbourgeoisie zog es vor, der Klassenauseinandersetzung in einem einheitlichen deutschen Staat auszuweichen. Sie gab die historisch gewachsene nationale Einheit bewußt preis, um eigennützige Interessen zu sichern.

» *„So wie die Dinge 1945 und 1946 lagen, hätte es schlimmer kommen können: es drohte die rote Einheit. Die einzige Alternative zu ihr war die Teilung: unter der Voraussetzung jener Drohung war sie das beste, was wir gewinnen konnten."*
(Winfried Martini: Freiheit auf Abruf. Die Lebenserwartung der Bundesrepublik, Köln/Berlin [W] 1960, S. 307)

Dr. Erich Köhler, führender CDU-Politiker in den Westzonen und später erster Präsident des Bundestages der BRD, sprach es im Herbst 1946 deutlich aus:

„Wir lehnen die Einheit Deutschlands ab, wenn die sozialistischen Kräfte in Deutschland dadurch über ganz Deutschland regieren können."

„Lieber das halbe Deutschland ganz als das ganze Deutschland halb" wurde zur Leitidee monopolkapitalistischer Kreise. Der führende Exponent dieser antinationalen Strategie der Spaltung und der Restauration wurde Dr. Konrad Adenauer, ehemaliger Kölner Oberbürgermeister und Mitbegründer der CDU in den Westzonen.

» ***Konrad Adenauer in einem Interview für „Associated Press" am 5. Oktober 1945:***

„Nach meiner Ansicht sollten die Westmächte die drei Zonen, die sie besetzt halten, tunlichst in einem staatsrechtlichen Verhältnis zueinander belassen. Das beste wäre, wenn die Russen nicht mittun wollen, sofort wenigstens aus den drei westlichen Zonen einen Bundesstaat zu bilden."

(Paul Weymar: Konrad Adenauer, Die autorisierte Biographie, München 1955, S. 281)

In Geschichtsdarstellungen der BRD wird nicht selten der Eindruck erweckt, als sei der Weg in den separaten Staat zwangsläufig durch die Besatzungspolitik vorgegeben und das deutsche Volk nur Objekt der Geschichte gewesen.

Tatsache bleibt aber, daß die Spaltung Deutschlands ohne aktive Mitwirkung restaurativer und reaktionärer Kräfte in den Parteien, Parlamenten und Verwaltungen der Westzonen nicht zu bewältigen war. Lange vor den Londoner Empfehlungen der Besatzungsmächte waren beispielsweise im Ellwangerkreis der süddeutschen CDU/CSU, im CDU-Vorstand der britischen Zone und im Bizonen-Wirtschaftsrat Pläne für einen Separatstaat diskutiert worden.

Unter weitgehendem Ausschluß der Öffentlichkeit wurde das Grundgesetz der Bundesrepublik Deutschland ausgearbeitet und im Mai 1949 in Kraft gesetzt. Die ursprünglich vorgesehene Möglichkeit einer Volksabstimmung zu dieser Verfassung blieb ungenutzt. So waren Grundsatzfragen der gesellschaftlichen und ökonomischen Entwicklung entschieden, bevor die Wähler über die Zusammensetzung des Bundestages befinden konnten. Mit der Konstituierung der Bundesrepublik Deutschland im September 1949 wurde die Politik der vollendeten Tatsachen fortgeführt. Die staatliche Spaltung der deutschen Nation war vollzogen, Konrad Adenauer sorgte mit seiner eigenen Stimme für die hauchdünne Mehrheit, die ihn zum Bundeskanzler des Separatstaates BRD machte.

Alle Angebote, den Weg zu einem einheitlichen demokratischen deutschen Staat offenzuhalten, schlugen Politiker seines Zuschnitts aus. Sie blockierten jeden Ansatz einer Verständigung mit den Parteien und politischen Kräften in der sowjetischen Besatzungszone. Westintegration und Remilitarisierung hießen die Leitlinien, die Adenauer und seine Anhänger für die Entwicklung der Bundesrepublik in den fünfziger Jahren durchsetzten. Dieser politische Kurs hatte keinen

Raum für Vorschläge und Angebote, die auf eine Verständigung beider deutscher Staaten und auf eine Überwindung der Spaltung Deutschlands abzielten. Initiativen der DDR wurden selbst dann abgelehnt, wenn sie weitgehende Kompromisse enthielten.

» ***Aus dem Brief des Ministerpräsidenten der DDR, Otto Grotewohl, an den Bundeskanzler der BRD vom 30. November 1950:***

„Durch die Spaltung Deutschlands wurde ein nationaler Notstand herbeigeführt, der durch die Remilitarisierung und die Einbeziehung in die Pläne der Kriegsvorbereitungen verschärft wurde ... Angesichts dieser Lage ist die Erhaltung des Friedens, der Abschluß eines Friedensvertrages sowie die Wiederherstellung der Einheit Deutschlands vor allem von der Verständigung der Deutschen selbst abhängig. Wir halten eine solche Verständigung für möglich, da das ganze deutsche Volk eine friedliche Regelung wünscht ... Von diesem Willen der friedliebenden Bevölkerung ausgehend, unterbreitet die Regierung der Deutschen Demokratischen Republik der Regierung der Bundesrepublik den Vorschlag, Besprechungen über die Bildung eines Gesamtdeutschen Konstituierenden Rates zwischen den beiden Regierungen aufzunehmen."

(Neues Deutschland [B] vom 5. Dezember 1950)

» ***Appell der Volkskammer der DDR an den Bundestag der BRD vom 15. September 1951:***

„Im Interesse des Lebens und der Zukunft der Nation wendet sich daher die Volkskammer der Deutschen Demokratischen Republik mit dem Vorschlag an den Bundestag der Bundesrepublik Deutschland, eine gemeinsame gesamtdeutsche Beratung der Vertreter Ost- und Westdeutschlands durchzuführen, die über zwei Aufgaben zu entscheiden hat:

erstens über die Abhaltung freier gesamtdeutscher Wahlen mit dem Ziel der Bildung eines einheitlichen, demokratischen und friedliebenden Deutschlands und

zweitens über die Beschleunigung des Abschlusses eines Friedensvertrages mit Deutschland."

(Volkskammer der Deutschen Demokratischen Republik, 11. Sitzung [Stenograph-Niederschrift], 15. September 1951, S. 273)

Größte Sorge bereitete Adenauer der Gedanke, die Westmächte könnten auf den Friedensvertragsvorschlag der Sowjetunion vom März 1952 eingehen, der vorsah, Deutschland als einheitlichen, unabhängigen, demokratischen und friedliebenden Staat in Übereinstimmung mit den Potsdamer Beschlüssen wiederherzustellen. Zu einem Zeitpunkt, wo die Restauration monopolkapitalistischer Verhältnisse und die inneren Auseinandersetzungen um den Weg der BRD noch nicht abgeschlossen waren, kamen solche Initiativen ungelegen. Die Verfestigung der Spaltung bot mehr Sicherheit für die eigenen Absichten.

»

Aus einer Erklärung des Ministeriums für Auswärtige Angelegenheiten der DDR vom 25. September 1954:

„Der Bundeskanzler Adenauer fordert nach wie vor die Remilitarisierung Westdeutschlands und die Einbeziehung Westdeutschlands in eine aggressive westeuropäische Gruppierung ... Niemand darf sich darüber im unklaren sein, daß die Wiedererrichtung des Militarismus in Westdeutschland und seine Eingliederung in aggressive Militärpakte ein unüberwindliches Hindernis für die Wiedervereinigung Deutschlands schafft. Die Spaltung Deutschlands würde auf unbestimmt lange Zeit bestehenbleiben ...“

(Dokumente zur Außenpolitik der Regierung der Deutschen Demokratischen Republik, Band II, Berlin 1955, S. 38)

Mit dem Beitritt der BRD zur NATO im Mai 1955 wurde schließlich die Spaltung Deutschlands zementiert.

? Wie entstand die Nationale Front?

Im September 1949 wurde in Bonn am Rhein, einem verschlafenen Provinzstädtchen, das viele nur als Geburtsort von Ludwig van Beethoven kannten, ein deutscher Staat, die Bundesrepublik Deutschland (BRD), gegründet. Der Bundestag wurde konstituiert. Konrad Adenauer, der ehemalige Oberbürgermeister von Köln, machte im Alter von 73 Jahren eine späte Karriere: Er wurde Kanzler der eben gegründeten Republik und bildete eine aus bürgerlich-konservativen Parteien – CDU, CSU, FDP und DP (Deutsche Partei) – zusammengesetzte Regierung. Damit war die Bildung eines westdeutschen Separatstaates abgeschlossen.

Während sich Politiker vom Schlage Adenauers noch die öffentlich vergossenen Krokodilstränen über die verlorene deutsche Einheit trockneten, zimmerte man sich einen Staat, in dem Wesentliches beim alten blieb: die Macht der Monopolbourgeoisie. An westdeutschen Kaminen schmiedete man zugleich Pläne von der Wiedergeburt eines großdeutschen Reiches in den Grenzen von 1937. Für alle patriotischen, fortschrittlichen Kräfte war es keine Stunde des Jubels, als Konrad Adenauer den Eid auf das Grundgesetz der BRD schwor. Schmerzhaft empfanden und begriffen sie: Es war nicht gelungen, den Spaltern das Handwerk zu legen und ganz Deutschland auf den Weg der Demokratie und des Fortschritts zu führen.

In den Schmerz über den neuerlichen nationalen Verrat der deutschen Großbourgeoisie mischte sich bei Patrioten unterschiedlicher sozialer Herkunft, Parteizugehörigkeit, Weltanschauung und Konfession in allen Besatzungszonen die bange Frage, ob und wie der Kampf um ein einheitliches demokratisches Deutschland weitergeführt werden konnte.

In dieser schwierigen Situation wandte sich die SED an alle demokratischen und patriotischen Kräfte, eine breite Front aller nationalen Kräfte zu bilden, um das Schicksal des deutschen Volkes zu wenden. Am 7. September 1949, als in Bonn der Bundestag der BRD zusammentrat, warnte das Politbüro des ZK der SED vor den Folgen dieses Schrittes für die deutsche Nation. Es forderte alle Deutschen auf, „sich zur Rettung der Einheit und der friedlichen Entwicklung unseres Vaterlandes in der Nationalen Front zusammenzuschließen“.

Blieb die Frage, wer nun den Kampf um die demokratische Einheit führen sollte. Darauf gab die SED wenige Wochen später, am 4. Oktober 1949, eine klare Antwort.

»

„Jeder deutsche Bürger, der als Patriot seines Vaterlandes für ein friedliches, einheitliches und unabhängiges Deutschland ist, ob Sozialist oder nicht, ob Demokrat oder nicht, jeder Angehörige der freien Berufe und jeder Unternehmer muß sich über die Gründe des nationalen Notstandes Deutschlands und der nationalen Unterdrückung Westdeutschlands Rechenschaft ablegen und muß sich darüber klarwerden, auf welchem Weg und mit welchen Mitteln das deutsche Volk die Wiederherstellung der Einheit Deutschlands als demokratischen und friedliebenden Staat erreichen und sich die Möglichkeit einer freien und unabhängigen Entwicklung als einheitliche große Nation auf der Grundlage der Gleichberechtigung mit anderen Völkern erkämpfen kann."
(Dokumente der SED, Band II, Berlin 1951, S. 351)

In das breite Angebot zur Zusammenarbeit schloß die SED selbst frühere Mitglieder der Nazipartei, ehemalige Offiziere, kleine und mittlere Unternehmer und Teile der Großbourgeoisie Westdeutschlands ein.

Das Zusammenwirken derart unterschiedlicher politischer, sozialer und weltanschaulicher Kräfte war nur möglich, weil sie trotz aller Unterschiede ein gemeinsames Ziel vereinte: die demokratische Einheit Deutschlands. Beschwörend hieß es deshalb in dem Dokument vom 4. Oktober 1949: „In der Stunde der das ganze deutsche Volk bedrohenden Gefahr der nationalen Vernichtung vereint uns ein gemeinsames großes Ziel: die Rettung der deutschen Nation."

Ein gemeinsames Ziel zu haben bedeutete aber nicht, daß die Unterschiede, Gegensätze und Meinungsverschiedenheiten gewissermaßen über Nacht verschwanden. Jeder mußte den anderen im Interesse des gemeinsamen Zieles also so nehmen wie er war. Richtig hieß es deshalb in dem Dokument der SED: „Der Anschluß an die Nationale Front des demokratischen Deutschland fordert von keiner Partei, Organisation oder Persönlichkeit die Preisgabe ihrer politischen Ansichten oder Weltanschauung, ihrer religiösen Überzeugungen oder ökonomischen Prinzipien. Es kommt darauf an, sich in den Fragen zu vereinigen, die alle Deutschen einigen, das zu suchen, was alle deutschen Patrioten eint." Als vordringlichste Aufgabe charakterisierte der Parteivorstand die „Herstellung der Kampfgemeinschaft aller Arbeiter und Arbeiterinnen, der Mitglieder der Sozialistischen Einheitspartei Deutschlands, der Kommunistischen Partei Deutschlands, der Sozialdemokratischen Partei Deutschlands und der Gewerkschaften."

Damit hatte die SED eine der entscheidenden Fragen jener Tage richtig beantwortet: Der Kampf um die demokratische Einheit mußte noch entschiedener und auf breitester Front geführt werden.

Welchen Platz hatte nun aber die sowjetische Besatzungszone im Ringen um Einheit und gesellschaftlichen Fortschritt auf deutschem Boden? Die SED stellte damals fest, daß jeder Schritt vorwärts, der im

Osten Deutschlands getan wurde, jeder errungene Erfolg eine starke Unterstützung des Kampfes um die Einheit Deutschlands ist. Deshalb bezeichnete sie die sowjetische Besatzungszone als „Basis des nationalen Kampfes".

Das war eine außerordentlich hohe Verantwortung, die die sowjetische Besatzungszone im Kampf gegen die Spaltung Deutschlands zu tragen hatte. Ob sie dieser nationalen Verantwortung gerecht werden konnte, hing in erster Linie vom Fortgang der inneren Entwicklung im Osten Deutschlands ab. Würde es gelingen, in den Betrieben die Leistungen zu steigern und in der Landwirtschaft die Erträge zu erhöhen? Konnten die Arbeits- und Lebensbedingungen verbessert und das Bündnis der demokratischen Kräfte gestärkt werden? Von den Antworten auf diese Fragen hing vor allem die Autorität, Ausstrahlungskraft und Wirksamkeit der patriotischen Kräfte in ganz Deutschland ab.

Wie sollte es also in der sowjetischen Besatzungszone weitergehen? Sollte man abwarten, bis es den fortschrittlichen Kräften in der BRD gelungen war, eine demokratische Wende herbeizuführen und grundlegende antifaschistisch-demokratische Veränderungen durchzusetzen? Oder sollte man zum sozialistischen Aufbau übergehen, um so die Positionen der patriotischen Kräfte zu stärken? Vertiefte ein solcher Schritt aber nicht die Kluft zur Entwicklung im westdeutschen Separatstaat? Die antifaschistisch-demokratischen Kräfte in der sowjetischen Besatzungszone erkannten mehr und mehr die Notwendigkeit, den Kampf um die demokratische Einheit Deutschlands engstens mit dem Ringen um die Festigung der antifaschistisch-demokratischen Errungenschaften und neuen Fortschritten bei der gesellschaftlichen Entwicklung im Osten Deutschlands zu verbinden. Für die Nationale Front ergab sich daraus zwingend die Aufgabe, sich „grundlegende innenpolitische und wirtschaftliche Aufgaben zur Hebung der Friedenswirtschaft der Zone, zur Erweiterung der Volksrechte, zur Steigerung der Produktivität der Landwirtschaft, zur Erweiterung der Erzeugung von Massenbedarfsartikeln und zur Hebung des Lebensstandards der Bevölkerung auf der Grundlage einer Steigerung der Produktivität der Arbeit" zu stellen.

Mit der Einschätzung der entstandenen Lage und mit ihren Überlegungen zur Schaffung einer breiten nationalen Front hatte die SED die Sorgen und Nöte vieler Menschen getroffen, die darüber nachdachten, was zu tun sei. Viele sahen in dem Dokument der SED vom 4. Oktober 1949 eine geeignete Plattform für Zusammenarbeit und Verständigung ohne Aufgabe der eigenen Identität. Zu den ersten, die der Schaffung der Nationalen Front zustimmten, gehörten viele Jugendliche.

Am 6. Oktober 1949 stellte das Sekretariat des Zentralrates der FDJ, das unter Vorsitz Erich Honeckers tagte, fest, „daß die in dem Beschluß des Parteivorstandes der SED festgelegte Grundlinie über die Natio-

Für ein einiges demokratisches Deutschland
und Abzug aller Besatzungsmächte!

nale Front mit den Grundsätzen und Zielen der Freien Deutschen Jugend sowie der gesamten bisher geleisteten Tätigkeit des Verbandes in Übereinstimmung steht ... Das Sekretariat des Zentralrates beschloß daher, allen Grundeinheiten, Leitungen und Vorständen des Verbandes zu empfehlen, die Entschließung des Parteivorstandes der Sozialistischen Einheitspartei Deutschlands eingehend zu studieren und dazu auch in der Öffentlichkeit Stellung zu nehmen."

Es gab auf dem Weg zur Schaffung der Nationalen Front viele Schwierigkeiten zu überwinden. Vorbehalte, Mißverständnisse mußten abgebaut werden. So fiel es manchem Arbeiter schwer, zu begreifen, warum man in der Nationalen Front Seite an Seite mit Unternehmern, selbst mit Teilen der Großbourgeoisie Westdeutschlands kämpfen sollte. So manchem Kommunisten wollte es nicht sogleich in den Sinn, nun auch mit ehemaligen Mitgliedern der Nazipartei oder mit bürgerlichen Kräften zusammenzugehen.

Warum sollte man ausgerechnet mit Pfarrern zusammenarbeiten, die doch in der Geschichte zumeist auf der anderen Seite der Klassenkampfbarrikade gestanden hatten und von denen viele lauthals gegen die Entwicklung in der sowjetischen Besatzungszone auftraten?

Vorbehalte und Mißverständnisse gab es aber nicht nur bei Arbeitern und Mitgliedern der SED. Mancher Funktionär in den anderen Parteien fürchtete, in der Nationalen Front „aufzugehen". Kirchenbehörden untersagten Geistlichen und anderen Mitarbeitern der Kirche, in der Nationalen Front mitzuwirken, weil angeblich die Nationale Front allein den Interessen der SED diene.

Viele politisch noch abseits stehende Menschen meinten nach den Erfahrungen der Vergangenheit, sich nicht zu engagieren sei am besten.

Zu den vielen ideologischen Problemen kamen organisatorische Fragen hinzu. Wie sollte in kurzer Zeit eine so breite Front unterschiedlicher Kräfte auf allen Ebenen organisiert werden?

Am 7. Januar 1950 wurde das Sekretariat der Nationalen Front konstituiert. Vorsitzender wurde Wilhelm Koenen. Dem Sekretariat gehörten je ein Mitglied der fünf Parteien an, die in der DDR wirkten, und der FDGB. Beim organisatorischen Aufbau der Nationalen Front mußte nicht bei Null begonnen werden. Insbesondere im Osten Deutschlands hatte sich seit 1947 eine breite Bewegung für Einheit und gerechten Frieden entwickelt, die Volkskongreßbewegung. In Städten, Dörfern, in Betrieben und Einrichtungen waren Volkskongreßausschüsse entstanden. Innerhalb weniger Wochen bildeten sich diese Ausschüsse in Ausschüsse der Nationalen Front um. Diese Umbildung war nicht lediglich eine Namensänderung.

Neu war die Wahl der Ausschußmitglieder in öffentlichen Versammlungen. Neu war, daß die Ausschüsse der Nationalen Front nicht nur aus Vertretern von Parteien und Massenorganisationen zusammengesetzt waren, sondern auch Einzelpersonen vorgeschlagen und gewählt werden konnten. Am 3. Februar 1950 konstituierte sich sodann der Nationalrat der Nationalen Front in Berlin. In ihm waren alle politischen Kräfte vertreten. Sein erster Präsident wurde der parteilose Wissenschaftler Erich Correns. Auf ihrer 2. Tagung am 15. Februar 1950 beschlossen die Mitglieder des Nationalrates der Nationalen Front und die Delegierten der Landes- und Kreisausschüsse sowie Vertreter aus der BRD das „Programm der Nationalen Front des demokratischen Deutschland".

Die Nationale Front des demokratischen Deutschlands war als breite Bewegung aller patriotischen deutschen Kräfte gegründet worden, um die nationale Einheit wiederzuerlangen. Die herrschenden Kreise in der BRD verhinderten jedoch die Formierung dieser patriotischen Front in ihrem Einflußbereich und vertieften systematisch die Spaltung Deutschlands. So wurde die Nationale Front immer mehr zu einer breiten sozialistischen Volksbewegung in der DDR. In ihr arbeiten alle patriotischen Kräfte, alle Parteien und Massenorganisationen zusammen, um die DDR zu stärken und zur Erhaltung des Friedens beizutragen.

? Warum gibt es Westberlin?

Am 3. September 1971 unterzeichneten die Botschafter Pjotr Abrassimow für die UdSSR, Kenneth Rush für die USA, Jean Sauvagnargues für Frankreich und R. W. Jackling für Großbritannien im Gebäude des ehemaligen Alliierten Kontrollrates in Westberlin das Vierseitige Abkommen. Die Verhandlungen dazu waren auf Initiative der Sowjetunion im März 1970 aufgenommen worden. Die DDR hatte im Zusammenwirken mit der Sowjetunion durch eigene Initiativen zum erfolgreichen Abschluß der schwierigen Verhandlungen beigetragen. Von ihr gingen Anstöße zu Gesprächen mit dem Senat von Westberlin und der BRD aus, in denen Fragen des Transits sowie des Reise- und Besucherverkehrs vertraglich geregelt werden konnten. Auch einige Enklaven – das waren kleine, im DDR-Territorium eingeschlossene Ortsteile und Flurstücken – wurden durch Gebietsaustausch bereinigt. Diese Vereinbarungen traten zusammen mit dem Vierseitigen Abkommen im Juni 1972 in Kraft.

Im Vierseitigen Abkommen über Berlin (West) vereinbarten die UdSSR, die USA, Frankreich und Großbritannien, „die Beseitigung von Spannungen und die Verhütung von Komplikationen in dem betreffenden Gebiet zu fördern" sowie „Streitigkeiten ausschließlich mit friedlichen Mitteln beizulegen". Sie bekräftigten den Grundsatz, daß die Sektoren von Westberlin „so wie bisher kein Bestandteil der Bundesrepublik Deutschland sind und auch weiterhin nicht von ihr regiert werden". Die Hauptstadt der DDR war nicht Gegenstand des Abkommens.

Alle im Teil II festgehaltenen konkreten Bestimmungen bezogen sich eindeutig und ausdrücklich auf die Westsektoren Berlins.

Ein gefährlicher Konflikt- und Spannungsherd in Europa – über zwei Jahrzehnte von imperialistischen Kreisen als „Frontstadt", als „billigste Atombombe", als „Pfahl im Fleische der DDR" kultiviert und als Zentrum der Spionage und Diversion mißbraucht – war entschärft worden.

Wie war es zu diesem besonderen politischen Gebilde inmitten des sozialistischen deutschen Staates und zur Spaltung Berlins gekommen?

Berlin wurde 1945 unter großen Opfern von der Sowjetarmee befreit. Vom 16. April bis zum 2. Mai dauerte die Berliner Operation, bei der über 300000 Soldaten an den drei sowjetischen Fronten fielen oder verwundet wurden. Allein in den letzten Tagen starben in Straßenkämpfen noch 20000 sowjetische Soldaten. Kaum schwiegen die Waffen, gingen Angehörige der Sowjetarmee gemeinsam mit deutschen Antifaschisten daran, die Lebensfähigkeit der zerstörten Stadt wieder herzustellen. Lebensmittel wurden aus Armeebeständen und der Staatsreserve der UdSSR herangeschafft. Bis zum 1. August waren das immerhin 97500 Tonnen Kartoffeln, 58700 Tonnen Mehl und 8000 Tonnen Fleisch. Bereits am 9. Mai war eine Regierungskommission aus Moskau eingetroffen, um an Ort und Stelle Sofortmaßnahmen einzuleiten.

Anfang Juli 1945 rollten Besatzungstruppen der USA, Großbritanniens und Frankreichs in Berlin ein. Alliierte Abkommen und Vereinbarungen, getroffen bereits vor Kriegsende, hatten die ehemalige Reichshauptstadt als Sitz des Alliierten Kontrollrates für Deutschland bestimmt. Um seine Arbeitsfähigkeit zu gewährleisten, war jeder der Besatzungsmächte ein Sektor von Groß-Berlin zugewiesen und die gemeinsame Verwaltung dieser Stadt vereinbart worden. Sie sollte durch eine Alliierte Kommandantur wahrgenommen werden, die dem Kontrollrat unterstand. Die Grundsatzentscheidung zu den Besatzungszonen in Deutschland und zu Berlin enthielt bereits das Londoner Protokoll vom 12. September 1944, das später noch ergänzt und präzisiert wurde, da Frankreich sich als vierte Besatzungsmacht am Kontrollsystem beteiligte.

Die Westsektoren von Berlin waren kein Tauschobjekt für die zeitweilig von US-Truppen besetzten Thüringer und westsächsischen Gebiete gewesen, aus denen sich die Alliierten gemäß den Vereinbarungen von Jalta vom Februar 1945 im Sommer 1945 zurückzogen.

Für ihren Zugang nach Berlin erhielten die drei Westalliierten vom sowjetischen Oberkommando eine Autobahn- und eine Eisenbahnverbindung sowie drei Luftkorridore zugewiesen. Die Kontrolle dieser Verbindungswege oblag den sowjetischen Organen, da sie durch ihre Besatzungszone führten. Das gesamte Fernbahn-, S-Bahn und Wasserstraßennetz aller Berliner Sektoren verblieb in der Verwaltung und Kontrolle der Sowjetischen Militäradministration. Diese Rechte gingen später auf die DDR über.

Am 19. Mai 1945 hatte der sowjetische Militärkommandant, Generaloberst N. E. Bersarin, einen neuen demokratischen Magistrat unter Vorsitz des parteilosen Architekten und Ingenieurs Dr. Arthur Werner in sein Amt eingeführt. Dem waren Konsultationen mit den verschiedenen antifaschistischen Gruppierungen vorausgegangen. Auch in den verschiedenen Berliner Stadtbezirken nahmen Antifaschisten das schwere Geschäft des Neubeginns in ihre Hände.

In den neuen Westsektoren wurde ihre Arbeit jedoch bald erschwert. Die Besatzungsbehörden der Westmächte nutzten in diesen Sektoren ihre Regierungsvollmachten. Sie ersetzten nicht selten Antifaschisten wieder durch ehemalige Beamte, behinderten Maßnahmen der Entnazifizierung und begünstigten reaktionäre und antikommunistische Kräfte. Mit der schrittweisen Abkehr von den Prinzipien des

Potsdamer Abkommens wurde auch die vereinbarte gemeinsame Verwaltung von Berlin sabotiert. In Berlin mehrten sich schon ab Herbst 1945 die Signale, daß der Geist von Potsdam zu den Akten gelegt werden sollte. Der kalte Krieg warf seine Schatten voraus.

Dies zeigte sich schon bei den Reaktionen auf das Vereinigungsbestreben der beiden Arbeiterparteien. Antikommunistische Kräfte und Einheitsgegner in der Berliner SPD erhielten in den Westsektoren alle Unterstützung. Ihnen standen Geld, Papier und Presseorgane für eine großangelegte Kampagne gegen die Einheitsbemühungen zur Verfügung. In einer britischen Militärmaschine wurde zur Unterstützung der einheitsfeindlichen Gruppierung Kurt Schumacher nach Berlin eingeflogen. Schumacher organisierte von Hannover aus den Aufbau der SPD in den Westzonen und setzte sich für einen strikt antikommunistischen Kurs der Partei ein. Gegen den Willen des Zentralausschusses der SPD fand in den Westsektoren eine sogenannte Urabstimmung statt, an der nur ein reichliches Drittel der Berliner SPD-Mitgliedschaft teilnahm. Die meisten von ihnen sprachen sich zwar gegen eine sofortige Vereinigung, aber mehrheitlich dennoch für ein weiteres Bündnis mit den Kommunisten aus. Dies genügte den Antikommunisten in der SPD, um am 7. April 1946 eine separate SPD-Organisation zu konstituieren.

Die westlichen Besatzungsbehörden nahmen dies zum Anlaß, die Zulassung der SED in ihren Sektoren zunächst zu verweigern. Erst nach komplizierten Verhandlungen konnte im Alliierten Kontrollrat ein Kompromiß gefunden werden. Die SED wurde ebenso wie der abgespaltene SPD-Landesverband in ganz Berlin zugelassen. Diese Regelung blieb bestehen, bis 1961 der SPD-Landesvorstand die Selbstauflösung seiner Kreisverbände in der Hauptstadt der DDR beschloß.

Die antikommunistische Stimmungsmache lief 1946 von den Westsektoren aus weiter. Sie fiel nicht selten auf fruchtbaren Boden, da die Versorgungslage nach wie vor sehr kompliziert war und Feindbilder, wie sie der Faschismus der Bevölkerung eingetrichtert hatte, noch viele Menschen verwirrten. Rechte SPD-Führer erklärten die SED zum Hauptgegner bei den bevorstehenden Wahlen. Sie kündigten gemeinsam mit reaktionären Kräften in den bürgerlichen Parteien die Zusammenarbeit im Demokratischen Block auf. Der US-amerikanische Besatzungssender RIAS machte sich ab September 1946 zum Sprachrohr des kalten Krieges.

Die Wahlen am 20. Oktober 1946 fielen dementsprechend aus. Antikommunistische und restaurative Kräfte errangen ein Übergewicht in der Berliner Stadtverordnetenversammlung. Die führenden Funktionen im Magistrat wurden mehrheitlich von der SPD, der CDU und der LDP besetzt. Nur zwei der 14 Stadträte und einen der drei zweiten Bürgermeister stellte die SED. Die Mehrheit in Stadtverordnetenversammlung und Magistrat orientierte sich zunehmend am antisowjeti-

Protest gegen die Währungsspaltung in Berlin,
23. Juni 1948

schen Kurs der Westmächte. Diese wollten nun, wie der USA-Militärgouverneur General Lucius D. Clay am 28. Oktober 1947 auf einer Pressekonferenz in Berlin erklärte, „die Glacéhandschuhe ausziehen" und den Kommunisten gegenüber eine „harte Gangart" anschlagen.

» Die Wahlen zur Stadtverordnetenversammlung in Groß-Berlin vom 20. Oktober 1946:

SPD	48,7 Prozent	63 Sitze
CDU	22,2 Prozent	29 Sitze
SED	19,8 Prozent	26 Sitze
LDP	9,3 Prozent	12 Sitze

Dennoch gelang es, 1947 im Stadtparlament das Konzernenteignungsgesetz, die Verordnung zur Einbeziehung von Vermögenswerten der Kriegsverbrecher und Naziaktivisten sowie ein fortschrittliches Schulgesetz durchzusetzen. Die SED-Fraktion hatte daran beträchtlichen Anteil. Die Verwirklichung der ersten beiden Gesetzesakte wurde jedoch durch die Vertreter der Westmächte in der Alliierten Kommandantur blockiert. Sie konnten erst durch den demokratischen Magistrat 1949 im Ostteil der Stadt in Kraft gesetzt werden.

Der imperialistische Kurs der Spaltung nahm auch Berlin ins Visier. Während die Westmächte im Alliierten Kontrollrat mit den sowjetischen Vertretern noch über eine Währung für ganz Deutschland verhandelten, waren die Vorbereitungen zur Währungsspaltung weitgehend abgeschlossen. Am 11. Juni 1948 wurden die ersten Kisten mit der Separatwährung nach Berlin eingeflogen. In einer internen Beratung der westalliierten Finanzoffiziere mit Währungs- und Wirtschaftsexperten der SPD, der CDU, der LDP sowie Konzernvertretern ging es um letzte technische Maßnahmen. Vertreter des SPD-Landesverbandes Berlin waren bereits im Mai nach Frankfurt am Main gereist, um sich für die Einbeziehung der Berliner Westsektoren in die separate Währungsreform zu engagieren. Vor allem Ernst Reuter, der wegen seiner antisowjetischen Ausfälle vom Alliierten Kontrollrat als Oberbürgermeister nicht bestätigt worden war, erwies sich als treibender Keil. „Die Berliner Verwaltung", erklärte er namens seiner Kollegen, „nimmt die Schwierigkeiten einer Spaltung der Währung in Kauf und sieht sich in der Lage, sie zu meistern." Ein Beschluß des Magistrats oder der Stadtverordnetenversammlung für eine solche Stellungnahme lag jedoch gar nicht vor.

Als die westalliierten Militärgouverneure am 18. Juni 1948 die separate Währungsreform für ihre Besatzungszonen verkündeten, war rasches Handeln erforderlich. Die sowjetische Besatzungszone mußte unbedingt vor dem Einfluten der entwerteten alten Reichsmark geschützt werden. Die SMAD verfügte deshalb strenge Kontrollen des Eisenbahn- und Schiffsverkehrs und unterband den Fußgänger- und Kraftfahrzeugverkehr mit den Westzonen vorübergehend. In wenigen Tagen wurden 90 Millionen Reichsmark bei Kontrollen sichergestellt. Unter Einbeziehung Tausender Angestellter mußten alte Banknoten provisorisch für eine eigene Währungsreform gekennzeichnet werden. Der Befehl Nr. 111 setzte den 24. Juni 1948 als Beginn des Währungsumtausches für die sowjetische Besatzungszone und das Gebiet von Groß-Berlin fest. Dr. Ferdinand Friedensburg (CDU), stellvertretender Oberbürgermeister von Berlin, informierte zunächst die westlichen Kommandanten über den SMAD-Befehl. Von dort erhielt er die Weisung, der Magistrat solle nichts unternehmen, bevor Gegenbefehle erlassen seien. Obwohl die westlichen Militärgouverneure dem obersten Chef der SMAD am 18. Juni 1948 versichert hatten, die Westzonenwährung würde nicht in den Westsektoren von Berlin eingeführt, begann dort trotzdem am 25. Juni der Umtausch. Der SMAD-Befehl zur Währungsreform sei für die Westsektoren nichtig, erklärten die westlichen Stadtkommandanten. Berlin besaß plötzlich zwei Währungen.

»

Otto Winzer (SED) in der 79. Ordentlichen Sitzung der Stadtverordnetenversammlung von Groß-Berlin am 29. Juli 1948:

„Wenn man diese Dynamitmark nach Berlin bringt und damit das wirtschaftliche Chaos in Berlin herbeiführt, dann darf man sich nicht wundern, wenn diejenigen, die für das Leben in der Ostzone verantwortlich sind, gegen die sich dieses Dynamit richtet, sich zur Wehr setzen und die notwendigen Sicherheitsmaßnahmen für ihre Besatzungszone und für ihre Politik treffen. Wer aber wie die Mehrheit dieses Hauses für die Einführung dieser Dynamitmark in Berlin eingetreten ist – ich unterstreiche das noch einmal –, der hat das Recht verwirkt, von einer Blockade zu sprechen."

Der Währungskonflikt von Berlin genügte General L. D. Clay und seinen Hintermännern jedoch noch nicht. Sie wollten die zeitweisen Einschränkungen auf den Verbindungswegen zwischen den Westzonen mit den Berliner Westsektoren zu einer internationalen Krise und eventuell zu einem militärischen Schlagabtausch mit der Sowjetunion ausweiten. Obwohl die UdSSR die Versorgung aller Sektoren von Berlin zusicherte, wurde die Lüge von der „Hungerblockade" in Umlauf gesetzt.

Am 26. Juni 1948 wurde mit großem materiellem und Propagandaaufwand die „Operation Vittles", die Luftbrücke zwischen den Westzonen und den Berliner Westsektoren, in Szene gesetzt. Für Militärs war dies ein willkommenes Experiment für großangelegte Lufttransporte. Etwa 400 britische und US-amerikanische Flugzeuge befanden sich auf dem Höhepunkt der Aktion rund um die Uhr im Einsatz. Nach Schätzungen eines britischen Militärhistorikers verschlang das Unternehmen 350 Millionen US-Dollar, 17 Millionen britische Pfund und 150 Millionen Westmark. Für die Flugzeugindustrie und für Treibstoffhersteller war die Luftbrücke ein einmaliges Profitgeschäft. Die Versorgungsangebote der Sowjetunion und der Deutschen Wirtschaftskommission wurden ausgeschlagen. Sie paßten nicht in die selbstinszenierte antisowjetische „Verteidigungsoperation". Bis zum heutigen Tag wird die sogenannte Berliner Blockade dramatisiert, um Bedrohungslügen und Feindbilder zu fördern

Obwohl im Mai 1949 der Konflikt um die Währung und die Verbindungswege nach Berlin eigentlich bereits beigelegt war, wurde das Luftbrückenspektakel noch weitere fünf Monate aufrechterhalten. Von den erzielten Vereinbarungen löste nur die Sowjetunion ihre Zusage ein. Sie hob die Einschränkungen auf den Zufahrtswegen in die Westsektoren auf. Die Festlegung hingegen, die Währung der sowjetischen Besatzungszone in ganz Berlin einzuführen und die westliche Separatwährung aus dem Umlauf zu ziehen, wurde sabotiert. Die rechte Magistratsmehrheit leistete dazu aktive Schützenhilfe. Es blieb bei der Währungsspaltung von Berlin.

» *„Berlin wurde auf der Grundlage eines sorgfältig geplanten Programms geteilt, welches dazu dienen sollte, die Sowjets aus Deutschland zu verdrängen. Mir wurde das von einem der Hauptberater des Militärgouverneurs in Deutschland kurz vor meiner Abreise mitgeteilt. Ich war in Deutschland von September 1945 bis November 1947 als Chef für die Versorgung und Landwirtschaft des Hauptquartiers in Berlin tätig."*

(General Hugh B. Hester in der US-amerikanischen Zeitung „St. Petersburg Times", Juni 1968)

» ***John Forster Dulles in einer Rede in Paris am 24. Januar 1949:***
„Zu jeder Zeit hätte man die Situation in Berlin klären können ... Die gegenwärtige Lage ist jedoch für die USA aus propagandistischen Gründen sehr vorteilhaft. Dabei gewinnen wir das Ansehen, die Bevölkerung von Berlin vor

Die administrative Gliederung von Groß-Berlin 1948

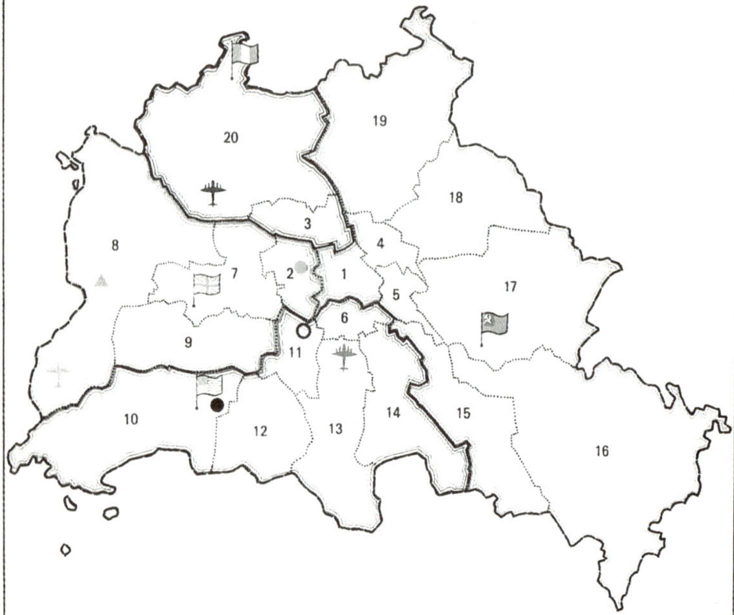

Sektoreneinteilung

- Sowjetischer Sektor
- Amerikanischer Sektor
- Britischer Sektor
- Französischer Sektor

Stadtbezirke

1 Mitte
2 Tiergarten
3 Wedding
4 Prenzlauer Berg
5 Friedrichshain
6 Kreuzberg
7 Charlottenburg
8 Spandau
9 Wilmersdorf
10 Zehlendorf
11 Schöneberg
12 Steglitz
13 Tempelhof
14 Neukölln
15 Treptow
16 Köpenick
17 Lichtenberg
18 Weißensee
19 Pankow
20 Reinickendorf
--- Stadtgrenze
..... Stadtbezirksgrenze

Militärregierungen

- Sowjetische Militäradministration in Deutschland
  Karlshorst
- Office of Military Government for Germany United States (OMGUS)
  Dahlem
- Control-Commission for Germany/British Element (CCG/BE)
  Charlottenburg
- Conseil de Contrôl de la France pour l' Allemagne
  Frohnau

Militärflugplätze

- Flughafen Tempelhof
- Flugplatz Gatow
- Flugplatz Tegel (ab 5. 12. 1948)

Alliierte Einrichtungen

- Alliierter Kontrollrat
  Schöneberg, Potsdamer Straße (Kleistpark)
- Alliierte Kommandantur der Stadt Berlin
  Dahlem, Kaiserswerther Straße
- Alliiertes Kriegsverbrechergefängnis
  Spandau, Wilhelmstraße
- Sowjetisches Ehrenmal
  Tiergarten

dem Hungertod bewahrt zu haben, die Russen aber erhalten die ganze Schuld wegen ihrer Sperrmaßnahmen.“

(Zitiert in George S. Wheeler: Die amerikanische Politik in Deutschland, Berlin 1958, S. 223)

Die imperialistische Politik der Spaltung Berlins konnte selbstverständlich nicht unwidersprochen bleiben. Wiederholt demonstrierten Werktätige aus Berliner Großbetrieben und Institutionen für die Einheit ihrer Stadt. Sie forderten von der Stadtverordnetenversammlung Entschlüsse, die der Spaltung entgegenwirkten. Die antikommunistische Mehrheit im Stadtparlament fühlte sich von diesen demokratischen Kundgebungen behindert. Nachdem der sowjetische Stadtkommandant das Ansinnen eines Demonstrationsverbotes ablehnte, inszenierten reaktionäre Kräfte am 6. September 1948 Zusammenstöße mit den Demonstranten. Für den rechtssozialdemokratischen Stadtverordnetenvorsteher Dr. Otto Suhr war dies der ersehnte Vorwand, die Sitzung des Stadtparlaments vom demokratischen in den britischen Sektor zu verlegen. Die antikommunistische Mehrheit folgte dem Ruf der Spalter. Am 13. Oktober 1948 wurde auch in der Magistratssitzung ein Eklat herbeigeführt. Die reaktionären Kräfte des Magistrats und der verschiedenen Stadtbehörden verließen ihre regulären Amtsräume und zogen sich in die Westsektoren zurück. Dabei ließen sie reichlich Akten, Dokumente, Material und Ausrüstungen mitgehen. Die Berliner Polizei war bereits im Sommer gespalten, und unter dem Rechtssozialdemokraten Dr. Johannes Stumm war eine gesonderte Polizeibehörde in den Westsektoren aufgebaut worden.

»

Der damals amtierende Oberbürgermeister Dr. Ferdinand Friedensburg (CDU) über diese Vorgänge:

„In der Tat hatten wir, insbesondere meine eigene Dienststelle, begonnen, still und unauffällig wichtige Dokumente abends mit uns zu nehmen ... Gerade auch bei mir befanden sich viele Schriftstücke, die ich unter keinen Umständen sowjetischen Augen ausliefern durfte ...

Eine sehr hilfreiche Möglichkeit bedeuteten auch die zahllosen Journalisten ... Vor allem waren die Besucher freudig bereit, Dokumente mit in die Westsektoren zu nehmen ... Wieviel Papier konnte mein Freund Ernst Lemmer, der mich täglich besuchte, an seinem damals noch recht umfangreichen Körper unterbringen ...“

(Ferdinand Friedensburg: Es ging um Deutschlands Einheit, Berlin [W] 1971)

In einer Atmosphäre des Antikommunismus und der Kriegspsychose ließen sich die Spalter am 5. Dezember 1948 bei Separatwahlen in den Westsektoren bestätigen. Die SPD bildete zusammen mit reaktionären Politikern aus CDU und LDP einen Magistrat. Oberbürgermeister wurde Ernst Reuter, einer der Wortführer der Spaltungspolitik und des Antikommunismus, von der SPD. Die politische Spaltung Berlins war somit endgültig vollzogen.

Die Rechnung imperialistischer Kreise ging allerdings nicht voll auf. Der Ostteil der Stadt konnte nicht mit der Spaltung und dem Abzug der Behörden lahmgelegt werden, wie man sich das erhofft hatte. Auch das gewünschte Chaos blieb aus. Auf zahlreichen Kundgebungen in Betrieben und Stadtbezirken Ende November 1948 fand der Vorschlag der SED nach Neuwahl einer demokratischen Stadtverwaltung Unterstützung. Über 130 Delegationen überbrachten dem stellvertretenden Stadtverordnetenvorsteher Ottomar Geschke (SED) im Berliner Stadthaus entsprechende Forderungen. Bereits Anfang September hatten sich fortschrittliche Kräfte aus den Landesverbänden der SPD, der CDU und der LDP mit der SED erneut in einem Demokratischen Block Berlin zusammengefunden. Am 30. November 1948 wurden in Belegschaftsversammlungen Delegierte für eine außerordentliche Tagung der Stadtverordnetenversammlung gewählt. Mehr als 1150 der Gewählten fanden sich mit 200 Vertretern des Demokratischen Blocks und den 26 Mitgliedern der SED-Fraktion zusammen.

Sie verurteilten die Machenschaften der Spalter, beschlossen die Bildung eines provisorischen demokratischen Magistrats und wählten Friedrich Ebert (SED), den Sohn des ersten Reichspräsidenten der Weimarer Republik, zum Oberbürgermeister. Friedrich Ebert bekleidete dieses Amt bis 1967. Am Nachmittag bekundeten Hunderttausende Berliner in einer machtvollen Kundgebung vor der Humboldt-Universität dem demokratischen Magistrat ihr Vertrauen.

In Westberlin wurde in der Folgezeit unermüdlich der Geist der „Frontstadt“ beschworen. Als „vorgeschobener Posten der freien Welt“ setzten die verantwortlichen Politiker voll auf Feindschaft und Konfrontation mit dem Sozialismus, der von Westberlin aus destabilisiert werden sollte.

»

„Der Tagesspiegel“, Berlin (West) vom 3. Februar 1952:

„Wir haben so oft von der ‚Bastion‘, der ‚Festung‘, der ‚Frontstadt‘ Berlin sprechen hören, daß wir ganz vergessen haben, daß wir das wirklich sind. Die echte Sonderstellung Berlins ist eben die der Frontstadt im kalten Kriege, und was wir sonst daraus machen, hängt davon ab, wie wir uns als Kämpfer in diesem kalten Kriege benehmen.“

Der Versuch aber, Westberlin zum Land der Bundesrepublik zu erklären, scheiterte. Entsprechende Artikel im Grundgesetz der BRD und in der Westberliner Verfassung wurden von den Westmächten annulliert. Sie hatten eigene Interessen an diesem Gebiet.

Imperialistische Kreise nutzten die exponierte Lage Westberlins inmitten der DDR und die offenen Grenzen zu seinem Umland rücksichtslos aus. 1950 arbeiteten bereits rund 40 Diversions- und Agentenzentralen in diesem „Brückenkopf" des kalten Krieges. Ende der fünfziger Jahre waren von dort aus bereits über 90 Geheimdienste und ihre Ablegerfirmen tätig. Brandstiftungen, Schiebereien, illegaler Abzug lebenswichtiger Waren und Materialien (beispielsweise Lebensmittel und Buntmetalle) aus den umliegenden Bezirken sowie Währungsspekulationen führten für die Wirtschaft der DDR zu Verlusten in Milliardenhöhe. Nach westlichen Schätzungen wurden im Rahmen des systematisch organisierten offenen und verdeckten Wirtschaftskrieges der DDR bis 1961 Schäden in Höhe von 100 bis 200 Milliarden DM zugefügt. Westberlin war eine Zentrale dieser Machenschaften.

Sogenannte Grenzgänger arbeiteten als billige Arbeitskräfte in Westberliner Konzernbetrieben und anderen Einrichtungen. Sie genossen als Bürger der DDR und ihrer Hauptstadt alle sozialen Vergünstigungen des Sozialismus, ohne für diesen Fonds der Gesellschaft beizutragen. Der Schwindelkurs verschaffte ihnen beim Umtausch ihrer Arbeitseinkommen aus Westberliner Betrieben erhebliche persönliche Vorteile. Mitte der fünfziger Jahre verdingten sich immerhin etwa 40000 meist gut qualifizierte Arbeitskräfte aus der DDR in Westberlin.

Die „Frontstadt" profilierte sich außerdem als Zentrum der ideologischen Diversion. Rundfunksender und bald auch das Fernsehen nutzten die günstigen Ausstrahlungsmöglichkeiten auf das Territorium der DDR. In harmlose Rundfunkansagen verpackt, lieferten sie auch Anweisungen für Agenten. Durch gezielte Falschmeldungen animierte man DDR-Bürger zu Hamsterkäufen. Schließlich war Westberlin auch eine Zentrale der stabsmäßig organisierten Abwerbung von Fachkräften. Die offenen Grenzen konnten kaum kontrolliert werden. Wer den Versprechungen und Angeboten auf den Leim gegangen war, wurde von Westberlin aus weitergeschleust. Die französische Fremdenlegion nutzte gleichfalls Westberlin, um sich Kanonenfutter auch aus der DDR zu beschaffen.

Erst die Grenzsicherungsmaßnahmen vom 13. August 1961 boten all den gefährlichen Machenschaften Einhalt. Politiker in den USA, in Großbritannien, in Frankreich, in der BRD und in Westberlin selbst waren genötigt, neu über den Platz und die tatsächlichen Möglichkeiten dieser Stadt nachzudenken. Alle Vorschläge der UdSSR und der DDR zur Normalisierung der Lage um Westberlin waren bis dahin stets ausgeschlagen worden.

? Warum war die Gründung der DDR eine grundlegende Wende in der deutschen und in der europäischen Geschichte?

„Wir stehen heute an der Wende der deutschen Geschichte. Dank der unermüdlichen Arbeit der besten Kräfte des deutschen Volkes und dank der großen Hilfe, die uns die Sowjetregierung erwiesen hat, unternehmen wir die ersten Schritte der staatlichen Selbständigkeit des deutschen Volkes. Sorgen wir alle in verantwortungsbewußter, loyaler und freundschaftlicher Zusammenarbeit dafür, daß wir uns der Größe der geschichtlichen Aufgabe gewachsen zeigen und daß wir dereinst vor dem Urteil der Geschichte bestehen können." Mit Bedacht hatte Wilhelm Pieck diese Worte für seine Antrittsrede als erster Präsident der Deutschen Demokratischen Republik gewählt. Dahinter standen die Erfahrungen von mehr als einem halben Jahrhundert politischer Kämpfe, die der 73jährige bestritten hatte. Soeben war er von der Provisorischen Volkskammer in das höchste Amt der jungen Republik berufen worden. Man schrieb den 11. Oktober 1949.

Der Tischler und Kommunist, der Kovorsitzende der Sozialistischen Einheitspartei Deutschlands, sprach damit aus, was die meisten im Saal in diesen Tagen der Entscheidung bewegt hatte. Dieser deutsche Staat mußte neue Wege gehen. Er trug die Hoffnung auf die Zukunft, für die seit 1945 wichtige Weichen gestellt worden waren. Sie hatten solch konkrete Namen wie Bodenreform, Volksentscheid zur Enteignung der Nazi- und Kriegsverbrecher, demokratische Schulreform und Zweijahrplan für die Wiederherstellung und Entwicklung der Friedenswirtschaft.

» ***Gelöbnis der deutschen Jugend, Erich Honecker auf der Kundgebung in Berlin am 11. Oktober 1949:***

„Zum erstenmal in der langen Geschichte unseres Landes haben das deutsche Volk und seine Jugend sich einen Staat und eine Regierung geschaffen, die den wahren Interessen der deutschen Nation entsprechen.

Zum erstenmal in ihrer Geschichte darf sich die deutsche Jugend in Vertrauen und Liebe zu diesem Staat und seiner Regierung bekennen.

In diesen feierlich freudigen Stunden gedenkt die deutsche Jugend der Lehren, die ihr Jahrhunderte bitterster Erfahrungen erteilt haben. Sie gedenkt der Helden und Märtyrer des deutschen Volkes, die von den Bauernkriegen bis zum Widerstand gegen Hitler für ein Deutschland des Volkes kämpften und starben. Sie gedenkt der Millionen junger Deutscher, die für volksfeindliche Interessen in Eroberungskriegen gegen friedliche Völker hingeopfert wurden.

Ministerpräsident Otto Grotewohl wird von Armeegeneral Tschuikow davon informiert, daß die Verwaltungsfunktionen der SMAD auf die Provisorische Regierung der DDR übergehen, 10. Oktober 1949.

„Wir haben unsere Tätigkeit eingestellt,
mein Herr, bitte, bemühen Sie sich ins nächste Zimmer."
Feder/Tuschezeichnung von Wilmar Riegenring
Aus: „Frischer Wind", 1949, Heft 7

Wir, die deutsche Jugend, geloben der Deutschen Demokratischen Republik Treue, weil sie der Jugend Frieden und ein besseres Leben bringen will und bringen kann.
Wir, die deutsche Jugend, geloben der Deutschen Demokratischen Republik Treue, weil in ihr die Selbstbestimmung des deutschen Volkes zum erstenmal im ganzen Umfang hergestellt sein wird!
Wir geloben der Deutschen Demokratischen Republik Treue, weil sie das wahre Haus des Volkes ist und sein wird! Wir geloben, dieses unser aller Haus zu hüten und vor den Anschlägen der Kriegsbrandstifter und Zerstörer unserer Einheit zu schützen!
Wir geloben, unablässig an der Vervollkommnung unserer nützlichen Fähigkeiten und an der Vertiefung unseres Wissens zu arbeiten! Wir wollen Baumeister sein an unserem neuen Haus der friedlichen Arbeit und der kämpferischen Humanität!
Wir grüßen aus tiefstem Herzen das Neue, unsere strahlende, freudige Zukunft!
Es lebe die deutsche Jugend im Bund mit der friedliebenden Jugend aller Länder! Es lebe die Deutsche Demokratische Republik, ihr Präsident und ihre Regierung in einer friedlichen Welt!"
(„Junge Welt" vom 12. Oktober 1949)

Auch die Sowjetunion kennzeichnete in ihrem Glückwunsch die Bildung der Deutschen Demokratischen Republik als einen „Wendepunkt in der Geschichte Europas". In dem von J. W. Stalin unterzeichneten Telegramm wurde die Gewißheit ausgesprochen, „daß die Existenz eines friedliebenden demokratischen Deutschlands neben dem Bestehen der friedliebenden Sowjetunion die Möglichkeit neuer Kriege in Europa ausschließt". Vor allem für die Nachbarvölker war es wichtig, wie die polnische Zeitung „Trybuna Ludu" in diesen Tagen schrieb, Kräfte an der Spitze eines deutschen Staates zu wissen, „zu denen die Nachbarn Vertrauen haben".

„Zum ersten Mal ersteht ein deutscher Staat", vermerkte die rumänische Presse, „auf den die anderen Völker Europas ohne Unruhe blikken können". In dieses neue Deutschland setzten fortschrittliche und demokratische Kräfte in aller Welt große Hoffnungen.

Frédéric Juliot-Curie, der weltbekannte Wissenschaftler und damalige Präsident des Weltfriedenskomitees, faßte seine ersten Eindrücke aus Kontakten mit Vertretern des eben gegründeten Staates in die Worte: „Wir haben den jugendfrischen Atem der Deutschen Demokratischen Republik gespürt und sind gewissermaßen zum erstenmal mit dem deutschen Novum in der europäischen Geschichte in Berührung gekommen."

Was wenige unvoreingenommene Zeitgenossen mit klarem Blick für die historische Situation erkannten oder wenigstens erahnten, bestä-

Mit einem Fackelzug grüßt die Freie Deutsche Jugend den ersten Präsidenten der DDR, 11. Oktober 1949

tigte sich mit wachsendem historischen Abstand. Mit dieser Staatsgründung war in vielerlei Hinsicht ein neues Kapitel deutscher und europäischer Geschichte aufgeschlagen worden.

Zum erstenmal in der Geschichte deutscher Staatlichkeit war ein konsequenter Bruch mit Traditionen und Kräften der Reaktion vollzogen und der Restauration kapitalistischer Ausbeutung eine Schranke gesetzt. Dieser Bruch mit reaktionärer Kontinuität wurde nicht schlechthin proklamiert, er war in der antifaschistisch-demokratischen Umwälzung praktisch vollzogen worden. In allen Entscheidungssituationen der jüngeren deutschen Geschichte hatten stets reaktionäre und restaurative Kräfte die Oberhand behalten. Dies galt für die Revolution von 1848/49 ebenso wie für die Novemberrevolution 1918/19 oder für das Ende der Weimarer Republik. Nun mußten sie mit der Errichtung der Arbeiter-und-Bauern-Macht auf deutschem Boden eine folgenschwere und unwiderrufliche Niederlage hinnehmen.

» ***Erich Honecker über die Goethe-Feier der deutschen Jugend und die Gründung der DDR 1949:***

„Aus Anlaß des 200. Geburtstages von Johann Wolfgang Goethe veranstaltete die FDJ am 21. und 22. März 1949 im Nationaltheater Weimar eine Goethe-Feier der deutschen Jugend ... Über Leben und Wirken dieses großen deutschen Humanisten sprach Otto Grotewohl. Mit seinem Vortrag, den er in Anlehnung an den Dichter unter das Leitmotiv ‚Amboß oder Hammer‘ stellte, begeisterte er die Jugendlichen ... ‚Du, deutsche Jugend‘, rief er aus, ‚mußt steigen oder sinken. Du mußt herrschen über die dunklen Kräfte, die dich in der Vergangenheit mißbraucht und von Katastrophe zu Katastrophe geführt haben. Du mußt gewinnen deine Freiheit, deine Zukunft, deine Unabhängigkeit und deinen Frieden ... Du darfst nicht Amboß, sondern du mußt Hammer sein!‘
Um diese Entscheidung ging es in den historischen Oktobertagen des Jahres 1949. Alle früheren Staatswesen deutscher Geschichte hatten die Jugend dazu erzogen und mißbraucht, Minoritäten von Ausbeutern und Unterdrückern zu dienen und schließlich für deren Machtinteressen auf den Schlachtfeldern des Krieges zu verbluten. Tief war der Wunsch in den jungen Menschen verwurzelt, daß unser neuer Staat eine Politik verfolgen möge, die mit ihren Interessen übereinstimmte, nie wieder einen Krieg zuließ, ihr Leben von Grund auf zum Guten wandelte und sie in die Lage versetzte, ihre Geschicke in die eigenen Hände zu nehmen.“
(Erich Honecker: Aus meinem Leben, Berlin 1980, S. 170/171)

Erstmals war auf deutschem Boden ein Staat entstanden, der unmittelbar an progressive und revolutionäre Traditionen deutscher Geschichte anknüpfte und sie fortführte. Die fortschrittliche Alternative deutscher Nationalgeschichte wurde aus einer Vision zu einer staatli-

Blumen für Wilhelm Pieck, überreicht vom jüngsten Mitglied der Provisorischen Volkskammer der DDR, Margot Feist, 7. Oktober 1949

chen Realität. Die Männer und Frauen, die an die Spitze der Deutschen Demokratischen Republik traten, verkörperten in ihrer Person die Traditionen der revolutionären Arbeiterbewegung, des antifaschistischen Widerstandskampfes und bürgerlich-demokratischer Strömungen. Die deutsche Arbeiter-und-Bauern-Macht entwickelte sich zu einer sicheren Heimstätte des humanistischen und fortschrittlichen Erbes deutscher und europäischer Geschichte. Die Leistungen auf diesem Gebiet sind international unbestritten und beispielhaft. Die Politik des Arbeiter-und-Bauern-Staates war von Anfang an dem antifaschistischen und revolutionären Erbe verpflichtet. Die DDR machte es zum Anliegen aller ihrer Bürger.

Die Gründung der Deutschen Demokratischen Republik war das Werk einer siegreichen revolutionären Massenbewegung. Auch das mußte als Novum in der deutschen Geschichte gelten. Das Deutsche Reich war 1871 von wenigen Auserwählten im Spiegelsaal von Versailles proklamiert worden. Die Weimarer Republik konstituierte sich 1919 bewußt fernab von den Zentren der Arbeiterbewegung in provinzieller Abgeschiedenheit. Sie distanzierte sich von der Novemberrevolution, der sie ihre Existenz eigentlich verdankte. Die Väter der Bundesrepublik Deutschland bevorzugten gleichfalls die Idylle einer rheinischen Provinzstadt, nachdem das Grundgesetz unter Ausschluß der Öffentlichkeit erarbeitet und in Kraft gesetzt worden war. Die Deutsche Demokratische Republik trat in der deutschen Hauptstadt, im Zentrum der politischen Auseinandersetzung, ins Leben. Ihrer Gründung waren solche demokratischen Massenaktionen wie die Bodenreform, der Volksentscheid in Sachsen zur Enteignung der Nazi- und Kriegsverbrecher und die Volkskongreßbewegung für Einheit und gerechten Frieden vorausgegangen.

Erstmals in der jüngeren Geschichte verbannte ein deutscher Staat jeglichen Revanchegedanken aus seiner Politik. In Verträgen und Vereinbarungen mit seinen östlichen Nachbarn unterstrich er die Unantastbarkeit der Grenzen, die im Ergebnis des zweiten Weltkrieges entstanden waren. Besonderes Gewicht besaß dabei das Abkommen über die Oder-Neiße-Friedensgrenze mit der Volksrepublik Polen, das am 6. Juli 1950 in Zgorzelec unterzeichnet wurde.

»

Aus der Regierungserklärung Otto Grotewohls vom 12. Oktober 1949:

„Der Weg des Friedens, den die Regierung zu gehen entschlossen ist, enthält auch die Anerkennung der uns auferlegten Reparationsverpflichtungen, den Kampf gegen den Geist des Faschismus und Militarismus und deren organisatorische Wiederbelebung, die Errichtung eines demokratischen Staatswesens und die Herstellung friedlicher und freundschaftlicher Beziehungen zu allen Völkern der Erde …

Die Oder-Neiße-Grenze ist für uns eine Friedensgrenze, die ein freundschaftli-

ches Verhältnis mit dem polnischen Volk ermöglicht. Es ist verbrecherisch, auch nur den Gedanken zu erwägen, das ausgeblutete deutsche Volk noch einmal in Krieg und Katastrophe zu stürzen."
(Otto Grotewohl: Im Kampf um die einige Deutsche Demokratische Republik, Reden und Aufsätze, Bd. I, Berlin 1954, S. 517, 522)

Der Artikel 5 der Verfassung der Deutschen Demokratischen Republik band die staatlichen Organe an die allgemein anerkannten Regeln des Völkerrechts und verpflichtete sie zur Wahrung freundschaftlicher Beziehungen zu allen Völkern. Rassen- und Völkerhetze wurden unter Strafe gestellt. Das Gesetz zum Schutze des Friedens vom 16. Dezember 1950 charakterisierte Chauvinismus und jegliche Form von Kriegshetze als „Verbrechen gegen die Menschlichkeit". Friedenspolitik war vom ersten Tag an verbindliche Staatsdoktrin.

Die Regierung der Deutschen Demokratischen Republik erklärte, wie ihr Ministerpräsident Otto Grotewohl am 12. Oktober 1949 hervorhob, die „Freundschaft mit der Sowjetunion, den Volksdemokratien und allen friedliebenden Völkern" zur „Grundlage der Außenpolitik". Damit öffneten sich völlig neue Dimensionen einer fruchtbringenden Zusammenarbeit.

Durch ihre erfolgreiche Entwicklung trug die DDR mit dazu bei, jenes Kräftegleichgewicht in Europa zu erringen, das die Bewahrung des Friedens ermöglichte und imperialistischen Konzeptionen Einhalt gebot, den Sozialismus auf diesem Kontinent zurückrollen zu wollen. Welche Wende dies für die europäische Geschichte ist, steht nach den Erfahrungen mehrerer Jahrzehnte wohl außer Frage. Europa erlebt die längste Friedensperiode seiner Geschichte.

» ***Erich Honecker in einem Artikel für die Zeitschrift „Probleme des Friedens und des Sozialismus", Oktober 1974:***
„Die Gründung und die Entwicklung der DDR konnten gerade deshalb ein Wendepunkt in der Geschichte unseres Volkes und ein Ereignis von internationaler Tragweite werden, weil sie unter Führung der Arbeiterklasse und ihrer revolutionären Partei als erster deutscher Staat die reaktionäre und antinationale Politik des Hasses und der Feindschaft zur UdSSR mit der Wurzel ausrottete. Von Anfang an erhob sie die revolutionären Traditionen der deutsch-sowjetischen Freundschaft zum unverrückbaren Pfeiler ihrer Staatspolitik."
(Erich Honecker: Reden und Aufsätze, Band 3, Berlin 1976, S. 146)

Die Gründung der DDR wurde zugleich zur Geburtsstunde der Arbeiter-und-Bauern-Macht auf deutschem Boden. In der antifaschistisch-demokratischen Umwälzung hatte die Arbeiterklasse wichtige Positionen in Verwaltung und Wirtschaft erobert. Bereits 1948 kamen 46,4 Prozent aller Mitarbeiter des Staatsapparates in den Ländern der sowjetischen Besatzungszone aus der Arbeiterklasse und 9,4 Prozent aus der Bauernschaft. Fast 44 Prozent gehörten der SED an. Überall standen Angehörige der Arbeiterklasse und vor allem die Mitglieder ihrer revolutionären Partei in der vordersten Front des Neuaufbaus. Gegen manche Anfeindung brach sich die Aktivisten- und Wettbewerbsbewegung allmählich Bahn. Daran hatten neben älteren Arbeitern, wie dem Bergmann Adolf Hennecke, viele Mitglieder der FDJ großen Anteil. Die volkseigenen Betriebe erbrachten über 46 Prozent der industriellen Bruttoproduktion. Gemeinsam mit den Betrieben, die unter sowjetischer Verwaltung arbeiteten, bildeten sie das Rückgrat der Volkswirtschaft in der sowjetischen Besatzungszone.

In der Provisorischen Volkskammer hatte die Arbeiterklasse mit der Fraktion der SED und mit den Vertretern des FDGB, die gemeinsam mehr als ein Drittel der Abgeordneten ausmachten, starke Positionen. Als stärkste Fraktion benannte die SED den Ministerpräsidenten und war außerdem mit 8 Ministern und 7 Staatssekretären in der Regierung führend vertreten. Der Präsident kam gleichfalls aus den Reihen der Arbeiterpartei. Es war deshalb wohl keine Übertreibung, wenn Otto Grotewohl erklärte: „Diese deutsche Regierung ist eine Regierung der Arbeit, der Demokratie und des Friedens." Ihre erste Amtshandlung bestand darin, am 13. Oktober 1949 ihr Regierungsprogramm vor Werktätigen in Industriezentren und Großbetrieben zu erläutern. So etwas hatte es in der deutschen Geschichte noch nie gegeben.

Politische Zusammensetzung der Provisorischen Volkskammer 1949:

SED	96
DBD	15
CDU	46
LDPD	46
NDPD	17
SPD Berlin	5
FDGB	30
FDJ	10
DFD	11
Kulturbund	34
VVN	10
VdgB	5
Genossenschaften	5
	330

Provisorische Regierung der DDR 1949:

Ministerpräsident	SED
8 Minister	SED
1 Minister	DBD
4 Minister	CDU
3 Minister	LDPD
1 Minister	NDPD
1 Minister	parteilos

? Wie wurden die Grundlagen des Sozialismus auf deutschem Boden errichtet?

Als das Zentralkomitee der SED im Juli 1952 der II. Parteikonferenz vorschlug, in der DDR zum planmäßigen Aufbau des Sozialismus überzugehen, brandete Beifall auf. Der bewährte Arbeiterfunktionär und ehemalige Sozialdemokrat Otto Buchwitz verhehlte nicht seine innere Bewegung. Der 73jährige erinnerte an all jene, die bereits drei, vier oder gar fünf Jahrzehnte aktiv in den Reihen der Arbeiterbewegung standen. In ihrem Namen sagte er: „Wir haben es immer gewollt! Wir haben es ersehnt! Wir haben es getragen wie einen heiligen Schatz! Wir haben gekämpft! Wir haben gelitten und Opfer gebracht, wie sie ein einzelner für diese große, schönste und herrlichste Idee nur bringen kann."

Zum Zeitpunkt der II. Parteikonferenz der SED hatte die gesellschaftliche Entwicklung in der DDR in wichtigen Bereichen bereits deutlich sozialistische Züge angenommen. Elemente der neuen Gesellschaft, wie das Volkseigentum, waren schon während der antifaschistisch-demokratischen Umwälzung entstanden. Die Arbeiter-und-Bauern-Macht war errichtet. Sie hatte sich seit den Oktobertagen 1949 gefestigt. Die sozialistische Planwirtschaft hatte sich bewährt. Mit dem ersten Fünfjahrplan wurden neue langfristige Aufgaben in Angriff genommen. Dennoch war der Beschluß der II. Parteikonferenz geeignet, die Aufmerksamkeit der ganzen Gesellschaft auf den neuen Inhalt der Entwicklung, auf den Aufbau der Grundlagen des Sozialismus zu lenken. Die neue gesellschaftliche Entwicklungsetappe war naturgemäß mit der Klärung einer Vielzahl theoretischer und praktischer Fragen verbunden.

Die SED konnte bei der Ausarbeitung ihrer Strategie auf grundsätzliche Überlegungen zur sozialistischen Revolution und zur sozialistischen Gesellschaft zurückgreifen, die von Karl Marx, Friedrich Engels und W. I. Lenin ausgearbeitet worden waren. Sie hatten sich in der Entwicklung der Sowjetunion praktisch bestätigt und konnten mit Fug und Recht als allgemeine Gesetzmäßigkeiten angesehen werden. Die Klassiker des Marxismus-Leninismus hatten aber nie die Absicht gehabt, für alle Zeiten und für alle Länder gültige „Rezepte" des sozialistischen Aufbaus vorzugeben. Das wäre auch nicht möglich gewesen. Wie unter gegebenen Bedingungen die Grundsätze des Sozialismus zu verwirklichen waren, darüber mußte jede Partei selbst nachdenken.

Eine wertvolle Hilfe waren die Erfahrungen der KPdSU. Diese Partei hatte als erste den Weg des sozialistischen Aufbaus beschritten. Sie verfügte naturgemäß über die reichsten praktischen Erfahrungen. In der Sowjetunion war vieles von dem bereits verwirklicht, was die SED und andere Bruderparteien in den volksdemokratischen Ländern mit

Ein Schwerpunkt
des sozialistischen Aufbaus ist die Grundstoffindustrie

ersten Schritten angingen. Es ist deshalb nur zu verständlich, daß die Erfahrungen der KPdSU besonders sorgfältig studiert wurden, daß sich eigene Überlegungen am Beispiel der Sowjetunion orientierten. Zugleich blieb die Aufgabe bestehen, Lösungen für den sozialistischen Aufbau zu finden, die den eigenen nationalen Bedingungen entsprachen. Erfolge ebenso wie Rückschläge bestätigten immer wieder: Es gibt kein für alle gültiges „Modell“ des sozialistischen Aufbaus, wohl aber einen Erfahrungsschatz und eine Fülle theoretischer und praktischer Anregungen, die helfen, eigene Probleme und Aufgaben zu lösen.

Zu den unverzichtbaren Größen beim Aufbau der Grundlagen des Sozialismus gehören gesetzmäßig die Errichtung der politischen Macht der Arbeiterklasse, die Vergesellschaftung der wichtigsten Produktionsmittel sowie eine tiefgreifende Revolution auf dem Gebiet der Ideologie und Kultur. Wie diese Aufgaben gelöst werden, welche Formen dabei gefunden, welche Methoden angewandt und welche Etappen dabei durchschritten werden, das hängt in hohem Maße von den nationalen Besonderheiten in jedem Land ab. Die richtigen Wege und Formen des Aufbaus der Grundlagen des Sozialismus ausfindig zu machen gehört zu den vordringlichsten und schwierigsten Aufgaben jeder marxistisch-leninistischen Partei.

Welche spezifischen Bedingungen mußte die SED beachten, als Ende der vierziger/Anfang der fünfziger Jahre der Aufbau der Grundlagen des Sozialismus auf der Tagesordnung stand?

1. In der DDR wurde der Sozialismus auf dem Territorium eines ehemals entwickelten kapitalistischen Landes errichtet. Die sozialistische Gesellschaft konnte aber nur in einem Teil Deutschlands Wirklichkeit werden. So verband sich lange Zeit der Kampf um sozialen Fortschritt engstens mit dem Ringen um nationale Einheit auf demokratischer Grundlage. Alle Schritte waren unter dieser doppelten Aufgabenstellung abzuwägen. Schematismus half da nicht weiter. Vorstellungen, der Sozialismus könne nur im gesamtnationalen Rahmen erfolgreich sein, mußten ebenso zurückgewiesen werden wie die Meinung, der Verzicht auf den sozialistischen Aufbau fördere die demokratische Wiedervereinigung.

2. In der DDR wurde der Sozialismus auf jenem Boden errichtet, von dem zwei verheerende Weltkriege ihren Anfang genommen hatten. Der Aufbau des Sozialismus in der DDR war deshalb eng mit der Aufgabe verbunden, zu sichern, daß von deutschem Boden nie wieder Krieg, sondern immer nur Frieden ausgehen konnte.

3. In der DDR wurde der Sozialismus unter Bedingungen der offenen Grenze zur imperialistischen BRD und nach Westberlin aufgebaut. Jeder Schritt vorwärts stieß auf den erbitterten Widerstand reaktionärer Kräfte in der BRD, die mit allen Mitteln des Wirtschaftskrie-

ges, der ideologischen Diversion und militärischen Erpressung versuchten, Sozialismus auf deutschem Boden unmöglich zu machen. Der Aufbau des Sozialismus in der DDR erforderte deshalb von Anfang an hohe Wachsamkeit, angestrengte politisch-ideologische Arbeit und entschiedene Maßnahmen zum Schutz der sozialistischen Errungenschaften.

4. In der DDR wurde der Sozialismus in einem Land errichtet, in dem eine zahlenmäßig starke, im Klassenkampf erfahrene, disziplinierte und qualifizierte Arbeiterklasse existierte, in dem es eine erfahrene, sozial differenzierte Bauernschaft, ein traditionsreiches Handwerk und Gewerbe gab und die Intelligenz große Leistungen in Kunst, Wissenschaft und Technik hervorgebracht hatte. Es galt deshalb, die Fähigkeiten und Erfahrungen aller werktätigen Klassen und Schichten für den sozialistischen Aufbau zu nutzen, die Verbündeten der Arbeiterklasse schrittweise an sozialistische Arbeits- und Lebensformen heranzuführen sowie das reiche geistig-kulturelle Erbe zu erschließen.

5. In der DDR wurde der Sozialismus in einem Land errichtet, in dem die Arbeiterklasse und ihre Verbündeten vor der Errichtung der faschistischen Diktatur weitreichende demokratische Rechte und eine Reihe sozialer Errungenschaften erkämpft hatten. Zu den demokratischen Traditionen gehörte es in Deutschland unter anderem, sich in verschiedenen Parteien und Vereinen zu organisieren, um politische, wirtschaftliche und soziale Interessen durchzusetzen. Der Kampf um Demokratie und Sozialismus war deshalb eng miteinander verbunden. Bei der Entwicklung der sozialistischen Demokratie kam es darauf an, den Unterschied zur bürgerlichen Demokratie aufzudecken, zugleich aber an bewährte demokratische Traditionen und Erfahrungen der Werktätigen anzuknüpfen.

6. Nicht zuletzt wurde in der DDR der Sozialismus im Kern- und Mutterland der Reformation errichtet, in einem Land also, in dem die Mehrheit der Bevölkerung Protestanten waren und protestantische Kirchen dominierten, die sich in Theologie, Tradition und Selbstverständnis wesentlich von anderen Kirchen, beispielsweise von der russisch-orthodoxen Kirche, unterscheiden. Der Aufbau der Grundlagen des Sozialismus war deshalb mit harten Auseinandersetzungen mit reaktionären Kräften in den Kirchenführungen auf der einen Seite und dem Ringen um die aktive Mitarbeit von Gläubigen verbunden.

Auf allen diesen Gebieten erbrachte die SED als führende gesellschaftliche Kraft in den fünfziger Jahren schöpferische Leistungen, die den Erfahrungsschatz der revolutionären Arbeiterbewegung bereichert haben und dem Sozialismus in der DDR sein unverwechselbares Gesicht, sein eigenes Gepräge geben.

Davon sollen hier vor allem folgende hervorgehoben werden:
In der DDR haben an der Seite der Partei der Arbeiterklasse vier wei-

tere Parteien, die DBD, die CDU, die LDPD und die NDPD, zum Aufbau der Grundlagen des Sozialismus mit eigenen, schöpferischen Leistungen beigetragen. Ihre Repräsentanten waren Mitglieder der Regierung, vertraten die Interessen ihrer Mitglieder in den örtlichen Organen und Volksvertretungen. Sie haben daher ihr eigenständiges Profil weiter ausgeprägt und besitzen einen festen Platz im politischen System der DDR.

»

Aus der Entschließung des 6. Parteitages der CDU, 12. Oktober 1952:

„Das Streben nach einer sozialistischen Zukunft entspricht zutiefst der christlichen Pflicht, den Nächsten zu lieben, und dem göttlichen Auftrag an die Menschen, sich die Erde untertan zu machen. So ergibt sich folgerichtig die Feststellung, daß noch nie in der Geschichte der menschlichen Gesellschaft die Gebote christlicher Nächsten- und Friedensliebe in einem solchen Maße Wirklichkeit wurden wie in der Ordnung des Sozialismus …

Die christlichen Demokraten stehen daher bei der Errichtung der Grundlagen des Sozialismus mit der Arbeiterklasse in einer gemeinsamen Front."

(Dokumente der CDU, Band 1, Berlin 1956, S. 130)

»

Dr. Hans Loch über die Entscheidung der Liberaldemokraten für den sozialistischen Aufbau im Sommer 1952:

„Die soziale Struktur unserer Partei und die soziale Struktur der Mittelschichten überhaupt gibt die Möglichkeit, positiv zum Aufbau des Sozialismus Stellung zu nehmen, und vermittelt darüber hinaus jedem einzelnen die unumstößliche Gewißheit, … die ihm eigene schöpferische Tätigkeit ausüben zu können und den Lebensstandard zu gewinnen, den nur ein von monopolistischen Profitinteressen freies Gemeinwesen dem einzelnen Staatsbürger entsprechend seiner Tüchtigkeit und seiner aufgeschlossenen Arbeit gewähren kann …"

(Hans Loch: In einer neuen Epoche. Ein Buch für den Mittelstand, Berlin 1958, S. 243)

Unverwechselbares wurde in der DDR in den fünfziger Jahren bei der Einbeziehung nichtproletarischer Klassen und Schichten in den sozialistischen Aufbau geleistet.

Der Übergang der Bauern zur genossenschaftlichen Produktion vollzog sich auf der Grundlage der Freiwilligkeit in einem Zeitraum von 7 Jahren in drei Typen von LPG. Sie erleichterten es vielen Bauern, den Weg in die LPG zu finden. Nach dem Grad und Umfang der Vergesellschaftung der Produktionsmittel wurde in folgende LPG-Typen unterschieden:

Typ I:
Genossenschaftliche Bewirtschaftung und Nutzung des von den Mitgliedern eingebrachten Ackerlandes, das Eigentum der Mitglieder bleibt.
Typ II:
Genossenschaftliche Bewirtschaftung des von den Mitgliedern eingebrachten Ackerlandes, Grünlandes, der Dauerkulturen sowie sonstiger nutzbarer Flächen, die Eigentum der Mitglieder bleiben.
Typ III:
Genossenschaftliche Bewirtschaftung und Nutzung der von den Mitgliedern eingebrachten land- und forstwirtschaftlichen Flächen, die Eigentum der Mitglieder bleiben. Genossenschaftliches Eigentum und genossenschaftliche Nutzung der Traktoren, Maschinen, Geräte und Wirtschaftsgebäude sowie des Zucht- und Nutzviehs.

Die Vergesellschaftung der landwirtschaftlichen Produktion wurde also in der DDR ohne Verstaatlichung, ohne Nationalisierung des Bodens durchgeführt. In der DDR stand auch Großbauern der Weg in die LPG offen.

Interessante Lösungen wurden auch bei der Einbeziehung von Handwerkern, Gewerbetreibenden und privaten Unternehmern in die sozialistische Volkswirtschaft gefunden. Private Handwerker, Händler und Gewerbetreibende wurden ebenso wie Besitzer mittlerer und kleinerer Betriebe nicht enteignet. Der freiwillige Zusammenschluß zu Produktionsgenossenschaften des Handwerks (PGH), ihre steuerliche Begünstigung, Kommissionsverträge des staatlichen Handels mit privaten Händlern und die Beteiligung des Staates mit Kapitalanteilen an Privatbetrieben eröffneten diesen Schichten die Möglichkeit, unter Wahrung ihrer Interessen am Aufbau des Sozialismus teilzuhaben.

Diese Formen, die in den fünfziger Jahren eingeführt wurden, bewährten sich, um die Leistungskraft dieser Schichten im Interesse der Stärkung der DDR zu erhöhen. Bis 1972 gab es in der DDR mittlere und kleinere private Betriebe. Ihre Besitzer verkauften dann ihre privaten Anteile an den Staat. Falls die ehemaligen Besitzer dieser Betriebe es wünschten und dazu geeignet waren, wurden sie als Leiter der neuentstandenen volkseigenen Betriebe eingesetzt.

»

Der ehemalige Unternehmer Gottfried Engelmann über die Bildung von Betrieben mit staatlicher Beteiligung 1956:

„Ich mußte mich damals entscheiden, und diese Entscheidung fiel mir durchaus nicht leicht. Unternehmerische Initiative, Selbständigkeit – das waren mir unabdingbare Begriffe. Wurden sie nicht aufgehoben in der neuen ökonomischen Form, wie sollte es weitergehen? Mit diesen und anderen Fragen und Zweifeln mußte ich mich zunächst auseinandersetzen …

Ich lernte verstehen, daß die staatliche Beteiligung die Voraussetzung bot, die

privaten Unternehmer in die sozialistische Entwicklung einzubeziehen und die Privatbetriebe in sozialistische Produktionsverhältnisse einzugliedern."
(Die LDPD und die Bündnispolitik der Arbeiterklasse und ihrer Partei, Berlin 1970, S. 144/145)

Diese wenigen Beispiele belegen, wie die SED gemeinsam mit den Verbündeten der Arbeiterklasse Wege für den Aufbau der Grundlagen des Sozialismus in der DDR fand, die die konkreten nationalen Bedingungen berücksichtigten und den allgemeingültigen Gesetzmäßigkeiten des sozialistischen Aufbaus entsprachen.

Als Garant für den erfolgreichen sozialistischen Aufbau in der DDR erwies sich von Anfang an die Freundschaft und Zusammenarbeit mit der Sowjetunion und den anderen sozialistischen Staaten. Sie waren die ersten Staaten, die die DDR unmittelbar nach ihrer Gründung diplomatisch anerkannten. Als Anfang der fünfziger Jahre die Imperialisten ein Stahlembargo gegen die DDR verhängten, um Störungen in der Volkswirtschaft der DDR auszulösen, erhöhten die UdSSR, die VR Polen und die ČSSR ihre Lieferungen in die DDR.

Die Regierung der UdSSR senkte die Summe der noch anstehenden Reparationszahlungen um die Hälfte und übergab der DDR 23 Betriebe, die sich bis dahin als SAG-Betriebe in sowjetischer Verfügungsgewalt befanden. Im September 1950 wurde die DDR Mitglied des Rates für Gegenseitige Wirtschaftshilfe. Im Mai 1955 gehörte eine Delegation der DDR unter der Leitung von Ministerpräsident Otto Grotewohl zu den Mitunterzeichnenden des Warschauer Vertrages. Eine neue Etappe der Zusammenarbeit begann im September 1955 mit dem Abschluß des Staatsvertrages zwischen der UdSSR und der DDR.

Als der V. Parteitag der SED 1958 die Schritte beriet, mit denen in den folgenden Jahren der Übergang vom Kapitalismus zum Sozialismus in der DDR abgeschlossen werden sollte, konnte auf eine beachtliche Bilanz verwiesen werden. Der volkseigene und genossenschaftliche Bereich der Volkswirtschaft erbrachte 76,8 Prozent der Bruttoproduktion. Diese hatte sich seit 1950 verdoppelt. Die Lebenslage der Werktätigen hatte sich grundlegend verbessert. Das durchschnittliche monatliche Einkommen der Arbeiter und Angestellten in der sozialistischen Industrie war von 459 Mark (1955) auf 521 Mark (1958) gestiegen. 1950 wies die Statistik lediglich 241 Mark monatliches Durchschnittseinkommen für Arbeiter und Angestellte aus. 1957 wurde bei gleichem Lohn die Arbeitszeit auf 45 Wochenstunden verkürzt. Die Einzelhandelspreise waren in den zurückliegenden Jahren um ein Drittel gesenkt worden. Im Mai 1958 konnte die Lebensmittelrationierung völlig aufgehoben werden. Bis zu diesem Zeitpunkt hatte es für einige wichtige Grundnahrungsmittel Karten gegeben, deren einzelne

Abschnitte die jeweils zustehenden Mengen auswiesen. Die Schere, mit denen diese Abschnitte abgetrennt wurden, gehörte zum unverzichtbaren Arbeitsmittel jeder Verkäuferin. Das Angebot an langlebigen Industriewaren und technischen Haushaltsgeräten verbesserte sich. Im Juli 1958 ging in Zwickau der PKW Trabant in Serienproduktion.

In vielen Gebieten der DDR waren neue Betriebe entstanden oder im Bau. Im Bezirk Frankfurt (Oder) hatte sich die DDR mit dem Eisenhüttenkombinat Ost ein Zentrum der Metallurgie geschaffen. Im Raum Cottbus wuchs das Braunkohlenkombinat „Schwarze Pumpe". In Rostock hatte 1957 der Bau des Überseehafens begonnen. Am Oder-Spree-Kanal entstand für das dortige Hüttenkombinat faktisch aus dem Nichts eine völlig neue, die erste sozialistische Stadt. Grundprinzipien des sozialistischen Städtebaus wurden hier verwirklicht. Heute leben in Eisenhüttenstadt fast 52000 Menschen. Damals hatten 19000 dort eine neue menschenfreundliche Heimstatt gefunden. Wohnungen mit Bad und Innentoilette – Ende der fünfziger Jahre eine Rarität in der DDR – gehörten in dieser sozialistischen Stadt bereits zum selbstverständlichen Standard.

Die sozialistische Gesellschaft zeigte vielerorts ihr neues Gesicht. Dennoch blieb viel zu tun.

? Was geschah am 17. Juni 1953?

Am 16. Juni 1953 legten auf einigen Baustellen in der Berliner Innenstadt Bauarbeiter die Arbeit nieder und forderten die Zurücknahme angekündigter Normerhöhungen. Aber: Dies war bereits geschehen. Nachdem bekannt wurde, daß die Regierung die getroffenen Festlegungen überprüft hatte und gegen administrative Normfestsetzungen eintrat, kehrten viele zu ihrer Arbeit zurück.

Acht Jahre nach dem Sturz der Hitlerdiktatur aber gab es nicht wenige Feinde und Gegner der neuen Ordnung. Hinzu kamen Kräfte, welche von jenseits der Staatsgrenze kamen, die zum Sturz der Arbeiter-und-Bauern-Regierung und zum Generalstreik aufriefen. Über die offene Grenze aus Westberlin strömten Gruppen, die die Stunde für gekommen hielten, mit den Kommunisten abzurechnen. Seit der frühen Morgenstunde des 17. Juni tönte es vom Rias: „Generalstreik in der Zone! Volksaufstand!“

In Berlin und über 200 Orten der DDR kam es zu Streiks und Demonstrationen. Nach westlichen Angaben sollen sich daran lediglich 6,8 Prozent der Belegschaften der Betriebe beteiligt haben. Unter den Bauern sei es nur vereinzelt zu Unruhen gekommen. Die Mittelschichten, Bürgertum und Intelligenz hätten sich bis auf wenige Ausnahmen fast völlig aus den Ereignissen herausgehalten.

Von einem „Volksaufstand“ konnte also keine Rede sein. Dies stellten selbst Historiker der BRD fest. So schrieb zum Beispiel Arnulf Baring schon 1965: „Die Beteiligung an den Großkundgebungen in einigen Städten kann leicht darüber hinwegtäuschen, daß der 17. Juni kein Aufstand des gesamten Volkes war.“ Diese nüchterne Feststellung hindert Politiker und Massenmedien der BRD nicht daran, jedes Jahr die Lüge vom „gescheiterten Volksaufstand“ neuerlich zu verbreiten.

Was passierte tatsächlich an diesem Tag?

Autos wurden umgestürzt, Geschäfte ausgeplündert und in Brand gesetzt, Fahnen der Arbeiterklasse und andere Symbole der Arbeiter-und-Bauern-Macht heruntergerissen und verbrannt. Akten und Unterlagen flogen auf die Straßen. In einzelnen Betrieben und Einrichtungen zerstörten Feinde das Volkseigentum, Brände wurden gelegt.

In einigen Städten marschierten aufgeputschte Gruppen zu Gefängnissen und ließen selbst Naziverbrecher auf freien Fuß. Diejenigen, die weiter ihrer Arbeit nachgehen wollten, wurden daran gehindert und bedroht. Mitglieder und Funktionäre der Partei der Arbeiterklasse und andere, die sich der randalierenden Meute entgegenstellten, wurden beschimpft, geschlagen und mißhandelt. Selbst vor Mord schreckten einige Provokateure nicht zurück. Jedoch: „Als die Arbeiter sahen,

Berlin, Potsdamer Platz: Die gestrichelte Linie verdeutlicht die Sektorengrenze. Von Westberlin aus drängen Provokateure und Neugierige in den demokratischen Sektor,
17. Juni 1953.

Rowdys
in Aktion

daß die konterrevolutionären Provokateure wie die Faschisten hausten, distanzierten sie sich sehr rasch von ihnen. In vielen Betrieben traten sie den Aufwieglern entschlossen entgegen.“ *(Erich Honecker)*

Wie konnte das alles passieren?

Der Aufbau des Sozialismus in der DDR begann in einer außerordentlich zugespitzten internationalen Situation. Seit Jahren schürten imperialistische Kreise der USA und Westeuropas den kalten Krieg. Die Politik des „roll back“, des Zurückrollens des Sozialismus, und die Doktrin der „massiven Kernwaffenvergeltung“ bestimmten das außenpolitische Vorgehen der USA. Kommunistenhaß und Kommunistenangst wurden bis zur Hysterie gesteigert. Der Imperialismus setzte die Beseitigung der DDR auf die Tagesordnung. Hatte man anfangs an einen Zusammenbruch des Arbeiter-und-Bauern-Staates innerhalb weniger Wochen und Monate gehofft, so mußte man nun zusehen, wie diese DDR trotz ungeheurer Schwierigkeiten und trotz aller Störaktionen auf dem Weg zum Sozialismus voranschritt. Stabsmäßiges Vorgehen schien unerläßlich, um den deutschen Arbeiter-und-Bauern-Staat auszulöschen. Dazu wurde 1952 im BRD-„Ministerium für gesamtdeutsche Fragen“ ein Forschungsbeirat für Fragen der Wiedervereinigung Deutschlands eingerichtet. Dieser entwickelte Pläne, wie an einem „Tag X“ die DDR annektiert und ihre Volkswirtschaft in die bundesdeutsche integriert werden könnte. Westberlin spielte dabei eine besondere Rolle. Von dort aus sollte die Bevölkerung der DDR verunsichert und gegen ihre Regierung aufgeputscht werden. Konterrevolutionäre Banden und subversive Elemente besaßen ihre Ausgangsbasis in Westberlin. Dieses Gebiet wurde mit massiven Zuschüssen zu einem Schaufenster des BRD-„Wirtschaftswunders“ gemacht.

Täglich ergoß sich eine Flut antikommunistischer Propaganda aus Westberlin auf die Bevölkerung der DDR. Durch die offene Grenze strömten täglich Tausende. Viele Menschen folgten den Versprechungen und den Verlockungen, mancher Fachmann wurde auch unter Druck gesetzt. Die junge Republik sollte ausgeblutet werden.

Alles hing davon ab, der DDR ein festes ökonomisches Fundament zu geben. Dies war sowohl der wirksamste Beitrag zur Sicherung des Friedens in Europa als auch die Voraussetzung, um die Lebens- und Arbeitsbedingungen der Werktätigen zu verbessern. Eine instabile DDR konnte leicht zum Spielball und Opfer aggressiver Machenschaften des Imperialismus werden.

„Als Teil einer früher einheitlichen Volkswirtschaft war die Wirtschaft der DDR mit dem nun zur BRD gehörenden Wirtschaftsorganismus verzahnt gewesen. Deshalb blieb unsere Wirtschaft zunächst in starkem Maße auf den Import von Rohstoffen, Maschinen, Ausrüstungen, Halbfabrikaten und Ersatzteilen aus der BRD angewiesen. Es trat ein, was alle sozialistischen Staaten erfahren mußten und was sich regelmäßig wiederholt, wenn ein Land den Weg des sozialen Fortschritts einschlägt. Der Imperialismus verschärfte seine Wirtschaftsblockade, seine Politik massiver ökonomischer Schädigungen. In unserem Falle gingen solche Erpressungsversuche vor allem von der BRD aus. Im ersten Halbjahr 1951 schraubte sie den Handelsumsatz auf 200 Millionen Mark zurück. Bis zum zweiten Halbjahr 1952 sank er auf ganze neun Millionen. Das war nur noch ein Bruchteil der Warenbewegung, die sich vor dem zweiten Weltkrieg zwischen den heute zur DDR beziehungsweise zur BRD gehörenden Territorien vollzogen hatte. Auf sechs bis acht Milliarden Reichsmark hatte sie sich belaufen.

Großer Schaden wurde der DDR durch die Abwerbung von Wissenschaftlern, Hoch- und Fachschulkadern sowie Facharbeitern zugefügt. Gewiß hatte mancher, der die DDR verließ, seine politischen Gründe. Nicht selten lagen sie in seiner faschistischen Vergangenheit, in bei uns nicht zu befriedigender Gewinnsucht, in bürgerlich-kapitalistischen Vorstellungen vom Leben, im Unverständnis für unsere sozialistischen Ziele. Allerdings gab es auch manchen Mißgriff dieses oder jenes staatlichen Organs. Doch gerade darauf, die DDR ‚auszubluten', verwandten die Gegner westlich unserer Staatsgrenze massive Mittel. Nicht wenige ließen sich irreführen, manche ‚Republikflüchtige' suchten zudem den, wie sie meinten, bequemeren und rascheren Weg zu materiellem Wohlstand. Der ‚Westen' schien ihn zu bieten und bot ihn auf Grund eines größeren ökonomischen Potentials und der Marshallplankredite bis zu einem gewissen Grad tatsächlich." *(Erich Honecker)*

In dieser angespannten Situation waren verstärkte Anstrengungen nötig, um die politische und ökonomische Stabilität der DDR aufrechtzuerhalten. Aus diesem Grunde faßten die SED und die Regierung eine Reihe von Beschlüssen, die auf ein rascheres Wachstumstempo und höhere Akkumulationsraten vor allem im Bereich der Schwerindustrie, insbesondere der Metallurgie und des Maschinenbaus, gerichtet waren. Dies ging auf Kosten der Entwicklung der Leichtindustrie und Nahrungsgüterproduktion. Hinzu kamen steuer- und preispolitische Maßnahmen. Sie bewirkten eine Verschlechterung der Lebenslage der Werktätigen. Leistungen des Gesundheitswesens und der Sozialversicherung wurden eingeschränkt, Kuraufenthalte auf den Urlaub angerechnet, private Versicherungen begrenzt und Steuererhöhungen für Inhaber privater Betriebe, für Gewerbetreibende und Händler durchgeführt. Weitere Maßnahmen betrafen die zwangsweise Erfassung von landwirtschaftlichen Produkten. Bauern, die ihrer Abgabepflicht nicht vollständig nachkamen, wurden bestraft. Privateigentümern von Produktionsmitteln, Gewerbetreibenden und Einzelhändlern und ihren Angehörigen wurden die Lebensmittelkarten entzogen. Preiserhöhungen für Süßwaren traten in Kraft. Zuschüsse für Arbeiterrückfahrkarten und Schülerkarten wurden gestrichen bzw. gekürzt.

Mit einer Demonstration bekennen sich Zehntausende Berliner zur SED und zur Regierung der DDR, 26. Juni 1953

Unter den Arbeitern und ihren Bündnispartnern stießen diese Maßnahmen auf Unverständnis und Widerspruch. Vor allem die administrativ verordnete Erhöhung der Arbeitsnormen um durchschnittlich 10 Prozent führte zur Unzufriedenheit bei Arbeitern und belastete das Vertrauensverhältnis von Volk und Partei.

Das Politbüro des Zentralkomitees der SED analysierte Anfang Juni die entstandene Lage und empfahl auf seiner Beratung am 9. Juni 1953 der Regierung, Schritte einzuleiten, um fehlerhafte Entscheidungen zu korrigieren und die Lebenslage der Arbeiterklasse und ihrer Verbündeten zu verbessern. So wurden Handwerkern, Einzel- und Großhändlern, privaten Bau- und Verkehrsbetrieben Kredite gewährt und der Abschluß von Verträgen zwischen HO und dem privaten Einzelhandel ermöglicht, um die Versorgung der Bevölkerung zu verbessern. Alle Bürger erhielten wieder Lebensmittelkarten. Preiserhöhungen für bestimmte Lebensmittel wurden rückgängig gemacht und Zuschüsse für Arbeiterrückfahrkarten sowie bei denen für Schüler und Lehrlinge erneut bereitgestellt. Die Regierung der DDR erließ am 11. Juni und am 25. Juni 1953 Verordnungen, um Maßnahmen, die die Lebenslage belasteten, zu korrigieren, und legte Schritte fest, um die Lebenslage der Bevölkerung zu verbessern.

Eile war nunmehr für die imperialistischen Kräfte geboten, die ihre Felle davonschwimmen sahen. Es mußte gehandelt werden, ehe die getroffenen Maßnahmen in der DDR wirksam werden konnten. Deshalb schlugen sie am 17. Juni 1953 zu.

Der sowjetische Stadtkommandant Berlins verhängte um 13.00 Uhr in Wahrnehmung alliierter Rechte den Ausnahmezustand. Sowjetische Panzer rollten. Allerorts stellten sich Kommunisten und andere aufrechte Demokraten den Feinden der DDR entgegen. Sie erläuterten geduldig den Verführten und Verwirrten die Hintergründe der Provokation. Die Mehrheit der Arbeiterklasse ließ sich jedoch von vornherein nicht für konterrevolutionäre Aktionen mißbrauchen. Nach 24 Stunden war der ganze Spuk zu Ende.

Die führenden Funktionäre der SED und des Staates gingen in die Betriebe, um mit den Werktätigen zu sprechen. Sie diskutierten mit ihnen über Wege, die Probleme zu lösen und die Lebenslage der Bevölkerung zu verbessern. Viele Arbeiter fragten damals nach den Lehren, um künftig Gefahren für den Sozialismus rechtzeitig abzuwenden.

„Als das Wichtigste sahen wir an“, so erinnerte sich Erich Honecker später, „stets von einer gründlichen Analyse der Lage und des realen Kräfteverhältnisses auszugehen, unbedingt ein enges Vertrauensverhältnis zwischen Partei und Arbeiterklasse zu gewährleisten und jederzeit die erforderlichen Schritte für den bewaffneten Schutz des sozialistischen Aufbaus einzuleiten.“

Er eilte in die Stadt und mischte sich in die stöhnende, schweigende, geifernde, von Brutalität, aber auch schon von zunehmender Enttäuschung und Ratlosigkeit gezeichnete Menge, die inzwischen den Marktplatz belagerte.
Lieder wurden gesungen: Deutschland, Deutschland, über alles; Brüder, zur Sonne, zur Freiheit. Immer wieder erschollen die Rufe: Nieder mit den Roten, hängt die Kommunistenschweine.
Gatt ballte wütend die Fäuste. Er steckte sein Parteiabzeichen wieder an und suchte nach Männern, die sich wie er auf die Straße gewagt hatten. Er fand sie. Dem ersten, dem er begegnete, schlug er lachend auf die Schulter: „Warum schlüpfst du nicht auch in ein Mauseloch?“ fragte er ihn, „warum trägst du deine Gesinnung zur Schau, das Abzeichen da?“ Und der andere, ein hagerer Alter mit verknittertem, gegerbtem Gesicht, lachte zurück: „Deshalb, weil ich es auch in Spanien nicht abgenommen habe.“ Gatt erwiderte: „So einer bist du. Alle Achtung. Führ uns.“ – „Uns?“ Der Mann sah sich um, eine tiefe Traurigkeit im Blick. „Uns zwei“, ergänzte er dann. „Nein. Wir werden mehr.“ Und nach einer Weile erkundigte sich Gatt: „Weißt du nicht, wo wir Waffen auftreiben können?“
Der Alte streckte die bloßen Fäuste.
Doch ihr kleines Häuflein wuchs. Bald waren sie schon ein Trupp von zehn oder zwölf Männern. Zwar wurden sie wieder auseinandergerissen, es bildeten sich immer mehr ähnliche Trupps. Auch ein Gymnasiallehrer schloß sich ihnen an, der weder ein Abzeichen trug noch einer Partei angehörte. Er sagte: „Ich spreche gerade über die Reformation und den deutschen Humanismus, und meine Schüler sollen nicht glauben, ich täte nicht auch, was ich lehre. Ulrich von Hutten: Ich hab's gewagt mit Sinnen ...“
Auf einer Straßenkreuzung gerieten sie in einen Steinhagel. Burschen mit kurzgeschorenen Haaren, zitronengelben Hemden und Ringelsokken an den Füßen hatten das Pflaster aufgerissen und bewarfen sie. Gatt und seine Begleiter sammelten die Steine auf und schleuderten sie zurück. Plötzlich ertönte in ihrem Rücken ein schrilles Hupsignal. Ein Lastkraftwagen raste auf die Gruppe zu, die von Gatt und dem Spanienkämpfer angeführt wurde. Der Motorraum war mit Betonplatten gepanzert. In der Kabine hockten drei Männer, verbissen ihre Gesichter. Gatt erkannte sie deutlich, so nah war das Fahrzeug. Als es dicht vor ihm auftauchte, sprang er im letzten Augenblick auf den Bürgersteig.
Hinter dem Auto, zu beiden Seiten der Straße, wichen die Menschen entsetzt zurück. Frauen drängten sich an die Häuserwände und bedeckten mit den Händen ihre Augen. Schreie gellten über den Platz.
Das Entsetzen packte auch Gatt. An der Ladeklappe des Autos waren lange Stricke befestigt. An den Strickenden hing ein menschlicher Körper, der an Händen und Füßen gefesselt war. Blutüberströmt

wurde der Körper hinter dem Wagen hergeschleift. Die Kleidung des Opfers, eine Polizeiuniform, war schmutzverkrustet und zerfetzt. Der Schädel schlug fortwährend auf das Pflaster, war nur noch eine Masse roten Fleisches und hinterließ eine Blutspur. Jemand rief: „Hütet euch. Die kommen aus dem Gefängnis. Und der Klumpen Mensch da, das war ihr Wächter."
Gatt wurde von einer blinden Wut geschüttelt. Er dachte an den Major, vor seinen Augen blühte Rotdorn. Ohne sich zu besinnen, lief er hinter dem Wagen her, stolperte über die Löcher in der Straße, über die aufgerissenen Steine. In einer Kurve erreichte er das Auto, sprang auf das Trittbrett und trommelte mit seinen Fäusten gegen die Scheibe der Fahrerkabine.
„Anhalten", schrie er. „Anhalten. Ihr Hunde. Ihr Faschisten." Um nicht in voller Fahrt abzustürzen, umklammerte er den Rückspiegel. Das Glas zerbarst und schnitt in seine Haut.
Der Mann am Steuer drehte die Scheibe herunter. Lässig nickte er seinem Gefährten zu. Gatt sah die Gesichter der beiden vor sich, ihre Augen, ihren Haß in den Augen.
Dann hob der Nebenmann des Fahrers eine Pistole. Eine Kugel traf Gatt. Mit zerschossener Brust fiel er hintenüber. Als er auf dem Pflaster lag inmitten der Straße, prasselten noch immer Kugeln auf ihn nieder. Im Fallen aber sah er, daß auf dem breiten, leeren Fahrdamm ein Panzer heranrollte.
Mein Leben ist hin, denke ich noch. Aber die Revolution ist gerettet.
(Erik Neutsch: Auf der Suche nach Gatt. Halle 1973, S. 99–101)

? Wie entstanden NATO und Warschauer Vertrag?

Im Juni 1948 lag dem Senat der USA eine Resolution zur Bestätigung vor. Sie ermächtigte den Präsidenten, militärische Bündnisverträge auch in Friedenszeiten abzuschließen. Prinzip der amerikanischen Politik war es bislang gewesen, sich im Frieden nicht an Militärbündnissen außerhalb des amerikanischen Kontinents zu beteiligen. Mit der Zustimmung zu dieser Resolution war jene Barriere gefallen. Kurz darauf begannen in Washington Geheimverhandlungen mit Kanada und verschiedenen westeuropäischen Staaten. Eine North Atlantic Treaty Organization (NATO) – die Nordatlantische Verteidigungsgemeinschaft – sollte die in Europa errungenen militärischen Positionen der USA für künftige Zeiten sichern. Am 4. April 1949 war es soweit. Neben den USA unterzeichneten Kanada, Belgien, Dänemark, Frankreich, Großbritannien, Island, Luxemburg, die Niederlande, Norwegen und Portugal den entsprechenden Vertrag. Die NATO war geboren.

Ihre Gründung paßte sich voll in die 1946 verkündete imperialistische Strategie des kalten Krieges ein. Die antisowjetische Stoßrichtung dieses Militärpaktes war ein offenes Geheimnis, obwohl viel vom Verteidigungscharakter geredet wurde. Mit der NATO sollte das entscheidende Instrument geschaffen werden, die Politik des „containment" – der Eindämmung – und wo immer möglich des „roll back" – des Zurückrollens des Sozialismus – auch mit militärischen Mitteln umzusetzen.

Als die UdSSR nämlich in einer Note am 31. März 1954 anbot, eventuell in der NATO mitzuwirken, blieb jede Reaktion aus. Der Nordatlantikpakt bestätigte, was ohnehin schon jeder wußte: Diese Militärorganisation wollte nicht mit, sondern gegen die UdSSR und ihre Verbündeten arbeiten.

Führende amerikanische Militärs plauderten recht ungeniert über den Zweck der NATO. „Sollten wir in einen dritten Weltkrieg eintreten", erklärte im Mai 1951 der Vorsitzende der Vereinigten Stabschefs vor einem Ausschuß des US-Senats, „so ist es die Sowjetunion, die zertrümmert werden muß." Auch dem ehemaligen Kommandeur der US-Luftstreitkräfte im Pazifik schien 1954 ein „Krieg mit der Sowjetunion ... unvermeidlich". Den Gedanken einer friedlichen Koexistenz bezeichnete er als „Humbug". Der damalige US-Außenminister John Foster Dulles vertrat die Ansicht, „daß eine kollektive Aktion zur Ausrottung des internationalen Kommunismus nicht ein Akt der Einmischung in die inneren Angelegenheiten eines anderen Staates ... ist". Wie das zu verstehen war, hatten die USA im Koreakrieg kurz zuvor deutlich demonstriert.

Die Idee eines antisowjetischen Blocks war bereits in den letzten

Kriegsjahren von reaktionären Politikern und Militärs in den USA und in Großbritannien erwogen worden. Die öffentliche Meinung in den eigenen Ländern und die Fortdauer der Kampfhandlungen im Fernen Osten ließen jedoch einen abrupten Bruch mit der Sowjetunion nicht zu. USA-Präsident Truman schien es deshalb geraten, solche Projekte zunächst noch zurückzustellen. Die bald nach dem Potsdamer Abkommen einsetzende schrittweise Abkehr von den Prinzipien der Antihitlerkoalition machte den Weg frei für neue Blockbildungen. Die Verantwortung für die aufkommenden Konflikte sollte nach Möglichkeit der UdSSR angelastet werden. Die Auseinandersetzungen zwischen der Volksbefreiungsarmee und den von Großbritannien unterstützten reaktionären Kräften in Griechenland wurden schließlich von Truman zum Anlaß genommen, am 12. März 1947 vor dem Kongreß ein Eingreifen der USA gegen die Gefahr des Kommunismus zu begründen. Mit der als Truman-Doktrin bekanntgewordenen Erklärung wurden die Weichen gestellt. Der offene Übergang zur Konfrontation mit der Sowjetunion und den volksdemokratischen Ländern wurde forciert. Der kalte Krieg blieb nicht nur eine ideologische Formel.

Als entscheidendes Instrument des Zustandekommens eines Blocks erwies sich der Marshallplan. Am 6. Juni 1947 verkündete Außenminister George C. Marshall ein wirtschaftliches „Hilfsprogramm" der USA für Westeuropa. Die Zielstellung war unverkennbar. Zum einen ging es darum, die Grundlagen des Kapitalismus in Europa wieder zu stabilisieren. Zum anderen wollten sich die USA für ihre gewachsenen Produktionskapazitäten Absatzmärkte erschließen und auf dem Kontinent eine wirtschaftliche und politische Vormachtstellung sichern. Die Wirtschaftshilfe wurde deshalb an Auflagen und Bedingungen geknüpft.

Der nächste Schritt in Richtung NATO war die Westeuropäische Union. Hier hatten die USA ihren britischen Partnern die Initiative überlassen. Deren Außenminister Ernest L. Bevin beschwor im Unterhaus Anfang 1948 die Gefahr einer sowjetischen Aggression. Bereits am 17. März des gleichen Jahres wurde in Brüssel der „Pakt zur kollektiven Verteidigung und zur wirtschaftlichen, sozialen und kulturellen Zusammenarbeit" unterzeichnet – kurz Brüsseler Pakt genannt. Großbritannien, Frankreich und die Beneluxstaaten gingen darin für 50 Jahre ein politisch-militärisches Bündnis ein. An den Beratungen der militärischen Gremien des Bündnisses nahmen ab Sommer auch Beobachter aus den USA und Kanada teil. Der Marsch in die NATO war vorgezeichnet.

Bereits während der Vorbereitungen zur Gründung des westdeutschen Separatstaates herrschte bei den strategischen Planern in Washington Einvernehmen darüber, daß dessen Potential für die NATO erschlossen werden muß. Britische Militärs dachten gleichfalls in diese Richtung. Sie hatten sich nach dem 8. Mai 1945 ohnehin schwergetan, die Wehrmachtsverbände in ihrem Zuständigkeitsbereich aufzulösen. Noch Wochen nach Kriegsende existierten ganze Truppenteile mit intakter Kommandostruktur und Bewaffnung. Es bedurfte mehrfacher Proteste der Sowjetunion, ehe die britische Seite ihren Verpflichtungen aus den alliierten Abkommen nachkam.

» ***Feldmarschall Montgomery erinnert sich an eine Unterredung mit Außenminister Bevin, etwa Ende 1948:***

„Ich ... bat ihn, die nötigen Schritte zu unternehmen, um Westdeutschland in die Westunion und später in die Nordatlantikpaktorganisation aufzunehmen, über die damals noch verhandelt wurde. Bevin fiel zunächst aus allen Wolken. Doch ich erklärte ihm, die Länder der Westunion hätten weder Menschen noch Mittel genug, um die erforderlichen Streitkräfte aufzustellen, sonst liefen sie Gefahr, sich wirtschaftlich und finanziell zu grunde zu richten. Unsere Pläne bauten sich auf dem Einsatz konventioneller Waffen auf, und wir brauchten starke Streitkräfte, wenn wir es mit den Russen aufnehmen wollten. Ohne die Deutschen könnten wir niemals hoffen, diese Streitkräfte zu bekommen."

(Montgomery: Memoiren, München 1958, S. 573)

Konrad Adenauer, Bundeskanzler der BRD, erklärte unmittelbar nach seinem Amtsantritt die Bereitschaft, „an der Bildung einer europäischen Armee mitzuwirken". Das Abkommen mit den Hohen Kommissaren der Westmächte vom November 1949 enthielt bereits eine entsprechende Geheimklausel. Ein knappes Jahr später begann das „Amt Blank" mit der Vorbereitung des Aufbaus künftiger BRD-Streitkräfte. Theodor Blank avancierte später zum ersten Verteidigungsminister der BRD. Ehemalige Generale und Stabsoffiziere der faschistischen Wehrmacht durften im Auftrag der USA die Erfahrungen aus den Feldzügen gegen die UdSSR aufbereiten und vermitteln. Schon 1946 war diese sogenannte „historische Division" gebildet und aus den Maßnahmen zur Bestrafung der Kriegsverbrecher ausgeklammert worden.

Zunächst waren jedoch noch erhebliche Widerstände zu überwinden. Die demokratische Öffentlichkeit und auch mancher Politiker in Westeuropa wollte sich trotz Kalte-Krieg-Psychose nicht mit der geplanten deutschen Militärmacht anfreunden, tief wurzelte begründetes Mißtrauen bei Nachbarstaaten wie bei demokratischen Kräften in der BRD. Der Marsch in die NATO verzögerte sich erheblich. Selbst der Versuch, über den Umweg einer Europäischen Verteidigungsgemeinschaft (EVG) die Remilitarisierung der BRD voranzutreiben und rascher zu westdeutschen Truppenkontingenten zu gelangen, scheiterte schließlich am Widerstand der französischen Nationalversammlung. Sie lehnte am 30. August 1954 die EVG-Verträge ab.

Erst nachdem die USA ihre politische und ökonomische Stärke voll ausspielten, gelang es, modifizierte Verträge unter Dach und Fach zu bringen. Am 23. Oktober 1954 unterzeichnet, gingen sie als Pariser Verträge in die Nachkriegsgeschichte ein. Eilig wurde die Ratifizierung vorangetrieben. Vorschläge der Sowjetunion, für ein System der kollektiven Sicherheit in Europa paßten nicht in diesen Fahrplan. Am 9. Mai 1955 erfolgte die Aufnahme der BRD in die NATO. Der imperialistische Militärpakt hatte seine Stellungen bis an die Elbe vorgeschoben. Eine halbe Million Mann war der Bundeswehr zugebilligt worden. Eine Größenordnung, die militärstrategisch nicht ignoriert werden konnte. Die sozialistischen Länder mußten politisch wie militärisch dieser neuen Lage Rechnung tragen. Sie hatten auf einer gemeinsamen Konferenz in Moskau vom 29. November bis 2. Dezember 1954 angemessene Gegenmaßnahmen zur Gewährleistung ihrer Sicherheit angekündigt. Die DDR war Teilnehmer dieser Beratung.

» ***Aus der Deklaration der Moskauer Konferenz europäischer Länder zur Gewährleistung des Friedens und der Sicherheit in Europa vom 2. Dezember 1954:***

„Die friedliebenden Staaten sind gezwungen, unaufschiebbare Maßnahmen zu treffen, um den aggressiven Kräften des erwähnten Militärblocks der Westmächte die vereinte Kraft der friedliebenden Staaten zur Gewährleistung ihrer Sicherheit entgegenzusetzen.

Die Teilnehmerstaaten dieser Konferenz geben ihren Entschluß bekannt, im Falle der Ratifizierung der Pariser Abkommen gemeinsame Maßnahmen bei der Organisation der Streitkräfte und ihres Kommandos wie auch andere Maßnahmen durchzuführen, die für die Stärkung ihrer Verteidigungsfähigkeit erforderlich sind, um die friedliche Arbeit ihrer Völker zu schützen, die Unantastbarkeit ihrer Grenzen und Hoheitsgebiete zu garantieren und die Verteidigung gegen eine eventuelle Aggression zu gewährleisten."

(Dokumente zur Außenpolitik der Regierung der Deutschen Demokratischen Republik, Band II, Berlin 1955, S. 136)

Am 14. Mai 1955 – neun Tage nachdem die Pariser Verträge in Kraft getreten waren – wurde in Warschau, im Marmorsaal des polnischen Sejm der Vertrag über Freundschaft, Zusammenarbeit und gegenseitigen Beistand unterzeichnet. Signatarstaaten waren neben der gastgebenden Volksrepublik Polen Albanien, Bulgarien, Ungarn, die UdSSR, Rumänien, die ČSR und die DDR. China hatte einen Beobachter entsandt. Die Bevollmächtigten Vertreter der Unterzeichnerstaaten kamen überein, sich „in Verwirklichung des Rechtes auf individuelle oder kollektive Selbstverteidigung in Übereinstimmung mit Artikel 51 der Satzungen der Organisation der Vereinten Nationen ... sofortigen Beistand ... mit allen Mitteln, die ihnen erforderlich scheinen, ... (zu) erweisen“ sowie „Maßnahmen (zu) ergreifen, ... um ... die Unantastbarkeit ihrer Grenzen und Territorien zu garantieren und den Schutz gegen eine mögliche Aggression zu gewährleisten“. Daß dieser Vertrag in der Hauptstadt des leidgeprüften Polens abgeschlossen wurde, war auch ein deutlicher symbolischer Akt. Er rief nochmals nachhaltig historische Erfahrungen dieses Jahrhunderts in Erinnerung.

Im Warschauer Vertrag wurden die Grundsätze des sozialistischen Verteidigungsbündnisses umrissen. Er stand aber auch anderen Staaten, „unabhängig von ihrer gesellschaftlichen und staatlichen Ordnung“, offen. Die DDR hatte als Gründungsmitglied Anteil an den Vorbereitungen für diesen Vertrag gehabt. Ministerpräsident Otto Grotewohl unterzeichnete ihn als Leiter der Regierungsdelegation.

In der Folgezeit entstanden, wie vertraglich vereinbart, die leitenden und koordinierenden Organe und Gremien der Warschauer Vertragsorganisation. Das politische und militärische Bündnis der sozialistischen Staatengemeinschaft trug wesentlich dazu bei, den Frieden in Europa zu bewahren. Unter großen Anstrengungen gelang es, das Kräftegleichgewicht zu erringen, das schließlich effektive Schritte zur Entspannung und Abrüstung ermöglichte. Zunächst für eine Laufzeit von zwanzig Jahren abgeschlossen, blieb der Warschauer Vertrag weitere zehn Jahre in Kraft. So sah es der Artikel 11 vor, da keine Kündigung seitens der Regierung der Volksrepublik Polen beantragt wurde. Im April 1985 entschlossen sich die Teilnehmerstaaten des Warschauer Vertrages, das bewährte Bündnis um weitere zwei Jahrzehnte zu verlängern.

? Warum wurde 1956 die Nationale Volksarmee gegründet?

Als 1945 nach dem schrecklichsten aller bisherigen Kriege endlich die Waffen schwiegen und das ganze Ausmaß der Zerstörungen und des Leids den Menschen bewußt wurde, da schworen sich viele Deutsche, nie wieder eine Waffe in die Hand zu nehmen. Lieber wollten sie ein Leben lang trocken Brot essen, als jemals wieder in Luftschutzkellern um ihre Existenz bangen zu müssen.

Doch bereits 1955 trat die BRD dem imperialistischen NATO-Bündnis bei. Mit der Bundeswehr entstand eine 500000 Mann starke deutsche Armee. Nach allen vorliegenden historischen Erfahrungen durfte sie nicht ignoriert werden. Die DDR nahm deshalb 1955 an der Gründung des Warschauer Vertrages teil und baute ab Frühjahr 1956 die Nationale Volksarmee auf.

Trotz großer Opfer war die Sowjetunion als eine der Hauptmächte der siegreichen Antihitlerkoalition gestärkt aus dem zweiten Weltkrieg hervorgegangen, ihr Einfluß, und damit der Einfluß des Sozialismus auf die Weltpolitik, wuchs. Darüber hinaus entstanden in etlichen befreiten Ländern Volksdemokratien, rückten auch in Westeuropa Kommunisten in die Regierungen ein. Diese antiimperialistische Entwicklung behagte den aggressiven Kreisen in den Westmächten nicht. Sie zerstörten das internationale Bündnis und begannen einen kalten Krieg gegen die UdSSR und alle Staaten, in denen sich gesellschaftliche Veränderungen abzeichneten. Hilfreich schien ihnen dabei das US-amerikanische Atomwaffenmonopol. Nach dem Abwurf von zwei Atombomben auf die japanischen Städte Hiroshima und Nagasaki im August 1945 triumphierte der damalige Präsident der USA Harry S. Truman, daß man nun endlich einen „Knüppel" besäße, um die „russischen Boys in die Knie zu zwingen". In der 1947 verkündeten Truman-Doktrin maßten sich die USA das Recht an, gegen nicht genehme fortschrittliche Entwicklungen in anderen Ländern zu intervenieren. Das geschah wenig später in Griechenland, wo die USA den reaktionären Kräften und Großbritannien bei der Bekämpfung der Volksbefreiungsarmee tatkräftig beistanden. Im Juni 1950 griffen US-Truppen in den Krieg gegen die Koreanische Volksdemokratische Republik ein.

Statt gemeinsam mit der Sowjetunion die internationale Sicherheit zu gewährleisten, wie es die Vereinbarungen von Jalta und Teheran und Potsdam sowie die Grundsätze der Vereinten Nationen vorsahen, wurde eilig Kurs auf antisowjetische Militärbündnisse genommen. Bereits 1949 entstand die NATO – die Nordatlantiksicherheitsorganisation – das Kernstück aller imperialistischen Paktsysteme.

Ausgehend von einer „Politik der Stärke" sollte der Sozialismus zu-

BERLINER AUSGABE · VORWÄRTS ·

NEUES DEUTSCHLAND

ORGAN DES ZENTRALKOMITEES DER SOZIALISTISCHEN EINHEITSPARTEI DEUTSCHLANDS

5. (61.) Jahrgang / Nr. 294 — Berlin, Sonnabend, 16. Dezember 1950 — Einzelpreis 15 Pf.

Neues Friedenswerk der Volkskammer

Berlin (Eig. Ber.). In ihrer 4. Plenarsitzung verabschiedete die Volkskammer der Deutschen Demokratischen Republik am Freitag das Gesetz zum Schutz des Friedens. Präsident Dieckmann gab bekannt, daß in den letzten beiden Tagen Hunderte von Resolutionen und Telegrammen aus allen Teilen Deutschlands eingegangen sind, in denen alle Bevölkerungsschichten das bedeutsame Gesetz begeistert begrüßen. In den Telegrammen wird besonders betont, daß die Verabschiedung des Gesetztes angesichts der verstärkten Kriegshetze der anglo-amerikanischen Imperialisten eine dringende Notwendigkeit ist und den wirklichen Interessen aller Patrioten entspricht.

Präsident Dieckmann sagte, daß das Gesetz zum Schutz des Friedens von der Liebe zur Menschlichkeit diktiert ist. Er erinnerte an die Worte Herders: „Nicht Krieg also, sondern Friede ist der Naturzustand des unbedrängten menschlichen Geschlechts" und betonte, daß auch dieses Gesetz helfen soll, eine von Kriegsfurcht nicht mehr bedrängte menschliche Gesellschaft zu bilden.

Vor Eintritt in die Tagesordnung bestätigte die Volkskammer einstimmig eine Erklärung zu den III. Weltjugendfestspielen 1951 in Berlin.

Die Volkskammer verabschiedete ferner das Gesetz über die Schulpflicht (siehe Seite 3) und drei weitere Gesetze über das Haushaltswesen, den innerdeutschen Zahlungsverkehr und die Anfertigung von Banknoten (siehe Seite 5).

Das Gesetz zum Schutz des Friedens hat folgenden Wortlaut:

Gesetz zum Schutz des Friedens

Die aggressive Politik der imperialistischen Regierungen der USA, Großbritanniens und Frankreichs, die auf ein neues Weltgemetzel hinzielt, droht das deutsche Volk in einen mörderischen Bruderkrieg zu verstricken. Die Remilitarisierung Westdeutschlands, die Bestrebungen zur Wiederaufrichtung des deutschen Militarismus und Imperialismus stellen eine große Gefahr für die Existenz und Zukunft der deutschen Nation und für den Frieden und die Sicherheit Europas dar. Nur auf dem Wege der Demokratie und des Friedens kann die Einheit und Unabhängigkeit Deutschlands erreicht und gesichert werden. Die imperialistische Politik der Verstrickung Westdeutschlands in einen neuen verbrecherischen und von vornherein aussichtslosen Krieg stellt eine Bedrohung unseres Volkes und Vaterlandes dar.

Die Nation muß aus dieser Bedrohung befreit werden. Die Erhaltung des Friedens ist das dringlichste nationale Interesse und die Forderung aller demokratischen und patriotischen Kräfte des gesamten deutschen Volkes.

Die Kriegspropaganda der anglo-amerikanischen Imperialisten und ihrer Helfershelfer stellt eine ernste Gefährdung für den europäischen Frieden und für die Freundschaft des deutschen Volkes mit allen friedliebenden Völkern dar.

(2) Ebenso wird bestraft, wer Deutsche für die französische Fremdenlegion oder ähnliche ausländische Militärformationen und Söldnertruppen anwirbt oder zum Eintritt in solche verleitet.

§ 3

(1) Wer die Wiederaufrichtung des aggressiven deutschen Militarismus und Imperialismus oder die Einbeziehung Deutschlands in einen aggressiven Militärblock propagiert, wird mit Gefängnis, in schweren Fällen mit Zuchthaus bestraft.

(2) Ebenso wird bestraft, wer gegen völkerrechtliche Vereinbarungen, welche der Wahrung und Festigung des Friedens, der Entwicklung Deutschlands auf demokratischer und friedlicher Grundlage dienen, hetzt, zum Bruch solcher Vereinbarungen auffordert, um Deutschland in aggressive Kriegshandlungen hineinzuziehen.

§ 4

Wer die Verwendung von Atomwaffen oder anderen Massenvernichtungsmitteln, wie Gift, radioaktive, chemische und bakteriologische Mittel verherrlicht oder propagiert, wird mit Gefängnis, in schweren Fällen mit Zuchthaus bestraft.

§ 5

§ 8

(1) Neben jeder Strafe auf Grund dieses Gesetzes kann au Geldstrafe in unbegrenzter Höhe erkannt werden.

(2) Ferner kann auf völlige oder teilweise Einziehung de Vermögens des Täters erkannt werden. Wird der Täter zur Tode, zu lebenslänglichem Zuchthaus oder zu Zuchthaus nich unter 5 Jahren verurteilt, so ist auf Einziehung seines ge samten Vermögens zu erkennen.

§ 9

(1) Wird der Täter auf Grund dieses Gesetzes zu eine Zuchthausstrafe verurteilt, so ist im Urteil anzuordnen, da er zeitweise oder dauernd das Recht verliert:

1. im öffentlichen Dienst oder in leitenden Stellen in wirtschaftlichen oder kulturellen Leben tätig zu sei
2. zu wählen und gewählt zu werden

(2) Wird der Täter zu einer geringeren Strafe verurteilt, s können die Rechtsfolgen des Absatzes 1 angeordnet werde

§ 10

(1) Ein Verfahren wegen Zuwiderhandlung gegen diese Gesetz wird nur eröffnet, wenn der Generalstaatsanwalt d Deutschen Demokratischen Republik die Anklage erhebt.

rückgerollt und die europäische Nachkriegsordnung zugunsten des Imperialismus korrigiert werden. Dabei scheuten die USA – wie es ihr Außenminister John Foster Dulles ausdrückte – bewußt nicht vor einer „Balance am Rande des Krieges" zurück. Die aggressive Doktrin der NATO führte dazu, daß sich Mitglieder dieses imperialistischen Militärpaktes bis zum heutigen Tage an mehr als 100 militärischen Aggressionen, Interventionen und Konflikten beteiligten.

In der strategischen Planung der imperialistischen Mächte hatten die westlichen Besatzungszonen und später die Bundesrepublik Deutschland ein besonderes Gewicht. John F. Dulles verkündete 1946: „Neben der Atombombe ist Deutschland mit seinen Möglichkeiten eine gewaltige militärische Kraft, die man auf keinen Fall aus der Hand geben darf." So verwunderte es nicht, daß das Abkommen, das Bundeskanzler Konrad Adenauer am 22. November 1949 mit den Hohen Kommissaren der Westmächte unterzeichnete, eine Geheimklausel enthielt. Diese sah vor, sobald als möglich westliche Militärkontingente aufzustellen und die BRD in das imperialistische Paktsystem einzugliedern. Ein Jahr später entstand das „Amt Blank", das den Aufbau der westdeutschen Armee vorbereitete und leitete.

Die wachsende militärische Konfrontation und Bedrohung stellte auch die Deutsche Demokratische Republik vor neue Probleme und Aufgaben. Der Schutz ihrer Ordnung oblag bisher der Deutschen Volkspolizei und der ihr zugehörigen Grenzpolizei. Polizeikräfte konnten aber angesichts der neuen Situation auf die Dauer nicht die Sicherheit der Arbeiter-und-Bauern-Macht gewährleisten. Einer militärischen Aggression waren sie nicht gewachsen. Der äußere Schutz des eigenen sozialistischen Aufbaus konnte auch nicht allein den Einheiten der Sowjetarmee überlassen bleiben.

Die 2. Parteikonferenz der SED, die im Juli 1952 in Berlin tagte, befaßte sich auch mit diesen Fragen. „Wir wollen keinen Krieg, und wir werden alles tun, um ihn zu verhindern", bekräftigte Wilhelm Pieck. „Aber eben um den Imperialisten die Lust an Kriegsabenteuern im Herzen Europas zu nehmen, müssen wir unsere eigenen starken nationalen Streitkräfte schaffen."

Die SED prüfte jeden Schritt ihrer Militärpolitik sehr sorgfältig, bevor sie ihn ging. Darum schob sie den Aufbau regulärer Streitkräfte zunächst noch auf. Ihr war ebensowenig wie der KPdSU daran gelegen, die Lage in Europa zu verschärfen. Noch bestanden Hoffnungen, daß der Weg der BRD in die NATO gestoppt und die Aufstellung einer neuen imperialistischen deutschen Armee verhindert werden konnte.

Ein System der europäischen Sicherheit, wie es die UdSSR vorschlug, war den Interessen der Völker dieses Kontinents dienlicher als neue militärische Anstrengungen. Außerdem wollte die DDR Möglichkeiten einer Annäherung beider deutscher Staaten offenhalten und Verhandlungen zu einem deutschen Friedensvertrag erleichtern.

Sorglosigkeit war jedoch fehl am Platze. Maßnahmen zum angemessenen Schutz der Errungenschaften der DDR und Vorbereitungen zum Aufbau künftiger Streitkräfte mußten unbedingt getroffen werden. Alles andere wäre unverantwortlich gewesen. Ab Juli 1952 wurde deshalb aus den Schulen und Formationen der Hauptverwaltung Ausbildung des Ministeriums des Innern die Kasernierte Volkspolizei gebildet. In ihren Bereitschaften entwickelten sich die dringend benötigten Kader für die spätere Nationale Volksarmee.

Der Jugendverband engagierte sich für die Verteidigung und den Schutz der Heimat. Ende Mai 1952 beschloß das IV. Parlament der Freien Deutschen Jugend, die Patenschaft über die bewaffneten Kräfte zu übernehmen. „Der Dienst in den bewaffneten Kräften unserer Republik", hieß es im Beschluß, „ist für jedes Mitglied der Freien Deutschen Jugend Ehrendienst an der Nation." Auf Antrag einer Initiativgruppe wurde die „Gesellschaft für Sport und Technik" gebildet. Die Regierung der DDR erließ dazu am 7. August 1952 eine entsprechende Verordnung.

Trotz des in der Bevölkerung gewachsenen Verständnisses für die Verteidigung der Heimat gab es Vorbehalte und irrtümliche Auffassungen zum Dienst mit der Waffe: „Ich weiß nicht mehr, wie oft ich während dieser Zeit in Grundorganisationen der FDJ, auf Funktionärsberatungen, bei Zusammenkünften mit Jugendlichen oft bis in die Nacht hinein diskutiert habe", erinnerte sich Erich Honecker. „Pazifistische Anschauungen trafen wir damals noch weitverbreitet an. Das war eine verständliche Reaktion auf den zweiten Weltkrieg mit seinen ungeheuren Zerstörungen und Verlusten, mit den von der faschistischen Armee verübten Verbrechen. Zweimal in einer Generation hatten die herrschenden Kräfte die Menschen mißbraucht. Wir erklärten der Jugend geduldig, daß Gewehr nicht gleich Gewehr ist, daß vor allem entscheidend ist, wer es besitzt, zu welchem Zweck, für welche Politik er es einsetzt."

So erklärten Funktionäre der SED und der FDJ den Werktätigen, daß guter Wille allein nicht ausreiche, um den Frieden zu schützen, sondern daß vor allem gehandelt werden müsse.

Diese Erkenntnis bestätigte sich auf drastische Weise im Juni 1953, als Elemente der inneren und äußeren Konterrevolution Unzufriedenheit und Mißstimmungen der Bevölkerung nutzen wollten, die gesellschaftlichen Verhältnisse in der DDR umzustürzen. Das Wüten und Brandschatzen der Provokateure öffnete vielen Werktätigen die Augen über die Absichten des Imperialismus. Der konterrevolutionäre Putschversuch scheiterte. Bei seiner Abwehr bewährten sich Einheiten der KVP, die gemeinsam mit anderen Sicherheitsorganen und sowjetischen Soldaten die Grenze zu Westberlin schützten und die Provokationszentren unter Kontrolle brachten. Die Kampfgruppen der Arbeiterklasse entstanden.

Trotz umfangreicher Proteste der sozialistischen Länder und der Werktätigen in Westeuropa unterzeichneten die Außenminister der NATO-Staaten im Oktober 1954 die Pariser Verträge. Sie regelten die Aufnahme der BRD in den Nordatlantikpakt und schufen Voraussetzungen dafür, die Bundeswehr aufzustellen und auszurüsten. Quasi bis zur letzten Minute hatten die UdSSR und andere europäische Staaten vorgeschlagen, die Pariser Verträge nicht zu ratifizieren und statt dessen ein System der kollektiven Sicherheit zu bilden. Vergebens – am 9. Mai 1955 wurde die BRD in die NATO aufgenommen. Damit entstand für die sozialistischen Länder eine zusätzliche Bedrohung. Dies wurde vor allem durch den Charakter der Bundeswehr der BRD unterstrichen. So standen an ihrer Spitze ehemalige Generale und Admirale der faschistischen Wehrmacht, wie Heusinger, Röttinger, Ruge, Kammhuber und Speidel. 31 von 38 Generalen gehörten dem früheren Generalstab an. Das traf auch auf eine große Zahl anderer Offiziere zu. Unter den neuen Bedingungen war der Schutz des Sozialismus am besten durch ein kollektives Verteidigungsbündnis zu gewährleisten. Am 14. Mai 1955 wurde deshalb in Warschau der „Vertrag über Freundschaft, Zusammenarbeit und gegenseitigen Beistand" unterzeichnet. Für den Schutz der territorialen Integrität der DDR war die Teilnahme an der Organisation des Warschauer Vertrages unerläßlich. Auf seiner 24. und 25. Tagung im Juni und Oktober 1955 erklärte das ZK der SED die Sicherung des Friedens zur Hauptaufgabe. Mit der planmäßigen Aufstellung der Bundeswehr wurde der Aufbau nationaler Streitkräfte in der DDR unaufschiebbar. Der Staatsvertrag mit der UdSSR vom September 1955 gewährte der DDR in völkerrechtlich gültiger Form die Souveränität in allen inneren und äußeren Angelegenheiten. Damit waren alle Voraussetzungen gegeben, daß die DDR nun eigenverantwortlich über ihren äußeren Schutz und die Sicherung ihrer Grenzen entscheiden konnte. Am 26. September 1955 verabschiedete die Volkskammer der DDR ein Gesetz zur Ergänzung der Verfassung. Es erkärte den Dienst zum Schutz des sozialistischen Vaterlandes zu einer ehrenvollen nationalen Pflicht. Der Dienst in den bewaffneten Organen unterlag dem Prinzip der Freiwilligkeit.

Die FDJ-Organisationen trugen dazu bei, die höheren Anforderungen, die nun vor den bewaffneten Organen standen, zu meistern. Bereits im Mai 1955 hatte Heinz Keßler vor dem IV. Parlament der FDJ die Verpflichtung der Jugendfreunde in Uniform abgegeben, „noch besser als bisher die Kommandeure bei der Erhöhung und Festigung der Kampffähigkeit der KVP zu unterstützen". Am 18. Januar 1956 begründete Willi Stoph, Mitglied des Politbüros des ZK der SED und Stellvertreter des Vorsitzenden des Ministerrates, vor der Volkskammer den Vorschlag der SED-Fraktion, eine Nationale Volksarmee zu schaffen. An der umfassenden Aussprache beteiligten sich Redner aller Fraktionen. Sie ließen erkennen, daß den Volksvertretern die Tragweite der zu treffenden Entscheidung bewußt war. Im Namen der FDJ unterstrich Werner Felfe, daß dieser Entschluß dem Wunsch der Jugend nach einem glücklichen, sozial gesicherten und friedlichen Leben entsprach.

Das „Gesetz über die Schaffung der Nationalen Volksarmee und des Ministeriums für Nationale Verteidigung“ wurde von der Volksvertretung der DDR einstimmig angenommen. Zum ersten Minister für Nationale Verteidigung wurde Willi Stoph berufen.

Am 1. März 1956 meldeten die Stäbe der Militärbezirke, der Luftstreitkräfte und Luftverteidigung sowie der Seestreitkräfte ihre Arbeitsfähigkeit. Zwei Monate später, am 30. April 1956, übergab der Minister für Nationale Verteidigung die erste Truppenfahne an den Truppenteil Backhaus, das spätere Regiment „Hans Beimler“. Bewegt verfolgten antifaschistische Widerstandskämpfer, Arbeiter aus Betrieben, Vertreter der SED, der anderen Parteien des demokratischen Blocks und der Massenorganisationen sowie Angehörige der Sowjetarmee, wie erstmals in der deutschen Geschichte Soldaten des Volkes den Schwur leisteten, der „Deutschen Demokratischen Republik, unserem Vaterland, allzeit treu zu dienen“.

Das erste Regiment der NVA wird vereidigt.
Generaloberst Willi Stoph, Minister für Nationale Verteidigung, übergibt die Truppenfahne,
30. April 1956.

Bis wann war der Kampf um ein einheitliches demokratisches Deutschland realistische Politik?

Im Verlaufe der sechziger Jahre drängte sich immer wieder die Frage auf: Würde es in den kommenden Jahrzehnten wirklich noch möglich sein, die vom Imperialismus verursachte Spaltung der deutschen Nation zu überwinden, beide deutsche Staaten anzunähern und schließlich auf demokatischer Grundlage zu vereinen? Das bewegte nicht nur Mitglieder und Funktionäre der SED. Auch viele Bürger sahen sich in das Spannungsfeld von Hoffnungen und Tatsachen gestellt. In ihrem Parteiprogramm von 1963 hatte die SED noch die Wiedervereinigung als langfristiges strategisches Ziel formuliert. Die folgenden Jahre ließen jedoch berechtigte Zweifel aufkommen. Verantwortung und Realismus forderten zu einer nüchternen und unvoreingenommenen Bilanz heraus.

Als der VIII. Parteitag 1971 schließlich nachdrücklich darauf verwies, daß zur nationalen Frage historisch verbindliche Entscheidungen gefallen waren, standen die Erfahrungen eines reichlichen Vierteljahrhunderts europäischer Nachkriegsentwicklung und unübersehbare staatliche, gesellschaftliche und internationale Tatbestände zu Buche. Für Wunschdenken war kein Platz mehr.

Was sich seit langem, vor allem seit Ausgang der 50er Jahre, abgezeichnet hatte, konnte 1971 mit größerem historischem Abstand nüchterner beurteilt werden. Mit der Bildung des separaten Staates BRD und seiner Einbeziehung in das militärische Paktsystem des Imperialismus, in die NATO, waren 1955 Entscheidungen gegen die Einheit Deutschlands gefallen, die sich trotz aller Bemühungen nicht mehr korrigieren ließen. Allen Versuchen, dennoch Wege zu einem einheitlichen, antiimperialistischen und demokratischen Deutschland zu finden und zu öffnen, blieb der Erfolg versagt. Die Entwicklung von zwei deutschen Staaten mit sich gegenseitig ausschließenden gesellschaftlichen Ordnungen und gegensätzlicher Bündniszugehörigkeit war längst keine Episode der Nachkriegsgeschichte mehr, sondern ein stabiler politischer, historischer und internationaler Tatbestand von großer Tragweite. Niemand vermochte zu sagen, wann sich diese Situation ändern würde.

Trotz erfolgreicher Entwicklung des Sozialismus war eine tiefgreifende Veränderung des Kräfteverhältnisses in überschaubaren Zeiträumen nicht zu erwarten. Eine Wiedervereinigung der beiden grundverschiedenen deutschen Staaten konnte kein Gegenstand realistischer Politik mehr sein.

Nach der Befreiung vom Faschismus gingen die Partei der Arbeiterklasse und die anderen antifaschistisch-demokratischen Kräfte selbst-

Nichts sehen – Nichts hören – Nichts sagen

Landsmannschaften in der BRD: Ideologische Speerspitzen des Revanchismus

Außenministerkonferenz im Sommer 1959 in Genf. Erstmals nimmt eine DDR-Delegation – hier ihr Leiter, Außenminister Dr. Lothar Bolz – an einem solchen Treffen teil.

verständlich davon aus, daß es gelingen würde, ein einheitliches demokratisches Deutschland zu schaffen. Die Niederlage des deutschen Faschismus und Imperialismus bot eine große historische Chance. Die Besatzungszonen wurden nicht als Vorwegnahme einer staatlichen Struktur gesehen. Im Zusammenhang mit der Übernahme der obersten Regierungsgewalt durch die Sowjetunion, die USA, Frankreich und Großbritannien war ausdrücklich erklärt worden, daß damit nicht die Annektierung Deutschlands bezweckt werde. Das Potsdamer Abkommen räumte dem deutschen Volk das Recht ein, sich bei Erfüllung der erteilten Auflagen erneut staatlich zu organisieren. Deutschland sollte während der Besetzung als politische und wirtschaftliche Einheit behandelt werden. Die Zulassung demokratischer Parteien wurde gleichfalls für ganz Deutschland vereinbart und die Einrichtung zentraler deutscher Verwaltungen auf wichtigen Gebieten in Aussicht gestellt.

»

Aus der Mitteilung über die Dreimächtekonferenz von Berlin (Potsdamer Abkommen) vom 2. August 1945:

„Es ist nicht die Absicht der Alliierten, das deutsche Volk zu vernichten oder zu versklaven. Die Alliierten wollen dem deutschen Volk die Möglichkeit geben, sich darauf vorzubereiten, sein Leben auf einer demokratischen und friedlichen Grundlage von neuem wieder aufzubauen. Wenn die eigenen Anstrengungen des deutschen Volkes unablässig auf die Erreichung dieses Zieles gerichtet sein werden, wird es ihm möglich sein, zu gegebener Zeit seinen Platz unter den freien und friedlichen Völkern der Welt einzunehmen ...

Soweit dies praktisch durchführbar ist, muß die Behandlung der deutschen Bevölkerung in ganz Deutschland gleich sein ...

Die endgültige Umgestaltung des deutschen politischen Lebens auf demokratischer Grundlage und eine eventuelle friedliche Mitarbeit Deutschlands am internationalen Leben sind vorzubereiten ...

In ganz Deutschland sind alle demokratischen politischen Parteien zu erlauben und zu fördern mit der Einräumung des Rechtes, Versammlungen einzuberufen und die öffentliche Diskussion durchzuführen ...

Während der Besatzungszeit ist Deutschland als eine wirtschaftliche Einheit zu betrachten."

(Das Potsdamer Abkommen. Dokumentensammlung, Berlin 1975, S. 218, 220, 221, 222)

Natürlich durften die möglichen Wirkungen der Aufteilung Deutschlands in Besatzungszonen sowie die unterschiedlichen Interessen der Besatzungsmächte nicht unterschätzt werden. Auch hatte das Potsdamer Abkommen – dem Entwurf der USA-Delegation folgend – festgelegt, zunächst keine zentrale deutsche Regierung einzusetzen. Der Vorschlag der UdSSR vom 30. Juli 1945, wenigstens eine deutsche

Zentralverwaltung mit regierungsähnlichen Aufgaben zu bilden, die unter Leitung des Kontrollrates arbeiten sollte, wurde von den Westmächten abgelehnt.

Dennoch war das Ziel, tiefgreifende antifaschistisch-demokratische Veränderungen durchzusetzen und sobald als möglich einen einheitlichen antifaschistisch-demokratischen deutschen Staat zu errichten, durchaus realistisch. Es stand im Einklang mit den Grundsätzen des Potsdamer Abkommens, den Prinzipien des Völkerrechts und mit den historischen Aufgaben, die die Niederlage des deutschen Faschismus und Imperialismus auf die Tagesordnung setzten. Es entsprach auch der Verantwortung, die die revolutionären und demokratischen Kräfte des deutschen Volkes gegenüber der internationalen Öffentlichkeit wahrzunehmen hatten.

Die SED verlangte deshalb im Punkt 12 ihrer Gegenwartsforderungen: „Herstellung der Einheit Deutschlands als antifaschistische, parlamentarisch-demokratische Republik, Bildung einer Zentralregierung durch die antifaschistisch-demokratischen Parteien."

»

Aus dem „Manifest an das deutsche Volk", verabschiedet vom Vereinigungsparteitag der SED am 21. April 1946:

„Wir stehen an einer Wende. Was heute getan und was heute unterlassen wird, ist für Generationen entscheidend. Einen ganz neuen Weg gilt es zu beschreiten, wenn Deutschland eine Zukunft gewinnen will.

Nur die Vernichtung der Kräfte des Militarismus und Imperialismus, der Aufbau einer lebendigen und kämpferischen Demokratie und der durch Taten bekundete aufrichtige Friedenswille kann das deutsche Volk in die Gemeinschaft der friedliebenden Nationen zurückführen.

Die antifaschistisch-demokratische Republik und die Politik der Völkerverständigung sind deshalb unerläßliche Voraussetzungen für die Existenz und Zukunft Deutschlands ... *Die Sozialistische Einheitspartei Deutschlands ist* ***die Partei des Aufbaus einer antifaschistisch-demokratischen parlamentarischen Republik. ... Das neue Deutschland muß eine unteilbare freie deutsche Republik sein. Allen separatistischen Bestrebungen sagen wir den schärfsten Kampf an ...***

Die Sozialistische Einheitspartei Deutschlands ist die ***wahrhaft nationale Partei des deutschen Volkes ...*** *Als demokratische und sozialistische Partei tritt sie entschieden für die Erhaltung der Einheit Deutschlands ein und erstrebt durch die Sicherung der demokratischen Entwicklung und des Friedens die baldmöglichste Wiederherstellung der inneren und äußeren staatlichen Unabhängigkeit Deutschlands."*

(Dokumente der Sozialistischen Einheitspartei Deutschlands, Berlin 1948, S. 24, 25, 26, 27)

Die SED unternahm alles, um eine Verständigung der Parteien und demokratischen Kräfte in allen Besatzungszonen über die staatliche Zukunft Deutschlands herbeizuführen. In der Volkskongreßbewegung für Einheit und gerechten Frieden wurden patriotische Kreise mobilisiert. Die Absicht bestand darin, den Spaltungstendenzen entgegenzuwirken und dem Anspruch auf einen einheitlichen demokratischen deutschen Staat Nachdruck zu verleihen. Ein Volksbegehren für einen Volksentscheid über die Einheit Deutschlands im Mai und Juni 1948 erbrachte fast 15 Millionen Unterschriften, das waren 40 Prozent der wahlberechtigten Bevölkerung, darunter – trotz Verbot – 1,5 Millionen Stimmen aus den Westzonen. Nach der Verfassung der Weimarer Republik hätten 10 Prozent Befürwortungen genügt, um einen Volksentscheid zu rechtfertigen.

»

1. Deutscher Volkskongreß, Dezember 1947
2215 Delegierte (davon 664 aus Westzonen)
SED 651, LDPD 253, SPD 91, KPD 242, CDU 219, FDGB 212, FDJ 94, VdgB 13, DFD 56, VVN 40, Kulturbund 25

2. Deutscher Volkskongreß, März 1948
1989 Delegierte (davon 512 aus Westzonen)
SED 360, Arbeitsgem. SED-KPD 25, VVN 78, LDPD 219, SPD 105, CDU 191, KPD 119, Gewerksch. 309, FDJ 149, Kulturbund 63, sonstige Org. 215, Parteilose 156

3. Deutscher Volkskongreß, Mai 1949
2016 Delegierte (davon 616 aus Westzonen)

1949 vollzogen imperialistische Kreise und antisowjetische Parteigänger nach dem Grundsatz: „Lieber das halbe Deutschland ganz als das ganze Deutschland halb!" die staatliche Spaltung Deutschlands. Mit Gründung der BRD war eine neue Situation entstanden. Dennoch konnten die SED und ihre Bündnispartner davon ausgehen, daß damit das letzte Wort in den Auseinandersetzungen um die nationale Frage noch nicht gesprochen war, auch nicht das zur staatlichen Zukunft der deutschen Nation. Noch war die Restauration imperialistischer Gesellschafts- und Herrschaftsverhältnisse in der BRD nicht abgeschlossen. Noch waren die Auseinandersetzungen um den Weg der Bundesrepublik in vollem Gange. Auch internationale Vereinbarungen zur deutschen Frage mit entsprechenden Konsequenzen für die staatliche Organisation konnten zu diesem Zeitpunkt nicht ausgeschlossen werden.

Trotz staatlicher Spaltung löste sich die historisch gewachsene Nation nicht unmittelbar oder gar automatisch auf. Die ihr innewohnenden Potenzen galt es zu nutzen. Eine breite, auf beide deutsche Staaten übergreifende patriotische Bewegung konnte auch nach der staatlichen Spaltung, der Forderung nach einem einheitlichen demokratischen Deutschland Nachdruck verleihen. Der Widerstand gegen die

Politik der Westintegration und die beginnende Remilitarisierung in der BRD reichte selbst bis in das dortige Regierungslager.

Wenn die SED also auch nach 1949 den Kampf um ein einheitliches demokratisches Deutschland auf ihre Fahnen schrieb, so war das durchaus realistische Politik. Die Partei der Arbeiterklasse und die Regierung der DDR forderten „Deutsche an einen Tisch“ und unternahmen große Anstrengungen, um die patriotischen Kräfte in beiden deutschen Staaten zu mobilisieren und der sich vertiefenden Spaltung entgegenzuwirken. Zahlreiche Angebote und Vorschläge wurden der Regierung, dem Bundestag und den Parteien der BRD unterbreitet. Mehr als hundert waren es bis Mitte der fünfziger Jahre. Sie sollten Schritte und Kompromisse auf dem Wege einer Wiedervereinigung anbahnen. Eine Delegation der Volkskammer der DDR reiste im September 1952 mit Vollmachten nach Bonn, um Verhandlungen mit Bevollmächtigten des Bundestages vorzuschlagen. Selbst gesamtdeutsche Wahlen wurden von der DDR nicht ausgeschlossen. Zugleich machte die SED nie ein Geheimnis daraus, daß es ihr nicht um eine abstrakte staatliche Einheit ging, sondern um ein Deutschland auf antiimperialistischer und demokratischer Grundlage.

»

Aus dem Brief des Ministerpräsidenten der DDR, Otto Grotewohl, an den Bundeskanzler der BRD, Dr. Konrad Adenauer, vom 30. November 1950:

„Durch die Spaltung Deutschlands wurde ein nationaler Notstand herbeigeführt …

Angesichts dieser Lage ist die Erhaltung des Friedens, der Abschluß eines Friedensvertrages sowie die Wiederherstellung der Einheit Deutschlands vor allem von der Verständigung der Deutschen selbst abhängig. Wir halten eine solche Verständigung für möglich, da das ganze deutsche Volk eine friedliche Regelung wünscht. Es würde den Wünschen aller friedliebenden Deutschen entsprechen, wenn ein gesamtdeutscher Konstituierender Rat unter paritätischer Zusammensetzung gebildet würde, der die Bildung einer gesamtdeutschen souveränen demokratischen und friedliebenden provisorischen Regierung vorzubereiten hätte und den Regierungen der UdSSR, USA, Großbritanniens und Frankreichs die entsprechenden Vorschläge zur gemeinsamen Bestätigung unterbreiten würde …

Wir glauben, daß der Gesamtdeutsche Konstituierende Rat die Vorbereitung der Bedingungen zur Durchführung einer gesamtdeutschen Wahl für eine Nationalversammlung übernehmen könnte …

Die Regierung der Deutschen Demokratischen Republik ist bereit, im Geiste ehrlicher Verständigung über alle Fragen zu verhandeln, die mit der Bildung und den Aufgaben eines Gesamtdeutschen Konstituierenden Rates verbunden sind.“

(Neues Deutschland vom 5. Dezember 1950)

Gänzlich anders stellte sich die Situation dar, als Anfang Mai 1955 in Paris die Aufnahme der BRD in den imperialistischen Nordatlantikpakt (NATO) beschlossen wurde. Dieser folgenschwere Schritt zementierte die Spaltung Deutschlands. Er signalisierte: Die Restauration imperialistischer Herrschaftsverhältnisse in der BRD war weit vorangeschritten. Dem deutschen Imperialismus wurde erneut eine Armee zugebilligt. Nach allen vorliegenden historischen Erfahrungen konnten die 500000 Soldaten nur als Bedrohung der europäischen Sicherheit begriffen werden. Der BRD war eine militärische Schlüsselrolle in der imperialistischen Strategie des „roll back", des Zurückrollens des Sozialismus, auf dem europäischen Kontinent zugewiesen. Die deutsche Frage war durch die Pariser Verträge unmittelbar in die aggressive NATO-Strategie und in die Konfrontation gegensätzlicher militärischer Blöcke eingebunden worden. Weitsichtige Zeitgenossen begriffen: Damit waren die Türen zu einer eventuellen demokratischen Wiedervereinigung zugeworfen. Der NATO-Beitritt der BRD mußte die schon bestehenden Gegensätze zwischen beiden deutschen Staaten drastisch vertiefen.

» ***Aus dem Beschluß der 25. Tagung des ZK der SED vom 27. Oktober 1955:***

„Die Lage in Deutschland wird dadurch charakterisiert, daß es unmöglich ist, ganz Deutschland in den Nordatlantik-Kriegspakt zu zwingen, daß aber die friedliebenden demokratischen Kräfte noch Zeit benötigen, um eine Änderung der Bonner Politik herbeizuführen …

Die Sicherung eines langwährenden friedlichen Zusammenlebens aller Staaten, unabhängig von ihrer politischen und gesellschaftlichen Ordnung, ist das Hauptanliegen der Völker, …

Die Sicherung des Friedens erfordert:

1.

die weitere allseitige Stärkung der friedliebenden Staaten, darunter der Deutschen Demokratischen Republik, und die Entfaltung einer breiten Bewegung für die Sicherung des Friedens, besonders in Deutschland …

Durch das Inkrafttreten der Pariser Kriegsverträge, die Eingliederung Westdeutschlands in die NATO und die Durchführung der Wehrgesetze wurde in Europa und in Deutschland eine neue Lage geschaffen …

Durch die Pariser Verträge und die Remilitarisierung Westdeutschlands wird die Spaltung Deutschlands vertieft und versteinert …

Das westdeutsche Monopolkapital, das mit dem Finanzkapital der USA und Großbritanniens verbunden ist, hat sich entsprechend seinen Klasseninteressen für die Spaltung Deutschlands entschieden …

Gegenwärtig bestehen in Deutschland zwei Staaten. Der westdeutsche Staat ist ein kapitalistischer Staat, in dem das Monopolkapital, die Junker und andere Revanchepolitiker herrschen. Dieser Staat ist in den Nordatlantik-Kriegspakt

eingegliedert. In der Deutschen Demokratischen Republik hingegen wurden der deutsche Imperialismus und Militarismus mit der Wurzel ausgerottet, und die Bevölkerung baut den Sozialismus auf ...
Die Wiedervereinigung Deutschlands kann nur das Resultat des Volkskampfes gegen den Militarismus in Westdeutschland und der gemeinsamen Anstrengungen der Kräfte des Friedens und der Verständigung in der Welt sein.
Ein friedliebendes und demokratisches Deutschland kann nicht durch einen mechanischen und formalen Vorgang, durch einen einfachen juristischen Akt entstehen, sondern ***kann und wird nur das Ergebnis des gemeinsamen Kampfes der Mehrheit unseres Volkes gegen die Kräfte des Militarismus sein.“***
(Dokumente der Sozialistischen Einheitspartei Deutschlands, Band V, Berlin 1956, S. 445, 446, 449, 451, 454, 459)

Die Bedingungen des Kampfes um ein einheitliches demokratisches Deutschland hatten sich also bis 1955 dramatisch verschlechtert. Die SED erkannte diese grundsätzliche Lageveränderung. Dennoch wurde ihr Kampf zur Überwindung der Spaltung nicht von heute auf morgen unrealistische Politik. Schließlich existierten die beiden deutschen Staaten zu diesem Zeitpunkt gerade erst sechs Jahre. Wie endgültig der NATO-Beitritt der BRD war, mußten die Entwicklungen der folgenden Jahre zeigen. Auch blieb abzuwarten, wie sich in der BRD die Opposition gegen die Westintegration und gegen den raschen Aufbau der Bundeswehr entwickeln würde. Immerhin war wegen des Widerstandes in der BRD selbst und in anderen westeuropäischen Ländern bereits ein beträchtlicher Zeitverzug eingetreten bei der Remilitarisierung und bei der Eingliederung in das westliche Militärbündnis. Und nicht zuletzt: Der Gedanke eines einheitlichen demokratischen Deutschlands war in der Bevölkerung beider deutscher Staaten nach wie vor fest verwurzelt und vermochte beträchtliche Potenzen freizusetzen. Bevor nicht alle denkbaren Möglichkeiten ausgeschöpft waren, war also ein abschließendes Urteil fehl am Platze.

»

Hermann Axen über die nationale Politik der SED:
„Unsere Partei hat sehr lange – und mit vollem Recht bis zur äußersten Grenze – an ihrem Ziel festgehalten, eine demokratische und fortschrittliche Entwicklung in ganz Deutschland zu erreichen und damit die imperialistische Politik der Spaltung Deutschlands zu durchkreuzen.
Dabei stand von Anfang an der Klassencharakter der Politik der imperialistischen Besatzungsmächte und ihr Zusammenspiel mit dem sich ihnen nach der totalen Niederlage zunächst willfährig unterordnenden deutschen Monopolkapital außer Zweifel. Gemeinsam mit allen anderen antifaschistisch-demokratischen Kräften führte die SED – und das bleibt eines ihrer historischen

Verdienste – konsequent den Kampf gegen die Bildung eines separaten westdeutschen Staates, für eine einheitliche antifaschistisch-demokratische Republik.
Dieses Ziel konnte nicht erreicht werden. Das Kräfteverhältnis sowohl im nationalen als auch im internationalen Rahmen erlaubte es nicht, diese Aufgabe zu lösen. Der Imperialismus hatte sehr wohl erkannt, was auf dem Spiel stand. Ein einheitlicher, demokratischer, antifaschistischer Staat zwischen Oder und Rhein hätte das Kräfteverhältnis in Europa so grundlegend verändert, daß unüberschaubare Folgen für das imperialistische System erwachsen wären.“
(Hermann Axen: Sozialismus und revolutionärer Weltprozeß. Ausgewählte Reden und Aufsätze, Berlin 1976, S. 280)

Wie wir heute aus der historischen Rückschau wissen, waren bis 1955 unumkehrbare Entscheidungen gefallen. Die nachfolgenden Ereignisse förderten diesen Tatbestand immer deutlicher zutage. Vor diesem Hintergrund wurde in der Tat der Kampf um ein einheitliches demokratisches Deutschland mehr und mehr unrealistisch. Darüber hatten jedoch, wie stets in der Geschichte, die Klassenkämpfe und ihre Resultate zu entscheiden. Die SED erarbeitete sich in diesem Prozeß Schritt für Schritt Klarheit über die volle Tragweite der gesellschaftlich gegensätzlichen Entwicklung der beiden deutschen Staaten und ihren Platz im internationalen Kräfteverhältnis.

? Was war der „sozialistische Frühling“ 1960?

„Ein großes Erlebnis war für mich der vollgenossenschaftliche Zusammenschluß. Wir gingen im Frühjahr 1960 mit Genossen der Kreisleitung und des Rates des Kreises von Hof zu Hof. Es gab noch immer einzelne Bauern, die sagten: ‚Ehe wir zu euch kommen, hängen wir uns auf.‘ Doch manchmal kam über Nacht die Erkenntnis oder der Entschluß, und aufgehängt hat sich bei uns keiner. Mit manchen Bauern hatten wir es allerdings sehr schwer. Als wir auf den Hof des wirtschaftsstarken Mittelbauern Richard Mühlbach kamen, sagte er zu seinem Jungen: ‚Laß mal den Hasso los und jage die vom Hof!‘ Einige Tage später ging ich nochmals hin, diesmal mit meinem Mann. ‚Kommt rein‘, sagte er, ‚nun bringst du sogar deinen Oskar mit.‘ Ich sagte: ‚Ihr seid beide Kollegen in der DBD, ich bin in der SED. Wir ziehen doch alle an einem Strang.‘ Wir sind noch drei weitere Tage hingelaufen, dann hat er unterschrieben.“ *(Erinnerungen der Genossenschaftsbäuerin Helene Stachowiak aus Werbig im Kreis Seelow)*

So wie in Werbig war es im Frühjahr 1960 vielerorts in der DDR.

Am 4. März 1960 war der Bezirk Rostock zum ersten vollgenossenschaftlichen Bezirk der DDR geworden. Nur 6 Wochen später, am 14. April 1960, hatten mit dem Zusammenschluß der Bauern in landwirtschaftlichen Produktionsgenossenschaften die sozialistischen Produktionsverhältnisse auf dem Land gesiegt. Innerhalb weniger Wochen und Monate waren 9213 neue LPG entstanden. Die Zahl der Genossenschaftsbauern erhöhte sich auf 509655, jeder zweite etwa hatte im Frühjahr 1960 den Schritt vom Ich zum Wir getan.

Diese stürmische Entwicklung auf dem Lande ist als „sozialistischer Frühling“ in die Geschichte der DDR eingegangen.

Für einen solchen Erfolg in einer so kurzen Zeit gibt es viele Gründe. Folgt man allerdings den Auffassungen bürgerlicher Historiker, dann gibt es nur diese: Gewalt und Zwang.

Wie sah die Wirklichkeit aus?

Zusammenarbeit und gegenseitige Hilfe war den Bauern, besonders den Klein- und Mittelbauern, nicht fremd, sie gehörte zum bäuerlichen Leben. In den Jahren 1945 bis 1949, also in der Zeit antifaschistisch-demokratischer Veränderungen, tauschten Einzelbauern Zugkräfte und Getreide aus und arbeiteten in Saatgut-, Obstbau-, Jungvieh- oder Meliorationsgemeinschaften zusammen. Nach der Gründung der DDR setzte sich diese Zusammenarbeit in Form von Bestell-, Pflege-, Ernte-, Drusch- und Rodungsgemeinschaften fort. Die Mitgliederzahl derartiger Gemeinschaften wuchs von 334942 im Jahre 1951 auf 411116 im Jahre 1952. Die fortschrittlichsten und weitsichtigsten Bauern und Landarbeiter erkannten sehr bald, daß man zu

Der Schritt vom Ich zum Wir – Grenzsteine müssen weichen

höheren Formen der Gemeinschaftsarbeit übergehen müßte, wollte man höhere Erträge einholen und das Leben auf dem Lande grundlegend verbessern. Von ihnen ging die Initiative aus, sich in landwirtschaftlichen Produktionsgenossenschaften zusammenzuschließen. Im Frühjahr 1952, nur sieben Jahre nach der demokratischen Bodenreform, gründeten die ersten Bauern und Landarbeiter landwirtschaftliche Genossenschaften.

»

8. Juni 1952	in Merxleben (Kreis Mühlhausen)
12. Juni 1952	in Meiersdorf (Kreis Schönberg)
15. Juni 1952	in Gollensdorf (Kreis Seehausen)
26. Juni 1952	in Kunrau (Kreis Klötze)
27. Juni 1952	in Gustebin (Kreis Greifswald)
29. Juni 1952	in Gostrin (Kreis Stralsund)
1. Juli 1952	in Alt Tucheband (Kreis Seelow)
3. Juli 1952	in Worin (Kreis Seelow)
4. Juli 1952	in Hohenlandin (Kreis Angermünde)

Im Juli 1952 beschloß die 2. Parteikonferenz der SED, planmäßig die Grundlagen des Sozialismus aufzubauen. Die Delegierten begrüßten die Bildung von LPG und stellten die Aufgabe: „Den Landarbeitern und werktätigen Bauern, die sich auf völlig freiwilliger Grundlage zu Produktionsgenossenschaften zusammenschließen, ist die notwendige Hilfe zu gewähren und dadurch zugleich das Bündnis der Arbeiterklasse mit den werktätigen Bauern zu festigen." Die Genossenschaftsbewegung in der Landwirtschaft nahm in den kommenden Jahren einen raschen Aufschwung.

»

Entwicklung der Genossenschaftsbewegung 1952 bis 1956

Jahr	Zahl der LPG	Zahl der Mitglieder
1952	1906	37000
1953	4691	128550
1954	5120	158356
1955	6047	196946
1956	6281	219599

Wurden 1953 nur 3,3 Prozent der landwirtschaftlichen Nutzfläche genossenschaftlich bewirtschaftet, so waren es 1956 siebenmal soviel.

Die Methode, die Bauern allmählich und freiwillig an den Übergang zur genossenschaftlichen Produktion ohne Nationalisierung des Bodens heranzuführen, bewährte sich auch in den folgenden Jahren. Einen bedeutenden Aufschwung nahm die Genossenschaftsbewegung insbesondere nach der 33. Tagung des ZK der SED im Oktober 1957. Diese stellte das Ziel, bis zum Ende des Jahres 1960 die Hälfte aller Bauern für den Eintritt in die LPG zu gewinnen. Es wurde schon ein Jahr früher aufgrund angestrengter politisch-ideologischer Arbeit aller politisch aktiven Kräfte auf dem Lande unter Führung der SED erreicht. Dennoch stand die schwerste Aufgabe noch bevor, alle Bauern für die Genossenschaft zu gewinnen und damit den Sieg der sozialistischen Produktionsverhältnisse auf dem Lande herbeizuführen. Es gab Bedenken, ob nicht das in langen Jahren und in schwerer Arbeit erworbene Eigentum durch den Eintritt in die Genossenschaft für sie verlorengehe und ob sie nicht die leichtere und bessere Arbeit in der Gemeinschaft gegen eine Einbuße an ihrer Entscheidungsfreiheit eintauschen würden. Diese und viele andere Sorgen der Bauern mußten in geduldigen Gesprächen und oft harten Diskussionen ausgeräumt werden. Dabei bewährte sich das Bündnis aller sozialen, politischen und weltanschaulichen Kräfte in der Nationalen Front. Zehntausende Mitglieder der SED und der anderen Parteien wirkten in Brigaden der Nationalen Front.

Einer von ihnen berichtete, wie er in Niedersteinbach, Kreis Geithain, eine Agitationsbrigade leitete. Er setzte sich mit dem Parteisekretär des Ortes in Verbindung, redete mit dem Bürgermeister und bat auch den Pfarrer um Unterstützung. Natürlich bezog er auch die Mitglieder der anderen Parteien, insbesondere der DBD, mit ein.

„Um mich zu orientieren, wo ich anfangen mußte, schaute ich mich auch auf dem Friedhof um. Ich sah nur die stattlichsten Grabstätten an und wußte, welche Bauernfamilien im Dorf den Ton angaben. Dort setzten wir an ... In vielen Gesprächen erläuterten wir die Notwendigkeit und Vorteile des genossenschaftlichen Wirtschaftens. Wir gingen auf die Bedenken und Zweifel der Bauern ein und setzten uns gleichzeitig mit solchen Hetzparolen des Klassengegners auseinander wie: ‚In der LPG ist der Bauer nicht mehr Bauer, sondern nur noch Landarbeiter.‘ ... Die Agitationsgruppe führte an vielen Abenden bis in die Nachtstunden hinein Gespräche, um die Einzelbauern für den Eintritt in die LPG zu gewinnen. Oftmals gab die Haltung der Bäuerinnen, die von der Arbeitslast auf dem Hofe geradezu erdrückt wurden, den Ausschlag, daß die Einzelbauern ihren Beitritt erklärten.“

So wie in diesem Dorf ging es im Frühjahr 1960 fast überall zu. Diskussionen über das Für und Wider des Eintritts in die Genossenschaften beherrschten das Leben im Dorf und die Gespräche in den Familien. Schließlich siegte das Neue über das Alte. Am 25. April 1960 bestätigte die Volkskammer der DDR den Übergang der Bauern zur genossenschaftlichen Arbeit.

»

Motive für den Eintritt

R. Jahnke, Vorsitzender der LPG Trinwillershagen seit ihrer Gründung am 1. August 1952:

„Um die Erträge noch weiter zu steigern, gab es nur zwei Möglichkeiten. Allein war es nicht mehr zu schaffen, ich hätte also fremde Arbeitskräfte beschäftigen müssen. Das wäre jedoch der Beginn einer kapitalistischen Entwicklung gewesen und war mit meiner politischen Einstellung nicht vereinbar. Die zweite Möglichkeit war, sich mit werktätigen Bauern zusammenzuschließen, eine Genossenschaft zu gründen, den Boden gemeinsam zu bearbeiten und die Arbeit zu spezialisieren."

(Von der demokratischen Bodenreform zum sozialistischen Dorf, Berlin 1965, S. 97)

Aus dem Diskussionsbeitrag des Genossenschaftsbauern Tscheutschke aus der LPG Wingendorf, Kreis Flöha, auf der ersten Konferenz der Vorsitzenden und Aktivisten der LPG:

„Nach der II. Parteikonferenz schlossen wir uns, fünf Bauern von Wingendorf, freiwillig zu einer Genossenschaft zusammen. Als das der Klassenfeind gemerkt hatte, begann er mit seiner schändlichen Wühlarbeit. Es gelang ihm, zwei Bauern von dem Eintritt in die Genossenschaft abzuhalten. Weil sie aber erkannt haben, daß man sie verhetzt hat, haben sie jetzt ihren Beitritt zur Genossenschaft erklärt.

Es wurden uns auch Briefe zugestellt, die uns alles mögliche androhten. ‚Wenn es einmal anders kommt, werden wir Euch aufhängen, Eure gemausten Gehöfte werden wir abbrennen und Eure Maschinen zerstören', so lautete der Inhalt dieser Schmierbriefe ... Diese Briefe haben das Gegenteil erreicht. Sie haben uns gezeigt, daß wir auf dem richtigen Wege sind, und haben uns weiter in unserer Arbeit gestärkt."

(Früchte des Bündnisses. Werden und Wachsen der sozialistischen Landwirtschaft der DDR, Berlin 1980, S. 90)

? Warum wurde 1961 in Berlin die „Mauer“ gebaut?

Am 13. August 1961 verbreitete die DDR-Nachrichtenagentur um 01.11 Uhr eine sensationelle Erklärung: „Die Regierungen der Warschauer Vertragsstaaten wenden sich an die Volkskammer und an die Regierung der DDR, an alle Werktätigen der Deutschen Demokratischen Republik mit dem Vorschlag, an der Westberliner Grenze eine solche Ordnung einzuführen, durch die der Wühltätigkeit gegen die Länder des sozialistischen Lagers der Weg verlegt und rings um das ganze Gebiet Westberlins, einschließlich seiner Grenze mit dem demokratischen Berlin, eine verläßliche Bewachung und eine wirksame Kontrolle gewährleistet wird.“

Angelaufen war die Aktion zur Sicherung der Grenze bereits am 12. August. Gegen 16 Uhr unterzeichnete Walter Ulbricht als Vorsitzender des Nationalen Verteidigungsrates der DDR die Befehle über die Sicherung der Staatsgrenze zu Westberlin. Er übergab sie an Erich Honecker, der die politische und organisatorische Vorbereitung und Durchführung leitete. Um null Uhr wurden die bewaffneten Organe der DDR in Alarmbereitschaft versetzt und erste Einheiten der NVA und der VP an die Grenze verlegt. In den frühen Morgenstunden des 13. August, einem Sonntag, trafen eine Mot.-Schützen-Division, Panzer- und Pioniereinheiten in Berlin ein. Die Alarmierung der Kampfgruppen in Berlin, Potsdam und Frankfurt (Oder) erfolgte zwischen 1 Uhr und 1 Uhr 30. Bewaffnete Kämpfer bezogen bald die erste Reihe. Die Berliner Parteiorganisation wurde ab Mitternacht mobilisiert, Funktionäre des FDGB und der FDJ nahmen an den Beratungen teil. Die Kreisleitungen der FDJ beauftragten ihre Funktionäre, die Sicherungsmaßnahmen zu unterstützen und bei der Gewährleistung von Ruhe und Ordnung in Berlin zu helfen.

Ebenfalls ab Mitternacht wurde der direkte Verkehr zwischen der DDR und Westberlin unterbrochen. In kürzester Zeit mußten der S- und U-Bahn-Verkehr neu organisiert werden.

Ab 2 Uhr früh nahmen bewaffnete Kräfte erste Schwerpunkte der Grenze zu Westberlin unter Kontrolle. Ab 3 Uhr wurde die gesamte Grenze zwischen der Hauptstadt der DDR und Westberlin befestigt und innerhalb weniger Stunden gesichert.

Als die meisten am Sonntagmorgen das Radio anstellten, hörten sie, was in dieser Nacht geschehen war. Die Reaktionen der Menschen waren natürlich sehr unterschiedlich. Erleichterung und Verständnis herrschte bei all den Bürgern unseres Landes, die mit Sorge den Mißbrauch der offenen Grenzen und die schwerwiegenden Folgen für die DDR sahen. Schon lange bewegte sie die Frage, wie lange man dem subversiven Treiben des Imperialismus noch zusehen wollte. Im ZK

BRD-Illustrierte schüren die Hetze gegen die DDR.

der SED gingen viele Schreiben ein, die dieser Sorge Ausdruck verliehen.

An jenem 13. August gab es aber auch Unverständnis für die getroffenen Maßnahmen, da man plötzlich Verwandte, Freunde und Bekannte nicht mehr besuchen konnte und nicht wußte, wann man sich wiedersehen würde.

Wütender Haß schlug den bewaffneten Kräften an der Grenze von jenen entgegen, die aus dem „Pendeln zwischen den Welten" persönlichen Nutzen gezogen hatten. Spekulanten und Grenzgängern war der Weg versperrt. Einige Bürger der DDR hatten bisher ihre Arbeitskraft in Westberlin verkauft, in dortigen Wechselstuben mit Schwindelkurs ihr Gehalt vervielfacht und damit billig und besser in der DDR gelebt.

Das war nun vorbei. Die Reaktionen im Westen waren recht unterschiedlich – sie reichten von Gelassenheit bis zu geheuchelter Empörung. Der Präsident der USA, John F. Kennedy, sah beispielsweise keine Veranlassung, die geplante Reise auf einer Jacht zu verschieben oder abzusagen. Die Interessen der USA wie auch der anderen Westmächte waren von den Grenzmaßnahmen der DDR nicht berührt. Auch der Bundeskanzler der BRD, Konrad Adenauer, mied übereilte Schritte, als er in der Nacht von den Ereignissen in Berlin erfuhr.

Erich Honecker erklärte später: „Wir hatten berechtigten Grund zu der Annahme, daß es der NATO nicht möglich sein würde, eine derartige Aktion, die sich ja ausschließlich auf dem Territorium der DDR vollzog, mit einer militärischen Aggression zu beantworten. Unsere Informationen besagten, daß sich die USA, die Hauptmacht der NATO, ohne die ein militärisches Vorgehen nicht denkbar war, in bezug auf Berlin-West, von eindeutigen Interessen leiten ließ. Das waren: unveränderter Status von Berlin-West, Anwesenheit der drei Westmächte in Berlin-West, sicherer Verkehr zwischen Berlin-West und der BRD. Keine dieser Interessen wurde durch unsere Grenzsicherungsmaßnahmen verletzt ...

Wir unternahmen keine andere Aktion als jeder andere unabhängige, souveräne Staat. Lediglich nahmen wir unsere Grenze gemäß dem damals wie heute von der Organisation der Vereinten Nationen verbrieften Völkerrecht unter Kontrolle. Damit wurde der Frieden gerettet und der Grundstein für das weitere Aufblühen der Deutschen Demokratischen Republik gelegt."

Die Entscheidung über die Maßnahmen vom 13. August haben sich die SED und die Regierung der DDR nicht leicht gemacht. Sie taten alles in ihren Kräften stehende, um die Beziehungen zur BRD und zu Westberlin in sachlicher, konstruktiver Weise zu regeln. Alle diese Schritte scheiterten jedoch an der starren Haltung der entscheidenden politischen Kräfte in der BRD, die in antikommunistischer Verblendung glaubten, den Sozialismus auf deutschem Boden beseitigen zu können.

Geradezu symbolisch ist in dieser Hinsicht der 6. Juli 1961. Beide Seiten veröffentlichten an diesem Tag Dokumente. Die Volkskammer der DDR trat mit dem „Deutschen Friedensplan“ an die Öffentlichkeit, einem weiteren Versuch der Verständigung beider deutscher Staaten über friedliche Beziehungen, Zusammenarbeit und Erhalt vielfältiger Kontakte, auch auf familiärem Gebiet. In Bonn stellte der „Forschungsbeirat für Fragen der Wiedervereinigung Deutschlands“ einen neuen Plan vor. Dieser bot eine Variante an, wie die Macht der Arbeiterklasse und ihrer Verbündeten in der DDR beseitigt, die DDR der BRD einverleibt, die volkseigenen Betriebe und Banken privatisiert und das Land der Genossenschaften wieder an Junker und Großgrundbesitzer verteilt werden sollte. Darin bestand das Kampfziel der deutschen Bourgeoisie.

Ein wichtiges Mittel zur Schwächung der DDR bildete der Wirtschaftskrieg. Dazu wurde vornehmlich die offene Grenze zwischen der DDR und Westberlin genutzt. Wirtschaftssabotage und Währungsspekulation schädigten unsere Republik ebenso wie die Arbeit von Grenzgängern im Westen. Diese profitierten von den Vorzügen des Sozialismus, ohne dafür etwas zu leisten.

Zielgerichtet wurde die Abwerbung qualifizierter Werktätiger, Wissenschaftler, Ärzte und anderer Fachleute betrieben. Nicht wenige Menschen erlagen den Verlockungen des Westens oder wurden mittels Nötigung und Erpressung zum illegalen Verlassen der DDR veranlaßt. Wiederholt störte die Bundesregierung den Handel mit der DDR, im September 1960 kündigte sie das Handelsabkommen. Zwar hob sie diese Maßnahme im Dezember wieder auf, ohne den Wirtschaftskrieg jedoch zu mindern. Er sollte die Lage der Bevölkerung verschlechtern und Unzufriedenheit schüren. Nach vorsichtigen westlichen Schätzungen ist der DDR durch die von der BRD und Westberlin betriebene Ausplünderung ein Schaden in Höhe von über 100 Milliarden Mark entstanden. Zu dieser Einschätzung gelangte der sozialdemokratische Wirtschaftsexperte Prof. Bade.

Der enorme wirtschaftliche Druck gegen die DDR hatte Folgen. Vor allem verlangsamte sich die Entwicklung der Arbeitsproduktivität, das Warenangebot blieb hinter der Kaufkraft der Werktätigen zurück, die Versorgungslage wurde also schwieriger. Der Wirtschaftskrieg war begleitet von massiver antikommunistischer Hetze in der BRD und Westberlin. Was am 17. Juni 1953 nicht gelungen war – durch einen „Volksaufstand“ den Anlaß für eine „Hilfsaktion“ von außen zu provozieren – sollte nun erneut versucht werden. Der damalige Verteidigungsminister der BRD, Franz Josef Strauß, verkündete Ende Juli 1961, daß der zweite Weltkrieg noch nicht zu Ende sei und man in Kürze mit einem „Bürgerkrieg in Ostdeutschland“ rechnen müsse. Um ihn auszulösen, sollten alle Möglichkeiten Westberlins als „Frontstadt“ und „Pfahl im Fleische der DDR“ ausgenutzt werden. 1961 operierten von dort aus 80 Spionage- und Terrororganisationen sowie 60 revanchistische und militaristische Verbände.

Die Bundeswehr probte 1960/61 verschiedene Varianten des Blitzkrieges, eine „innerdeutsche Polizeiaktion" aber sollte genügen. Die Drohung mit dem Atomkrieg sollte die UdSSR von einer militärischen Unterstützung der DDR abhalten.

Anfang August 1961 wurden die NATO-Verbände in Westeuropa in Alarmbereitschaft versetzt. Die Kriegsgefahr wuchs. Der deutsche Imperialismus hatte in der Geschichte schon wiederholt das Kräfteverhältnis verkannt, wie sah es diesmal aus?

» *Die Zeitung „Kölnische Rundschau" forderte am 10. Juli 1961 dazu auf, „alle Mittel des kalten Krieges, des Nervenkrieges und des Schießkrieges anzuwenden ... Dazu gehören nicht nur herkömmliche Streitkräfte und Rüstungen, sondern auch die Unterwühlung, das Anheizen des inneren Widerstandes, die Arbeit im Untergrund, die Zersetzung der Ordnungsgewalt, die Sabotage, die Störung von Verkehr und Wirtschaft, der Ungehorsam, der Aufruhr ..." Wenige Tage später eilte der damalige Bundesminister für „gesamtdeutsche Fragen", Ernst Lemmer, samt einem Mitarbeiterstab nach Berlin-West, um von dort aus die psychologische Kriegführung gegen die DDR zu steuern. Die NATO-Verbände in Europa wurden in Alarmbereitschaft versetzt.*

Die westlichen Massenmedien entfachten eine üble Hetze gegen die DDR, machten – in fatalem Gleichklang zum August 1939 – mit „Flüchtlingsströmen" und „Flüchtlingselend" Stimmung für eine Aggression. Grenzverletzungen und Grenzprovokationen häuften sich. Um Unruhe unter der Bevölkerung zu stiften, betätigten sich Saboteure im Berliner Vieh- und Schlachthof am Stadtbahnhof Leninallee und in der Humboldt-Universität im Zentrum Berlins als Brandstifter.

Seit zwölf Jahren war die Grenze der DDR zu Berlin-West – mehr oder weniger auch zur BRD – offen. Es war, genauer gesagt, eine offene Grenze der gesamten sozialistischen Gemeinschaft zur kapitalistischen Welt. Welche Gefahren für den Frieden dies in sich barg, trat immer deutlicher zutage. Denn die Situation in und um Berlin-West konnte jederzeit ausgenutzt werden, um gefährliche internationale Spannungen und Konflikte hervorzurufen.

Das mitten in der DDR gelegene Berlin-West hat eine Grenze zu unserer Republik von 164 Kilometern Länge. Rund 45 Kilometer davon verlaufen zwischen Berlin-West und der Hauptstadt der DDR. Bis zum August 1961 war diese Grenze weder gesichert noch überhaupt zu kontrollieren. Sie verlief inmitten von Straßen, Häuserblocks, Laubenkolonien oder Wasserwegen. Bis zu einer halben Million Menschen passierten sie täglich. Aber Berlin-West stellte nicht irgendein Territorium innerhalb der DDR dar, sondern nach den Worten seiner regierenden Politiker die „billigste Atombombe", den „Pfahl im Fleische des Ostens", die „Frontstadt" des kalten Krieges. Dort trieben nicht weniger als 80 Spionage- und Terrororganisationen ihr Unwesen. Währungsspekulationen

Kampfgruppen der Arbeiterklasse sichern am 13. August 1961 die Staatsgrenze unserer Republik.

Kampfauftrag an alle FDJ-Mitglieder

Wir sind Mitgestalter welthistorischer Tage. Unter Führung der Arbeiterklasse und ihrer Partei hat die Deutsche Demokratische Republik einen großen Sieg über die deutschen Imperialisten und Militaristen errungen.

Der Beweis ist erbracht. In Deutschland ist in Gestalt der Deutschen Demokrati[illegible] Arbeiterklasse und der Genossenschaftsbau[illegible]n entsta[illegible]n, d[illegible]n barbarischen Militarismus in die Schranken weist. Da[illegible] Wespennest der Menschenhändler, Diversanten und Spione [illegible] unverbesserlichen Faschisten und Rev[illegible] Verräter der Arbeiterklasse und der deutschen Nation ausgebaute Westberlin ist dicht. Niemand in der Welt ist bereit, für [illegible] Menschheit in den Krieg zu ziehen. Die Ratten [illegible] den sinkenden Frontstadtkahn Westberlin [illegible]

Die ganze Welt ist [illegible]. Die Bonner [illegible]kriegspartei ist isoliert. Heute ist das Kräfteverhältnis in der Welt und in Deutschland gegen die Militaristen. Mit der Partei der Arbeiterklasse, mit einer volksdemokratischen Staatsmacht, mit der Nationalen Front, mit Walter Ulbricht an der Spitze, liegt der Frieden in guten Händen. Die Fäuste der Arbeiter und Bauern und die bewaffneten Kräfte der Arbeiter und Bauern bewahren ihn. Sie stehen auf Wacht und sichern der Bevölkerung der Deutschen Demokratischen Republik und ihrer Jugend die Freiheit, für den Sieg des Sozialismus zu arbeiten, zu lernen und zu leben.

Der Schlag vom 13. August 1961 gegen die deutschen Militaristen hat gesessen!

Jetzt geht es darum, unseren Sieg auszubauen und die Niederlage der deutschen Militaristen durch den Abschluß eines Friedensvertrages und den Sieg der Friedenskräfte in ganz Deutschland zu besiegeln.

Der Zentralrat der Freien Deutschen Jugend erteilt allen Mitgliedern und Funktionären der Freien Deutschen Jugend den Kampfauftrag:

1. **Im Aufgebot der FDJ „Das Vaterland ruft – schützt die sozialistische Republik!" alle Jungen im Alter von 18 bis 23 Jahren für die bewaffneten Kräfte der Deutschen Demokratischen Republik zu gewinnen.**

Heute als Angehöriger der bewaffneten Kräfte unserer Republik zum Schutze des Friedens und der sozialistischen Errungenschaften auf Wacht zu ziehen, ist die höchste Ehre für jeden jungen Bürger unserer Republik. Nehmt Euch jene Jungen im Ehrenkleid der bewaffneten Kräfte zum Vorbild, die alle diszipliniert und zu Opfern bereit, in treuer Pflichterfüllung für ihr Vaterland und den Frieden, am vergangenen Sonntag dem Militarismus einen Riegel vorschoben.

2. **Alle Kraft einzusetzen, um in der Produktion unserer Industrie und Landwirtschaft die Erfüllung der Pläne zu sichern, hohe Produktionsergebnisse in ausgezeichneter Qualität zu erzielen, mit aller Kraft mitzuhelfen, daß am Arbeitsplatz kein Material und auch kein Detail aus westlichen Ländern gebraucht wird, d. h., mit ganzer Kraft mitzuhelfen, unsere Wirtschaft von Einflüssen der Militaristen vollständig frei zu machen;**

mitzuhelfen, die Ernte verlustlos einzubringen und sie zu schützen, mitzuhelfen, daß alle Traktoren und Maschinen in der Landwirtschaft Tag und Nacht bei der Ernte eingesetzt sind;

mitzuhelfen, die reibungslose Versorgung der Bevölkerung zu sichern und Schiebern, Spekulanten und Hamsterern das Handwerk zu legen.

3. **Die Wahrheit von der Überlegenheit des Sozialismus in der Welt und in Deutschland,**
von der Unbesiegbarkeit unserer Idee und unserer Arbeiter-und-Bauern-Macht,
von der Notwendigkeit der Maßnahmen unserer Deutschen Demokratischen Republik zur Sicherung des Friedens
in jedes Haus zu tragen, im Kopf eines jeden Jugendlichen festzupflanzen.

Diskutiert mit allen Ehrlichen, beantwortet ihre Fragen! Aber schlagt die Provokateure, denn mit ihnen gibt es keine Diskussion!

Tragt den Haß gegen die Todfeinde, gegen die Militaristen und Faschisten in jedes Herz!

Sorgt dafür, daß sich kein Jugendlicher mehr von den Hetzern und Lügnern des isolierten Westens informieren und beeinflussen läßt!

Erklärt den Jungen und Mädchen, daß die Radio-Stationen Westberlins und der NATO-Staaten Hetzsender unserer Klassenfeinde sind!

Setzt Eure Kraft ein, daß alle Jungen und Mädchen, Eure Eltern und Verwandten, Eure Arbeitskollegen und Mitschüler den Kandidaten der Nationalen Front am 17. September ihre Stimme geben und damit ihre Treue zur Arbeiter-und-Bauern-Macht erneut beweisen!

Die Partei der Arbeiterklasse nennt uns ehrenvoll ihren Helfer und ihre Kampfreserve. Beweisen wir als die Mitglieder des sozialistischen Jugendverbandes durch unsere tägliche Arbeit, daß wir heute, morgen und immer dieser Ehre würdig sind.

Zeigen wir allen Menschen unserer Republik durch entschlossenes Auftreten als sozialistischer Jugendverband, durch das Tragen des Blauhemdes, durch den festen Zusammenschluß in unseren Gruppen und Grundeinheiten, daß wir treue Söhne und Töchter der Arbeiter-und-Bauern-Macht sind.

Die Deutsche Demokratische Republik ist das wahre Vaterland der Jugend. Sie ist ein Staat der Jugend.

Wir, der sozialistische Jugendverband, geloben heute, am 17. Jahrestag der feigen Ermordung des großen deutschen Arbeiterführers und aufrechten Kommunisten Ernst Thälmann durch die Beauftragten des deutschen Militarismus, unserer Republik und dem Mitkämpfer Ernst Thälmanns, dem Vorsitzenden des Staatsrates der DDR, Genossen Walter Ulbricht, für immer die Treue.

Berlin, den 18. August 1961

Zentralrat
der Freien Deutschen Jugend
Horst Schumann, Erster Sekretär

Mit diesem Appell wendet sich der Zentralrat der FDJ am 18. August 1961 an alle Mädchen und Jungen der DDR, alles zum Schutz und zur Stärkung ihres sozialistischen Vaterlandes zu tun.

wurden von dort in großem Stil betrieben, um die Wirtschaft der DDR zu zersetzen. In Berlin-West hatten sich Zentralen für die Abwerbung von Arbeitskräften aus der DDR etabliert. Ja, man konnte es begründet den Umschlagplatz eines regelrechten Menschenhandels nennen, für den gewissenlose Manager hohe Kopfprämien kassierten. Mitte 1961 hielten aggressive Kreise in der BRD und ihre Verbündeten in einigen anderen NATO-Ländern die Zeit für gekommen, erneut Unruhen in der DDR auszulösen. Mit einer als „innerdeutsche Polizeiaktion" getarnten Operation der Bundeswehr wollten sie den Provokateuren „zu Hilfe" kommen.

(Erich Honecker: Aus meinem Leben, S. 202f.)

Im Sommer 1961 erreichten die Spannungen einen solchen Grad, daß einschneidende Maßnahmen zum Schutz des Friedens und des Sozialismus unaufschiebbar waren.

Vom 3. bis 5. August tagten in Moskau die führenden Vertreter der Staaten des Warschauer Vertrages. Die DDR unterbreitete dort Vorschläge zur Sicherung der Grenzen um Westberlin. Sie erhielten die Unterstützung der anderen Teilnehmerländer. Einmütig wurde die Notwendigkeit betont, die Staatsgrenze zu Westberlin und der BRD – die Trennstelle von Sozialismus und Imperialismus, von Warschauer Vertrag und NATO – unter Kontrolle zu nehmen, damit die Wühltätigkeit gegen den Sozialismus unterbunden und die Sicherheit der DDR und des sozialistischen Lagers gewährleistet sind. Am 13. August wurden die dazu nötigen Maßnahmen präzise und erfolgreich durchgeführt.

In fast drei Jahrzehnten wurde immer deutlicher, welch positive Wirkungen von diesem Ereignis ausgingen.

Es war eine empfindliche Niederlage für jene Kräfte westlich der Elbe, die hofften, durch eine Politik der Stärke, der Erpressung und Sabotage die DDR in die Knie zu zwingen, und die von der Wiederherstellung des Deutschen Reiches in den Grenzen von 1937 träumten. Dennoch war es ein langer, komplizierter Weg, bis die herrschenden Kräfte in der BRD begriffen, was schon wenige Tage nach dem 13. August 1961 der Düsseldorfer Industriekurier schrieb: „Eine Wiedervereinigung mit Girlanden und wehenden Fahnen und siegreichem (!) Einzug der Bundeswehr durchs Brandenburger Tor unter klingendem Spiel – eine solche Wiedervereinigung wird es auf absehbare Zeit nicht geben. Wir werden uns auf lange Zeit mit dem Nebeneinander zweier deutscher Staaten abfinden müssen."

Durch die Maßnahmen vom 13. August 1961 wurde dem Frieden in Europa, der Ruhe und Ordnung im Herzen Europas ein großer Dienst erwiesen. „Der Frieden, 1945 von der Antihitlerkoalition mit ihrer Hauptkraft, der Sowjetunion, unter großen Opfern errungen, wurde verteidigt. An jener sensiblen Grenze, an der sich die beiden Weltsysteme mit ihren militärischen Hauptkräften gegenüberstehen, wurde die Grundlage für die Gewährleistung der Sicherheit in Europa gefestigt.“ *(Neues Deutschland vom 12. August 1988)*

Die befestigte Grenze gewährleistete das grundlegende Menschenrecht auf Frieden und gesicherte Existenz.

Die Arbeiter-und-Bauern-Macht auf deutschem Boden konnte sich fortan ohne größere Störmöglichkeiten des BRD-Imperialismus entwickeln und die ökonomischen Gesetze des Sozialismus verwirklichen. Damit verbesserten sich die Voraussetzungen für den weiteren wirtschaftlichen Aufschwung der DDR und die Lebenslage ihrer Bürger, Voraussetzung für die Gewährleistung aller sozialen Menschenrechte im Sozialismus. Die Festigung der sozialistischen Gesellschaft ermöglichte die weitere Ausgestaltung der sozialistischen Demokratie. Die Rechtssicherheit der Bürger der DDR konnte besser garantiert werden.

Von westlichen Journalisten ist der Generalsekretär des ZK der SED und Vorsitzende des Staatrates der DDR, Erich Honecker, seither immer wieder gefragt worden, wann die „Mauer“ verschwinden werde. Die Antwort darauf ist klar:

Solange die Ursachen fortbestehen, die zu ihrer Errichtung führten, bleibt sie an ihrem Platze.

Im übrigen sind die Krokodilstränen, die alljährlich im Westen am 13. August vergossen werden, pure Heuchelei.

Die Mauer hat nur das nachvollzogen, was imperialistische Politiker 1948/49 bereits taten: Sie haben damals Deutschland zerrissen und gespalten. Den „eisernen Vorhang“, von dem sie damals redeten, haben ausschließlich sie heruntergelassen.

? Wie ging es in den sechziger Jahren mit dem Aufbau des Sozialismus in der DDR weiter?

Am 13. August 1961 war die Staatsgrenze der DDR zu Westberlin und zur BRD unter zuverlässige Kontrolle genommen worden. Frieden und Sicherheit in Europa wurde damit ein entscheidender Dienst erwiesen. Der imperialistischen Strategie des Ausblutens des sozialistischen deutschen Staates war ein wirksamer Riegel vorgeschoben, die Möglichkeit, an einem „Tag X" mittels einer innerdeutschen Polizeiaktion die DDR der BRD einverleiben zu können, endgültig ad acta gelegt worden. Von nun an konnte die DDR ohne massive Störaktionen des Imperialismus ihre Entwicklung fortsetzen.

Zunächst mußten etliche Probleme gelöst werden, die als Folge der Einmischung von außen entstanden waren. Zum Schlüsselproblem wurde die Verbesserung der wirtschaftlichen Lage. Die Arbeitsproduktivität war hinter den Planzielen zurückgeblieben. Gleichzeitig stiegen aber die Geldeinnahmen der Bevölkerung über das vorgesehene Maß. Wo war der Ausweg aus diesem Teufelskreis? Eine Antwort darauf gaben die Elektrodreher des VEB Elektrokohle Berlin-Lichtenberg. Anfang September 1961 riefen sie dazu auf, die Arbeitszeit voll auszunutzen und Verlustzeiten zu beseitigen. Sie forderten alle anderen Produktionskollektive dazu auf, die Qualität der Erzeugnisse zu erhöhen und die Ausschußquoten zu senken, die Material- und Energieökonomie zu verbessern sowie nach realen Normen zu arbeiten. Die von den Lichtenbergern ausgelöste Wettbewerbsbewegung ist in die Geschichte der DDR als Produktionsaufgebot eingegangen.

Was viele Arbeiter in Erstaunen versetzte und bei manchem Stirnrunzeln hervorrief, war die Losung, unter der zum Wettbewerb aufgerufen wurde: „In der gleichen Zeit für das gleiche Geld mehr produzieren!" Die Westmedien schrien: „Ausbeutung in der DDR!" Mancher glaubte die Welt nicht mehr zu verstehen. „Wir sollen mehr rackern und nicht auch mehr in der Lohntüte haben?!" Widersprach diese Losung nicht den langjährigen Erfahrungen der Arbeiter mit dem Sozialismus? So ungewöhnlich diese Losung auch war, sie traf den Kern der Sache. Die Arbeitsproduktivität mußte unbedingt gesteigert werden. Nur so ließen sich die aufgetretenen Schwierigkeiten überwinden und das sozialistische Leistungsprinzip verwirklichen.

Zahlreiche Produktionskollektive schlossen sich dem Aufruf an. Die Brigade Porstmann aus dem VEB (K) Installation Karl-Marx-Stadt, die zeitweilig in Rostock arbeitete, forderte, für die gleiche Arbeit in der ganzen DDR einheitliche Normen zu schaffen, die sich an den Werten der Besten orientieren. Bis zum Spätsommer 1962 wurde das Pro-

Unter den ersten
in den 60er Jahren in der DDR gegründeten Kombinaten:
Das Kabelwerk Oberspree in Berlin-Oberschöneweide

1968: Volksentscheid über die neue Verfassung der DDR,
die der sozialistischen Entwicklung Rechnung trägt.
An der Diskussion des Verfassungsentwurfes beteiligen sich auch
1,2 Millionen Jugendliche.

duktionsaufgebot fortgeführt. Die Anstrengungen hatten sich gelohnt. Von 1961 bis 1962 stieg die Arbeitsproduktivität um 9 Prozent.

Die Durchschnittslöhne erhöhten sich um 8 Prozent. Volkswirtschaftliche Disproportionen konnten abgebaut werden. Das Produktionsaufgebot in der Industrie spornte auch viele Genossenschaftsbauern an, ihre Leistungen zu erhöhen und die rückläufige Entwicklung in der Landwirtschaft umzukehren. So manche LPG hatte Startschwierigkeiten. Genossenschaftliches Arbeiten mußte erst erlernt werden. Derartige Wirtschaftseinheiten zu führen bereitete vielen ehemaligen Einzelbauern Probleme. Ungünstige klimatische Bedingungen 1961/62 verstärkten die Schwierigkeiten.

Initiatoren des Wettbewerbs der Genossenschaftsbauern waren die LPG Albinshof, Krien und Krumfeld. Sie riefen dazu auf, die sozialistische Großproduktion besser zu organisieren, eine wissenschaftlich begründete Fruchtfolge durchzusetzen und die Produktionspläne zu erfüllen und zu überbieten. Im Zuge des zwischengenossenschaftlichen Wettbewerbs wechselten etwa 1000 Bauern aus bereits gefestigten Landwirtschaftsbetrieben in LPG mit niedrigem Produktionsniveau. Durch günstige Kredite und erhöhte Investitionen unterstützte der Staat die Entwicklung der Landwirtschaft. Die Landmaschinen- und Traktorenproduktion wurde erweitert, so daß die Zahl der in der sozialistischen Landwirtschaft eingesetzten Traktoren zwischen 1960 und 1963 von 43000 auf 94000 und die der Mähdrescher von 3000 auf 7600 wuchs. Der VIII. Bauernkongreß 1962 rief unter der Losung „Für gute genossenschaftliche Arbeit – Für Frieden und Sozialismus!“ zu neuen Anstrengungen der Genossenschaftsbauern auf, ihren Beitrag zur Stärkung der DDR zu leisten.

Unerläßlich für die schrittweise Überwindung der wirtschaftlichen Schwierigkeiten war die weitere Vertiefung der Zusammenarbeit mit der Sowjetunion und den anderen RGW-Ländern.

Die von der XVI. Außerordentlichen Tagung des RGW im Juni 1962 beschlossenen „Grundprinzipien der internationalen sozialistischen Arbeitsteilung“ legten die Koordinierung der Volkswirtschaftspläne als Hauptmethode der Arbeit des RGW fest. Erweitert werden sollten auch die Abstimmung von Investitionsvorhaben und die Spezialisierung und Kooperation in Produktion, Wissenschaft und Technik.

Im Oktover 1962 berief die 17. Tagung des ZK der SED den VI. Parteitag ein und stellte den Entwurf eines neuen Parteiprogramms der SED zur öffentlichen Diskussion. Nachdem in der DDR die Aufgaben der Übergangsperiode vom Kapitalismus zum Sozialismus im wesentlichen gelöst waren und die sozialistischen Produktionsverhältnisse gesiegt hatten, mußte die Frage beantwortet werden: Wie soll es nun weitergehen? Probleme waren zu bedenken. Sollte jetzt mit dem Aufbau des Kommunismus begonnen werden? Die KPdSU und einige andere Bruderparteien orientierten darauf. Auch in der DDR – so wurde eingeschätzt – waren die Grundlagen des Sozialismus vorhanden. Oder war nicht doch noch eine gewisse Zeit notwendig, um die sozialistische Gesellschaft zu stabilisieren? Für die DDR, die den Sozialismus bis 1961 unter den Bedingungen offener Grenzen aufgebaut hatte, stellte sich dieses Problem besonders scharf. Die Folgen des imperialistischen Wirtschaftskrieges waren in allen Bereichen deutlich zu spüren. Es konnte auch nicht außer acht gelassen werden, daß der sozialistische deutsche Staat unmittelbar mit einem ökonomisch starken imperialistischen Gegner konfrontiert war.

Würden die gesellschaftlichen Unterschiede zwischen beiden deutschen Staaten nicht weiter vertieft werden? War dann noch eine Wiedervereinigung möglich? Eine Verzögerung oder gar ein Stillstand der Entwicklung allerdings – darüber herrschte absolute Klarheit – gefährdete die Errungenschaften des sozialistischen Aufbaus, beschwor eine Verschlechterung der Lage der Werktätigen herauf und machte zudem eine positive Lösung der nationalen Frage auch nicht möglich.

Nach reiflicher Überlegung orientierte die SED auf einen Entwicklungsabschnitt, in dem die sozialistische Gesellschaft weiter ausgestaltet werden sollte. Die Losung vom umfassenden Aufbau des Sozialismus brachte diesen Kurs auf einen verständlichen Begriff. Der VI. Parteitag der SED tagte im Januar 1963 in der Berliner Werner-Seelenbinder-Halle. Er beschloß das neue Parteiprogramm. Als strategisches Ziel wurde darin formuliert: „Nach dem Sieg der sozialistischen Produktionsverhältnisse ist der umfassende Aufbau des Sozialismus in der Deutschen Demokratischen Republik, der die Periode des Übergangs vom Kapitalismus zum Sozialismus abschließen wird, Hauptinhalt der Tätigkeit der Arbeiterklasse und aller Werktätigen."

„Umfassender Aufbau des Sozialismus" hieß in erster Linie, ein höheres Niveau in den entscheidenden Bereichen der Gesellschaft zu erreichen. Die Vorzüge der neuen Gesellschaft sollten stärker hervortreten. Dazu waren solide Fundamente erforderlich. Viel wurde getan, um die Planungs- und Leitungstätigkeit der Volkswirtschaft zu verbessern und die ökonomischen Gesetze des Sozialismus wirksamer auszunutzen. Dem diente unter anderem eine Wirtschaftskonferenz des ZK der SED und des Ministerrates im Juni 1963 in Berlin.

Das Hauptanliegen der Konferenz bestand darin, die Leitung und Planung wirksamer zu gestalten und mit der materiellen und moralischen Interessiertheit der Betriebe und der Werktätigen enger zu verbinden. Es wurde festgelegt, die in den fünfziger Jahren gebildeten Vereinigungen Volkseigner Betriebe (VVB) zu ökonomischen Führungsorganen zu entwickeln. In den folgenden Jahren wurden Schichtprämien und ein leistungsabhängiger Zusatzurlaub eingeführt, die neue Formen der Stimulierung der Leistungen der Werktätigen darstellten.

Bis Mitte der sechziger Jahre wurden beachtliche Ergebnisse erreicht. Die wirtschaftliche Lage stabilisierte sich. Das Nationaleinkommen wuchs kontinuierlich. Betrug es 72670 Millionen Mark im Jahre 1961, erreichte es 1965 84760 Millionen Mark. In der Landwirtschaft stiegen die Erträge. Ernteten die Genossenschaftsbauern zwischen 1956 und 1960 beispielsweise bei Getreide im Durchschnitt 24,8 Dezitonnen, so war es zwischen 1961 und 1965 pro Hektar eine Dezitonne mehr. Dies ermöglichte es, die Arbeits- und Lebensbedingungen der Werktätigen weiter zu verbessern. Das Durchschnittseinkommen der Arbeiter und Angestellten in den volkseigenen Betrieben stieg von 581 Mark (1961) auf 640 Mark (1965). Für über drei Millionen Bürger traten Rentenerhöhungen in Kraft. Der bezahlte Schwangerschafts- und Wochenurlaub konnte von bisher elf auf vierzehn Wochen verlängert werden. Die Rationalisierung der Volkswirtschaft erlangte eine Schlüsselrolle. Im Juni 1966 fand deshalb eine Rationalisierungskonferenz statt. Auf ihr wurde gefordert, die Rationalisierung über Einzelbereiche hinaus in der gesamten Volkswirtschaft und in allen Phasen des gesellschaftlichen Reproduktionsprozesses durchzusetzen. Auf diese Weise sollten mit den vorhandenen Arbeitskräften, Produktionsanlagen und Rohstoffen ein höherer Nutzeffekt erzielt und die Arbeitsproduktivität gesteigert werden.

Um weitere wirtschaftliche Fortschritte zu erzielen, mußte die Zersplitterung der industriellen Produktion überwunden werden.

Die SED sah einen Weg zur Konzentration und Spezialisierung in der Bildung zentralgeleiteter Kombinate, die direkt den Industrieministerien unterstellt wurden. Erste Erfahrungen konnten beispielsweise im Buntmetallkombinat Hettstedt, VEB Carl Zeiss JENA, VEB Kabelwerk Oberspree und im VEB Uhrenkombinat Ruhla gesammelt werden. Seit 1967 begann man, weitere Kombinate zu bilden und einen langfristigen Prozeß einzuleiten, der zur Steigerung der Leistungsfähigkeit der DDR-Industrie führte. Existierten Ende 1967 lediglich 17 zentralgeleitete, den Industrieministerien direkt unterstellte Kombinate, die einen Anteil von 6 Prozent an der industriellen Warenproduktion realisierten, so verdoppelte sich ihre Zahl in den nächsten drei Jahren.

Ihr Anteil an der industriellen Warenproduktion betrug dann 33 Prozent. Ähnliche Grundsätze wie für die Industrie galten auch für die Entwicklung der sozialistischen Landwirtschaft. Gefördert wurden Kooperationsbeziehungen vor allem im Bereich der Feldwirtschaft. Es entstanden erste kooperative Abteilungen Pflanzenproduktion, beispielsweise in der LPG Neuholland, Kreis Oranienburg. Auch in der Tierproduktion gingen die Genossenschaftsbauern seit 1967 zu industriemäßigen Methoden über. Zu den ersten Betrieben gehörte dabei der VEB Rindermast Ferdinandshof. Als weitere neue Form der zwischengenossenschaftlichen Arbeit entstanden die Agrochemischen

Zentren (ACZ). Im sozialistischen Wettbewerb des Jahres 1969, dem Jahr des 20. Jahrestages der DDR, vollbrachten viele Werktätige herausragende Leistungen. Über 600000 Neuerer erwirtschafteten erstmals einen Nutzen von mehr als 2 Milliarden Mark. Das Nationaleinkommen überstieg die 100-Milliarden-Grenze und hatte sich damit im Vergleich zum Gründungsjahr der DDR vervierfacht.

Die weitere Ausgestaltung der sozialistischen Gesellschaft verlangte nach Entscheidungen, deren Wirkungen teilweise weit über einzelne Fünfjahrplanzeiträume hinausgriffen. Dazu gehörte ohne Zweifel die Neugestaltung des Bildungswesens.

Im Februar 1965 beschloß die Volkskammer das Gesetz über das einheitliche sozialistische Bildungssystem, dessen Grundsatzentscheidungen sich bis heute bewährt haben. Das Gesetz gewährleistete ein aufeinander abgestimmtes System der Bildung und Erziehung, das von Vorschuleinrichtungen über polytechnische Oberschulen, Berufs- und Fachschulen bis zu Universitäten und Hochschulen sowie Einrichtungen der beruflichen Weiterbildung reichte. Anliegen war, allen Bürgern eine hohe Bildung zu vermitteln und günstige Möglichkeiten der Qualifikation zu schaffen. In jenen Jahren wurde die Zehnklassenschule eingeführt, obwohl der bestehende Arbeitskräftemangel dadurch zunächst verschärft wurde. Die sozialistische Gesellschaft scheute diese „Investition für die Zukunft" nicht.

In den 60er Jahren wurde ebenfalls die sozialistische Staats- und Rechtsordnung weiter ausgestaltet. Im Mai 1963 entstand die Arbeiter-und-Bauern-Inspektion. Seit 1965 arbeiteten Schiedskommissionen als neue gesellschaftliche Organe der Rechtspflege. Das Familiengesetz, dessen Entwurf 750000 Bürger diskutiert hatten, wurde 1965 verabschiedet. Höhepunkt war die breite öffentliche Aussprache zur neuen sozialistischen Verfassung. Millionen Bürger nahmen zum Entwurf der Verfassungskommission Stellung. Ihre Hinweise schlugen sich in 118 Änderungen nieder. In einem Volksentscheid gaben 94,5 Prozent der wahlberechtigten Bürger der DDR am 6. April 1968 dieser Verfassung ihre Zustimmung. Die sozialistische Verfassung verankerte die Ergebnisse revolutionärer Umgestaltungen und des sozialistischen Aufbaus. Sie ist heute in der ergänzten und veränderten Fassung von 1974 in Kraft.

Den positiven Ergebnissen in Wirtschaft und Gesellschaft standen aber auch erhebliche Rückstände und Schwierigkeiten gegenüber. Zwischen Final- und Zulieferindustrie bestanden Disproportionen, die Lage in der Energiewirtschaft war angespannt, und auch die Landwirtschaft erreichte nicht alle Planziele.

Negativ wirkte sich aus, daß zusätzliche Projekte zur Beschleunigung des wissenschaftlich-technischen Fortschritts meist auf Kosten anderer Vorhaben realisiert wurden. Zusätzliche Aufgaben im Industriebau gingen zu Lasten des Wohnungsbaus, die Zahl der neugebauten Wohnungen ging gegenüber 1968, wo 75987 Wohnungen entstanden, auf 70311 zurück. Es entstanden zahlreiche zusätzliche sogenannte Initiativbauten, die nicht geplant waren, aber erhebliche Mittel beanspruchten. Das untergrub die Autorität des Planes. Weitere Schwierigkeiten traten durch Produktionsausfälle und Schäden auf, die im Winter 1969/70 entstanden. Sie beliefen sich in ihrem Gesamtumfang auf etwa 3 Milliarden Mark.

Das Politbüro des ZK der SED und der Ministerrat der DDR analysierten die entstandene Situation im September 1970. Verschiedene zusätzlich zum Plan erteilte Aufgaben wurden annulliert und etliche Investitionsvorhaben zurückgestellt.

Von entscheidender Bedeutung für die Überwindung der aufgetretenen Schwierigkeiten war die 14. Tagung des ZK der SED im Dezember 1970. Von einer grundlegenden Analyse der Lage ausgehend stellte das ZK die Aufgabe, die ökonomischen Gesetze des Sozialismus stärker zu beachten, subjektivistische Auffassungen in der Leitung und Planung der Volkswirtschaft und überspitzte Vorstellungen sowie unrealistische Wünsche aufzugeben. Hervorgehoben wurde der Grundsatz, daß der Sozialismus mit den Menschen und für die Menschen erbaut wird. Wirtschaftswachstum und sozialer Fortschritt mußten deshalb eine untrennbare Einheit bilden. Davon ausgehend zog das ZK Schlußfolgerungen für den Volkswirtschaftsplan 1971 und den Fünfjahrplan 1971 bis 1975, die auf die Überwindung der aufgetretenen Schwierigkeiten gerichtet waren.

? Warum ist die deutsche Frage nicht mehr offen?

Am 7. September 1987 wurden in Bonn vor dem Amtssitz des Bundeskanzlers der BRD die Flaggen der beiden deutschen Staaten aufgezogen. Eine Ehrenformation der Bundeswehr trat an. Die Hymne der Deutschen Demokratischen Republik erklang. Bundeskanzler Helmut Kohl empfing in den Vormittagsstunden den Generalsekretär des ZK der SED und Vorsitzenden des Staatsrates der DDR, Erich Honecker, zu einem mehrtägigen offiziellen Besuch in der Bundesrepublik. Mit Genugtuung vermerkten internationale Beobachter und Presseorgane aus Ost und West, daß die These von der angeblich offenen deutschen Frage damit erneut widerlegt war. Die italienische christdemokratische Zeitung „Il Popolo" kennzeichnete den Vorgang deshalb treffend als „Revanche des Realismus".

In seinen Gesprächen mit führenden Repräsentanten der BRD bekräftigte Erich Honecker wiederholt den Standpunkt der DDR: „Ausgangspunkt für eine konstruktive, nicht nur beiden Staaten nützliche Politik können nur die Realitäten sein, die Existenz von zwei voneinander unabhängigen souveränen deutschen Staaten mit unterschiedlicher sozialer Ordnung und Bündniszugehörigkeit."

Die DDR hatte seit langem immer wieder beharrlich klargestellt: Auf die deutsche Frage hatte die Geschichte längst verbindliche Antworten gegeben. Offene Probleme, die aus dem zweiten Weltkrieg und der europäischen Nachkriegsentwicklung resultierten, waren Anfang der 70er Jahre mit dem europäischen Vertragswerk völkerrechtsgültig geregelt worden. Wer einer offenen deutschen Frage das Wort redet, stellt – bewußt oder unbewußt – die staatlichen, gesellschaftlichen und territorialen Tatbestände in Mitteleuropa in Frage.

» ***Aus dem Bericht des Zentralkomitees der SED an den IX. Parteitag. 18. Mai 1976:***

„Die Deutsche Demokratische Republik wird weiterhin alle Versuche reaktionärer und revanchistischer Kräfte in der BRD zurückweisen, die auf der ebenso überlebten wie aussichtslosen These eines ‚Offenhaltens der deutschen Frage' beharren. Da ist nichts mehr offen. Die Geschichte hat längst ihr Wort gesprochen.«

(Erich Honecker: Reden und Aufsätze, Bd. 4, Berlin 1977, S. 372/373)

» ***Aus dem Bericht des Politbüros an die 9. Tagung des ZK der SED, 22. November 1984:***

„Wenn sich Unbelehrbare in der BRD, darunter auch hochrangige Politiker …

ermuntert fühlen, verstärkt mit revanchistischen Parolen aufzuwarten und die Thesen des kalten Krieges aus den fünfziger Jahren aufzuwärmen, dann stößt das zu Recht auf entschiedene Zurückweisung in Ost und West. Die vergrößerte Lautstärke der revanchistischen Sprüche macht sie nicht chancenreicher ... Zu jeder Zeit haben wir ihnen die Abfuhr erteilt, die sie verdienen. Wer sich nicht den Realitäten zuwendet, das lehrt die Geschichte, landet in der Sackgasse. So wird es auch künftig sein.

Es gibt im Ergebnis des zweiten Weltkrieges und der Nachkriegsentwicklung zwei souveräne, voneinander unabhängige deutsche Staaten. Sie sind ein unverzichtbares Element des Kräftegleichgewichts in Europa und damit ebenso unverzichtbar für eine europäische Friedensordnung. Alle europäischen Völker können mit der Existenz von zwei deutschen Staaten leben. Nicht hinzunehmen ist jedoch jeglicher Versuch, das entstandene Kräftegleichgewicht aus den Angeln zu heben.

Es muß ein für allemal klargestellt werden, daß das Gerede über die ‚Existenz des Deutschen Reiches in den Grenzen von 1937' von dem Wunsch getragen ist, die Ergebnisse des zweiten Weltkrieges und der Nachkriegsentwicklung zugunsten des deutschen Imperialismus zu korrigieren. Die Leute, die eine solche Politik vertreten, sind angesichts der geschichtlichen Erfahrungen offenkundig unbelehrbar.

(Erich Honecker: Reden und Aufsätze, Bd. 10, Berlin 1986, S. 368/369)

Medien und offizielle Politiker der BRD lassen bis zum heutigen Tage kaum eine Gelegenheit aus, ihren Bürgern und der internationalen Öffentlichkeit zu suggerieren, die deutsche Frage sei auch „vier Jahrzehnte nach dem Ende des zweiten Weltkrieges ... rechtlich, politisch und geschichtlich offen". So geschehen beispielsweise mit der Regierungserklärung im BRD-Bundestag im März 1987. Das Orientierungspapier der CDU 1988 zur Deutschland-, Europa- und Außenpolitik kolportierte diese Behauptung ebenfalls. Bereits 1978 legte ein Kultusministerbeschluß in der BRD verbindlich fest, an allen Schulen der Bundesrepublik die These von der angeblich offenen deutschen Frage und ein selbstangemaßtes „Sorgerecht" der BRD „für alle Deutschen" als offizielle Lehrmeinung zu verbreiten.

In dem Urteil des Bundesverfassungsgerichts zum Grundlagenvertrag zwischen der DDR und der BRD verstieg man sich sogar zu der Behauptung:

„Das Deutsche Reich existiert fort, besitzt nach wie vor Rechtsfähigkeit ..." Leider sei das Deutsche Reich, so die Karlsruher Verfassungsrichter in ihrem Urteil vom 31. Juli 1973, als Gesamtstaat gegenwärtig nicht handlungsfähig. Deshalb müsse die BRD für das Deutsche Reich handeln.

Die Behauptung von der „offenen deutschen Frage" ist nicht lediglich eine Floskel. Sie ist in der BRD Staatsdoktrin und hat damit prak-

Staatssekretär Dr. Michael Kohl und Staatssekretär Egon Bahr
unterzeichnen in Berlin
den Grundlagenvertrag zwischen DDR und BRD,
26. Mai 1972.

tische Konsequenzen. Die zentrale Erfassungsstelle Salzgitter – von realistischen Politikern der BRD selbst als Relikt des kalten Krieges gekennzeichnet – ist eine davon. Deren Aufgabe besteht darin, „Verstöße“ von Bürgern der DDR gegen Rechtsgrundsätze der BRD zu registrieren, um sie im Falle einer „Wiedervereinigung“ ahnden zu können. Dabei geht es nicht etwa um Rechtsverletzungen bei Besuchen in der BRD, sondern um die Verfolgung beispielsweise von Handlungen, die mit dem Schutz der DDR verbunden sind. Wenn also ein Angehöriger der Grenztruppen der DDR konsequent seinen Dienst versieht, kann es dazu führen, in Salzgitter registriert zu werden. Bürger der DDR richten sich bei der Erfüllung ihrer Pflichten und Wahrnahme ihrer Rechte nicht nach den Gesetzen der Bundesrepublik. Folglich bedeutet die Tätigkeit der Stelle in Salzgitter eine Einmischung in die inneren Angelegenheiten der DDR. Ähnlich verhält es sich mit der Weigerung der BRD, die Staatbürgerschaft der DDR mit allen Konsequenzen anzuerkennen, die Ständigen Vertretungen zu Botschaften zu machen und die Elbegrenze – wie international üblich – in der Flußmitte verlaufen zu lassen. Da die deutsche Frage angeblich offen und das Deutsche Reich noch existent sei, so die absonderliche BRD-Argumentation, könne es folglich nur eine deutsche Staatsbürgerschaft geben. Bürger der DDR sind demnach, wie es in einer Grundsatzentscheidung heißt, zu behandeln „wie jeder Bürger der Bundesrepublik“. Diese Anmaßung ist international ohne Beispiel.

Was hat es nun mit der deutschen Frage tatsächlich auf sich? Sie stellte sich als eine Folge der Bedrohung Europas und der Welt durch die verbrecherische Raubzugpolitik des deutschen Faschismus und Imperialismus. Was also mußte getan werden, damit Deutschland nicht wieder die Sicherheit und Existenz seiner Nachbarn und anderer Länder bedrohen konnte? Das war angesichts der Erfahrungen aus zwei Weltkriegen eine Existenzfrage vor allem für die europäischen Völker und zugleich der Kern der deutschen Frage. So stellte sie sich den Kräften der Antihitlerkoalition. In diesem Anliegen trafen sich die grundlegenden Interessen der internationalen Öffentlichkeit mit dem Lebensinteresse des deutschen Volkes. Dieses Kernproblem verknüpfte sich nach dem Sieg über den Faschismus und dem Untergang des deutschen Reiches mit der Frage, auf welchen gesellschaftlichen Grundlagen, in welchem staatlichen Rahmen und in welcher internationalen Stellung sich das deutsche Volk künftig entwickeln sollte. Das Potsdamer Abkommen lieferte dafür grundsätzliche Orientierungen und völkerrechtliche Auflagen. Die deutsche Frage präsentierte sich 1945 als ein ganzer Komplex von Fragen. Sie bedurften in erster Linie praktischer Antworten. Diese standen zunächst noch aus, weil sie erst im Verlaufe komplizierter politischer Auseinandersetzungen und realer historischer Entscheidungen gegeben werden konnten. Die deutsche Frage war damals in der Tat noch offen.

Beabsichtigt war außerdem eine verbindliche internationale Regelung der deutschen Angelegenheiten durch die vier Hauptmächte der Antihitlerkoalition in Form eines Friedensvertrages. Dies schien trotz bestehender Meinungsverschiedenheiten auch noch nach der Entstehung von zwei deutschen Staaten möglich, da ein solches Verfahren den historischen Regelfall darstellte. Unter diesem Blickwinkel mußten die deutsche Frage oder wenigstens einige ihrer Teilaspekte ebenfalls noch lange Zeit als offen betrachtet werden. Es wurde deshalb in den fünfziger Jahren vielfach von der ungeklärten oder ungelösten deutschen Frage gesprochen.

»

Initiativen sozialistischer Länder für eine friedliche Lösung der deutschen Frage (Auswahl):

1946
UdSSR schlägt auf Pariser Außenministerkonferenz der vier Mächte die Bildung einer Deutschen Zentralverwaltung, die schnellstmögliche Bildung einer einheitlichen deutschen Regierung und den baldigen Abschluß eines Friedensvertrages vor.
1947
UdSSR unterbreitet auf Moskauer Außenministerkonferenz der vier Mächte Antrag „Über die staatliche Organisation Deutschlands".
SED ergreift Initiative zur Deutschen Volkskongreßbewegung für Einheit und gerechten Frieden.
1948
Der Deutsche Volksrat, das Leitungsorgan der Volkskongreßbewegung, beantragt, gestützt auf 15 Millionen Unterschriften, beim Alliierten Kontrollrat einen Volksentscheid über die Einheit Deutschlands.
1949
UdSSR schlägt auf Pariser Außenministerkonferenz die Wiederherstellung der Viermächteverwaltung, die Bildung einer provisorischen deutschen Zentralbehörde und den raschen Abschluß eines Friedensvertrages vor.
1950
Die Außenminister der UdSSR, Albaniens, Bulgariens, Polens, Rumäniens, Ungarns, der ČSR und der DDR schlagen die Bildung eines Gesamtdeutschen Konstituierenden Rates vor und setzen sich für den Abschluß eines Friedensvertrages ein.
DDR-Ministerpräsident schlägt Bundeskanzler der BRD die Bildung eines paritätischen Gesamtdeutschen Konstituierenden Rates und die Vorbereitung gesamtdeutscher Wahlen vor.
1951
Volkskammer der DDR schlägt Bundestag der BRD Beratung über gesamtdeutsche Wahlen und über Vorbereitungen zu einem Friedensvertrag vor.

1952
UdSSR unterbreitet Entwurf für einen Friedensvertrag.
Delegation der Volkskammer der DDR sucht Bundestag der BRD auf, um Verhandlungen anzubahnen.
1954
Vorschlag der UdSSR zur Einberufung einer Konferenz zur Gewährleistung des Friedens und der Sicherheit in Europa.
1956
Regierung der DDR schlägt Regierung der BRD gemeinsamen Verzicht auf Einführung der Wehrpflicht, Vereinbarung über Begrenzung der Streitkräfte, Verbot der Stationierung von Atomwaffen auf deutschem Boden, die Förderung der wirtschaftlichen, kulturellen und wissenschaftlichen Beziehungen sowie erneut Verhandlungen zu jeder Zeit und in beliebiger Form vor.
1957
DDR schlägt die Bildung einer Deutschen Konföderation auf der Basis eines völkerrechtlichen Vertrages vor. Die Konföderation soll der allmählichen Annäherung dienen, jedoch jedes Herrschaftsverhältnis über den jeweils anderen Staat ausschließen.
1959
UdSSR legt erneut Entwurf eines Friedensvertrages vor, der entweder mit einer Deutschen Konföderation oder mit beiden deutschen Staaten abgeschlossen werden soll.
DDR-Delegation auf Genfer Außenministerkonferenz schlägt BRD-Seite Entwurf für einen Nichtangriffsvertrag sowie Verhandlungen vor.
1961
Volkskammer beschließt Deutschen Friedensplan, der Abkommen des guten Willens und andere Schritte zur Normalisierung der Beziehungen vorsieht. Eine gemeinsame Friedenskommission soll Vorschläge zu einem Friedensvertrag erarbeiten.

Die Sowjetunion und die DDR betrachteten die deutsche Frage ebenfalls so lange noch als offen, wie Möglichkeiten für eine entsprechende internationale Vereinbarung und für eine Überwindung der Spaltung Deutschlands gegeben schienen. Sie wandte sich jedoch strikt gegen alle Versuche, die entgegengesetzte Entwicklung von zwei deutschen Staaten dabei zu ignorieren oder gar Lösungen zu Lasten der Arbeiter-und-Bauern-Macht und ihrer sozialen Errungenschaften herbeizuführen. Zwar war unter Umständen ein Kompromiß denkbar – wenigstens in den ersten Jahren; aber eine Preisgabe des Sozialismus in der DDR stand nicht zur Debatte.

Die imperialistische Politik der Spaltung, der Revision des Potsdamer Abkommens und der Westintegration der BRD verbauten zunehmend den Weg für eine gemeinsame Lösung der deutschen Frage. Vor allem ab 1955 bestand eine veränderte Sachlage. Die BRD war trotz nachhaltiger Warnungen in die NATO einbezogen worden, deren militärstrategische Orientierung sich eindeutig gegen die Sowjetunion richtete. Diese Bündnisverpflichtung der BRD sollte auch auf ein wiedervereinigtes Deutschland übertragen werden. Beide deutsche Staaten hatten durch Verträge mit den jeweiligen früheren Besatzungsmächten einen neuen Status erlangt. Für die Deutsche Demokratische Republik war der Staatsvertrag mit der UdSSR und für die BRD der Deutschlandvertrag im Rahmen der Pariser Verträge in Kraft getreten.

Es war offensichtlich: Es existierten zwei voneinander unabhängige und souveräne deutsche Staaten mit unterschiedlichen Gesellschaftsordnungen. Sie gehörten gegensätzlichen Bündnissen an. Wie sich erwies, waren zur Frage der staatlichen Organisation und der gesellschaftlichen Entwicklung des deutschen Volkes verbindliche Entscheidungen gefallen. Was an der deutschen Frage nun noch offenblieb, mußte stets im Lichte dieser Tatsachen betrachtet werden. Friedensvertragliche Regelungen hatten beide deutsche Staaten einzuschließen und als gleichberechtigte Partner zu respektieren. Während die UdSSR bereits 1955 ihr Verhältnis zur BRD regelte, meinten die USA, Großbritannien und Frankreich, den sozialistischen deutschen Staat weiterhin ignorieren zu können.

»

Aus einem Schreiben der Regierung der DDR an die Berliner Außenministerkonferenz der vier Mächte vom 24. Januar 1954:

„Die Regierung der Deutschen Demokratischen Republik begrüßt aufrichtig die Berliner Konferenz der Außenminister der Union der Sozialistischen Sowjetrepubliken, der Vereinigten Staaten von Amerika, des Vereinigten Königreichs von Großbritannien und Nordirland und der Republik Frankreich. Sie sieht in diesem Zusammentreffen ... bedeutende Möglichkeiten zur weiteren Minderung der Spannungen in den internationalen Beziehungen. Zur Erreichung dieses Zieles, insbesondere zur Festigung und Sicherung des Friedens in Europa, ist die friedliche und demokratische Lösung der Deutschlandfrage von großer Bedeutung.

(...)

Das deutsche Volk besitzt ein Recht darauf, bei der Beratung aller Deutschland betreffenden Fragen vertreten zu sein. (...) Angesichts der Tatsache, daß gegenwärtig Deutschland kein einheitlicher Staat ist, erscheint es geboten, Vertreter aus beiden Teilen Deutschlands an den Beratungen teilnehmen zu lassen.

Die Regierung der Deutschen Demokratischen Republik wendet sich deshalb an die Konferenz der Außenminister der vier Großmächte in Berlin mit dem Ersuchen, Vertreter der Deutschen Demokratischen Republik und Vertreter Westdeutschlands an der Behandlung der deutschen Frage auf der Konferenz mitwirken zu lassen. Sie ist davon überzeugt, daß die Teilnahme von Vertretern beider Teile Deutschlands an der Beratung aller Deutschland betreffen-

den Fragen einen erfolgreichen Verlauf der Konferenz begünstigen wird.“
(Dokumente zur Außenpolitik der Regierung der Deutschen Demokratischen Republik, Bd. I, Berlin 1954, S. 117/118)

»

Aus der Schlußerklärung des Vorsitzenden des Ministerrates der UdSSR auf der Genfer Konferenz der Regierungschefs der vier Mächte, Juli 1955:

„Zwischen uns hat ein Meinungsaustausch zur Deutschlandfrage stattgefunden. Hierbei zeigte sich ein verschiedenartiges Herangehen an diese Frage. (...) Die Sowjetregierung geht davon aus, daß man bei der Lösung der Deutschlandfrage den Tatsachen Rechnung tragen muß.

Vor zehn Jahren ist der Krieg in Europa beendet worden. Zwei Deutschlands haben sich in dieser Zeit herausgebildet, die Deutsche Demokratische Republik und die Deutsche Bundesrepublik, jede mit eigener Wirtschafts- und Gesellschaftsordnung. Hinzu kommt, daß die Deutsche Bundesrepublik auf Grund der Pariser Verträge den Weg der Remilitarisierung beschritten hat und in die militärischen Gruppierungen der Westmächte einbezogen worden ist. Was die Deutsche Demokratische Republik betrifft, so hat sie angesichts des Abschlusses der Pariser Verträge beschlossen, an der Organisation des Warschauer Vertrages teilzunehmen.

Es ist klar, daß die Frage der mechanischen Verschmelzung der beiden Teile Deutschlands, der Deutschen Demokratischen Republik und der Deutschen Bundesrepublik, unter solchen Bedingungen nicht gestellt werden kann, weil das eine irreale Fragestellung wäre. (...) Wir sind zutiefst davon überzeugt, daß das deutsche Problem nicht ohne die Teilnahme der Vertreter der Deutschen Demokratischen Republik und der Bundesrepublik beraten werden kann.“ ***(Neues Deutschland [B] vom 24. Juli 1955)***

Zu Beginn der siebziger Jahre waren schließlich günstige Bedingungen herangereift, um endlich eine tatsächliche Wende vom kalten Krieg zur Entspannung in Europa zu vollziehen. Dies erforderte in erster Linie die verbindliche Anerkennung der Ergebnisse des zweiten Weltkrieges und der europäischen Nachkriegsentwicklung. In den Verträgen der UdSSR, der Volksrepublik Polen und der ČSSR mit der BRD (1970 und 1973), dem Vierseitigen Abkommen über Westberlin (1971) und im Vertrag über die Grundlagen der Beziehungen zwischen der DDR und der BRD gelang es, offene und teilweise komplizierte Fragen des Zusammenlebens der europäischen Völker zu regeln. Die Schlußakte von Helsinki bekräftigte 1975 nochmals solch wichtige Grundsätze des europäischen Vertragswerkes wie die uneingeschränkte Souveränität aller europäischen Staaten, die Unantastbarkeit der bestehenden Grenzen, das Prinzip der Nichteinmischung und die Bereitschaft, Normalisierung und Zusammenarbeit zu fördern.

Die sachliche Bilanz läßt keinen anderen Schluß zu: Von einer „offenen" deutschen Frage kann gegenwärtig keine Rede mehr sein. Die Tatsachen sprechen eine eindeutige Sprache:

Erstens haben die Bürger beider deutscher Staaten jeweils ihre Entscheidung zur staatlichen und gesellschaftlichen Ordnung, unter der sie leben wollen, getroffen. Diese Entscheidungen, die sich als historisch stabil erwiesen, sind zu respektieren. Das Volk der DDR hat sein Recht auf staatliche, soziale und nationale Selbstbestimmung wahrgenommen. Auch für die Bevölkerung der BRD wird dies nicht bestritten. Seit nunmehr vier Jahrzehnten bestehen zwei deutsche Staaten. Dieser Aspekt der deutschen Frage ist längst nicht mehr offen.

Zweitens sind seit Bestehen der beiden deutschen Staaten bis hin zum europäischen Vertragswerk Anfang der siebziger Jahre Schritt für Schritt alle wesentlichen Fragen völkerrechtsgültig gelöst worden, die einem Friedensvertrag vorbehalten gewesen wären. So war beispielsweise das Problem der staatlichen Souveränität für beide deutsche Staaten bis Ende 1955 geklärt. Es gibt im Prinzip keine offenen Grenzfragen mehr. Die DDR hat die Oder-Neiße-Grenze bereits 1950 in einem Vertrag als verbindlich anerkannt. Die BRD benötigte für diesen Schritt zwanzig Jahre mehr. Beide deutsche Staaten sind seit 1973 Mitglied der UNO. Sie sind weltweit völkerrechtlich anerkannt. Ihr Platz in der internationalen Gemeinschaft ist durch viele zwei- und mehrseitige Verträge untermauert. Auch ihr Verhältnis zu den Hauptmächten der Antihitlerkoalition ist inzwischen vertraglich geregelt.

Diese Aspekte der deutschen Frage sind gleichfalls nicht mehr offen.

Drittens schließlich haben beide deutsche Staaten ihr Verhältnis zueinander und ihre Beziehungen mit dem Grundlagenvertrag ebenfalls völkerrechtsverbindlich geregelt.

»

Vertrag über die Grundlagen der Beziehungen zwischen der Deutschen Demokratischen Republik und der Bundesrepublik Deutschland
21. Dezember 1972

Die Hohen Vertragschließenden Seiten

eingedenk ihrer Verantwortung für die Erhaltung des Friedens,

in dem Bestreben, einen Beitrag zur Entspannung und Sicherheit in Europa zu leisten,

in dem Bewußtsein, daß die Unverletzlichkeit der Grenzen und die Achtung der territorialen Integrität und der Souveränität aller Staaten in Europa in ihren gegenwärtigen Grenzen eine grundlegende Bedingung für den Frieden sind,

in der Erkenntnis, daß sich daher die beiden deutschen Staaten in ihren Beziehungen der Androhung oder Anwendung von Gewalt zu enthalten haben,

ausgehend von den historischen Gegebenheiten und unbeschadet der unterschiedlichen Auffassungen der Deutschen Demokratischen Republik und der Bundesrepublik Deutschland zu grundsätzlichen Fragen, darunter zur nationalen Frage,
geleitet von dem Wunsch, zum Wohle der Menschen in den beiden deutschen Staaten die Voraussetzungen für die Zusammenarbeit zwischen der Deutschen Demokratischen Republik und der Bundesrepublik Deutschland zu schaffen.
sind wie folgt übereingekommen:

Artikel 1
Die Deutsche Demokratische Republik und die Bundesrepublik Deutschland entwickeln normale gutnachbarliche Beziehungen zueinander auf der Grundlage der Gleichberechtigung.

Artikel 2
Die Deutsche Demokratische Republik und die Bundesrepublik Deutschland werden sich von den Zielen und Prinzipien leiten lassen, die in der Charta der Vereinten Nationen niedergelegt sind, insbesondere der souveränen Gleichheit aller Staaten, der Achtung der Unabhängigkeit, Selbständigkeit und territorialen Integrität, dem Selbstbestimmungsrecht, der Wahrung der Menschenrechte und der Nichtdiskriminierung.

Artikel 3
Entsprechend der Charta der Vereinten Nationen werden die Deutsche Demokratische Republik und die Bundesrepublik Deutschland ihre Streitfragen ausschließlich mit friedlichen Mitteln lösen und sich der Drohung mit Gewalt oder der Anwendung von Gewalt enthalten.
Sie bekräftigen die Unverletzlichkeit der zwischen ihnen bestehenden Grenze jetzt und in der Zukunft und verpflichten sich zur uneingeschränkten Achtung ihrer territorialen Integrität.

Artikel 4
Die Deutsche Demokratische Republik und die Bundesrepublik Deutschland gehen davon aus, daß keiner der beiden Staaten den anderen international vertreten oder in seinem Namen handeln kann.

Artikel 5
Die Deutsche Demokratische Republik und die Bundesrepublik Deutschland werden friedliche Beziehungen zwischen den europäischen Staaten fördern und zur Sicherheit und Zusammenarbeit in Europa beitragen.
Sie unterstützen die Bemühungen um eine Verminderung der Streitkräfte und Rüstungen in Europa, ohne daß dadurch Nachteile für die Sicherheit der Beteiligten entstehen dürfen.
Die Deutsche Demokratische Republik und die Bundesrepublik Deutschland werden mit dem Ziel einer allgemeinen und vollständigen Abrüstung unter

wirksamer internationaler Kontrolle der internationalen Sicherheit dienende Bemühungen um Rüstungsbegrenzung und Abrüstung, insbesondere auf dem Gebiet der Kernwaffen und anderen Massenvernichtungswaffen, unterstützen.

Artikel 6

Die Deutsche Demokratische Republik und die Bundesrepublik Deutschland gehen von dem Grundsatz aus, daß die Hoheitsgewalt jedes der beiden Staaten sich auf sein Staatsgebiet beschränkt. Sie respektieren die Unabhängigkeit und Selbständigkeit jedes der beiden Staaten in seinen inneren und äußeren Angelegenheiten.

(Sicherheit und friedliche Zusammenarbeit in Europa. Dokumente 1972–1975, Berlin 1976, S. 88–91)

Wer dennoch von einer „offenen deutschen Frage“ redet, ist entweder ein Ignorant oder träumt von der Revision der gegebenen Tatsachen. Die deutsche Frage jedoch kann ebensowenig wie die europäische Nachkriegsentwicklung im nachhinein noch einmal neu entschieden werden. Es ist deshalb ein Gebot des Realismus und der Verantwortung für Frieden und Sicherheit, auf dem Boden der Realitäten zu bleiben. Die Völker Europas haben aus gutem Grund und aus schmerzhafter Erfahrung auf diesem Feld ein feines Gespür entwickelt und lehnen jede gewaltsame Veränderung des Status quo ab.

? Wie entstand die Konzeption zur Gestaltung der entwickelten sozialistischen Gesellschaft?

Wie soll es weitergehen? Was ist mein nächstes Ziel? Worauf kommt es im nächsten Lebensabschnitt besonders an? Welche Aufgaben stehen vor mir?

Diese und ähnliche Fragen hat sich wohl jeder Mensch schon einmal in seinem Leben gestellt. Wenn er die Schule beendet, eine Lehre beginnt, ein Studium aufnimmt, ins Berufsleben eintritt, immer an solchen entscheidenden Stellen im Leben, wo Weichen für die eigene Zukunft gestellt werden, kommen solche Fragen auf. Jeder weiß auch aus eigener Erfahrung, wie schwer es ist, derartige Fragen schlüssig zu beantworten. Was kann alles dazwischenkommen? Wie schnell können die schönsten Pläne zu Wunschträumen werden, wenn nicht alles gut bedacht ist.

Ganz ähnlich ist das auch im Kampf um den Fortschritt in der Welt und auf dem Weg zum Kommunismus. An bestimmten Knotenpunkten der Entwicklung muß entschieden werden:

Welche Wegstrecke soll nunmehr in Angriff genommen werden? Welches ist das nächste strategische Ziel? Was ist der Hauptinhalt der kommenden Entwicklungsetappe? Welche Aufgaben sind in ihr zu lösen?

Antworten auf diese Fragen zu geben ist naturgemäß unvergleichlich schwerer als bei der eigenen Lebensplanung.

Bedenkt man allein, von wie vielen inneren und äußeren Faktoren die gesellschaftliche Entwicklung beeinflußt wird. Und hier geht es nicht um das Wohl und Wehe eines einzelnen Menschen, sondern um das Glück eines ganzen Volkes. Es ist ein schwieriges Unterfangen, auf diese weitreichenden Fragen der gesellschaftlichen Entwicklung richtige Antworten zu finden.

Anfang der sechziger Jahre war eine solche Situation in der DDR und in der Mehrheit der anderen sozialistischen Staaten herangereift. Die Aufgaben der Übergangsperiode vom Kapitalismus zum Sozialismus waren im wesentlichen erfüllt, die Grundlagen des Sozialismus geschaffen. Das internationale Kräfteverhältnis hatte sich zugunsten der Kräfte des Fortschritts und des Sozialismus verändert. Sollte man nunmehr zum Aufbau der Grundlagen des Kommunismus übergehen, oder mußte die sozialistische Gesellschaft erst umfassend ausgestaltet, ihre Vorzüge, Potenzen, ihre Ideale und Werte voll zur Geltung gebracht und für jeden spürbar durchgesetzt werden? Bei der Entscheidung über diese Alternative ging es nicht allein um komplizierte theoretische, sondern um sehr praktische Fragen, die das Leben der Menschen unmittelbar betrafen.

Der VIII. Parteitag der SED, 1971, beantwortet die Fragen der gesellschaftlichen Entwicklung in der DDR, die zu Beginn der 70er Jahre herangereift sind.

Welche Konsequenzen hatte also eine Entscheidung für die eine oder die andere Orientierung?

„Die Konzeption, die darauf gerichtet war, sofort den Übergang zum Kommunismus einzuleiten, mußte in der praktischen Politik notwendigerweise zur Folge haben, den Sozialismus nur als kurze Durchgangsstufe der Entwicklung zu betrachten, die möglichst schnell zu durchschreiten wäre. Eine solche Konzeption muß folgerichtig dazu führen, daß Ziele auf die Tagesordnung gesetzt werden, für die keine realen Voraussetzungen existieren, während die den Sozialismus eigenen Triebkräfte für seine Höherentwicklung nicht ausgeschöpft werden.

Jene Konzeption, die auf die weitere, umfassende Entwicklung der sozialistischen Gesellschaft gerichtet war, mußte praktisch zur Folge haben, alle Kräfte darauf zu konzentrieren, die Möglichkeiten und Triebkräfte des Sozialismus so zu nutzen, daß Fortschritte in der Wirtschaft, in Wissenschaft und Technik mit einer für jeden spürbaren Verbesserung der Arbeits- und Lebensbedingungen verbunden sind. Der Sozialismus ist nicht eine Gesellschaft, in der in erster Linie nur für das Wohl künftiger Generationen gearbeitet wird, sondern eine Gesellschaft, in der das Wohl der heutigen Generation im Mittelpunkt steht und damit zugleich die Grundlage für die Zukunft geschaffen wird.“ *(Otto Reinhold)*

Während z.B. die KPdSU und die KPČ unmittelbar auf den Aufbau des Kommunismus orientierten, entschied die SED, zunächst zum umfassenden Aufbau des Sozialismus überzugehen. Die Entscheidung wurde auf dem VI. Parteitag der SED im Jahre 1963 getroffen und als nächstes strategisches Ziel im neuen Parteiprogramm der SED verankert.

Diese Orientierung erwies sich als richtig. Im Verlauf der sechziger Jahre reiften aber Fragen heran, für die es noch keine gesicherten Antworten gab: Welches Gewicht, welchen Platz hat der Sozialismus im Rahmen der kommunistischen Gesellschaftsformation? Ist der Sozialismus nur ein Durchgangsstadium, eine „Durststrecke“, die möglichst schnell durchschritten werden muß, um zum Kommunismus zu gelangen? Oder muß die sozialistische Gesellschaft über eine lange Zeit gestaltet werden? Beginnt die praktische Verwirklichung unseres Ideals mit dem Sozialismus oder erst mit dem Kommunismus? Ist alles, was gut ist, mit Kommunismus verbunden und der Sozialismus nicht bloß Relikt des Kapitalismus? Muß das Leben der heute lebenden Generation besser werden, oder vertrösten wir ganze Generationen, daß es ihren Enkeln einmal besser gehen werde? Soll man die wissenschaftlich-technische Revolution mit aller Macht, ohne Rücksicht oder sogar auf Kosten des Lebensniveaus der Werktätigen vorantreiben, um Voraussetzungen für spätere Lösungen grundlegender sozialer Probleme zu schaffen?

Der entscheidende Schritt zur Klärung dieser Fragen wurde mit dem VIII. Parteitag der SED getan, der die Hauptaufgabe in ihrer Einheit von Wirtschafts- und Sozialpolitik beschloß und die Gestaltung der entwickelten sozialistischen Gesellschaft auf die Tagesordnung setzte.

»

Erich Honecker im Bericht des Zentralkomitees der SED an den VIII. Parteitag, 15. Juni 1971:

„Wir kennen nur ein Ziel, das die gesamte Politik unserer Partei durchdringt: alles zu tun für das Wohl des Menschen, für das Glück des Volkes, für die Interessen der Arbeiterklasse und aller Werktätigen. Das ist der Sinn des Sozialismus. Dafür arbeiten und kämpfen wir."

(Protokoll der Verhandlungen des VIII. Parteitages der Sozialistischen Einheitspartei Deutschlands, Bd. 1, Berlin 1971, S. 34)

Als Ergebnis der theoretischen Verallgemeinerung vorliegender Erfahrungen beim sozialistischen Aufbau und der gemeinsamen Arbeit der marxistisch-leninistischen Parteien der sozialistischen Länder nahm die Konzeption von der entwickelten sozialistischen Gesellschaft konkrete Gestalt an. Sie wurde präzisiert, weiterentwickelt und im neuen Parteiprogramm der SED, das der IX. Parteitag 1976 beschlossen hatte, umfassend formuliert.

»

Die Gestaltung der entwickelten sozialistischen Gesellschaft in der Deutschen Demokratischen Republik

Die Sozialistische Einheitspartei Deutschlands stellt sich das Ziel, in der Deutschen Demokratischen Republik weiterhin die entwickelte sozialistische Gesellschaft zu gestalten und so grundlegende Voraussetzungen für den allmählichen Übergang zum Kommunismus zu schaffen.

Die Gestaltung der entwickelten sozialistischen Gesellschaft ist ein historischer Prozeß tiefgreifender politischer, ökonomischer, sozialer und geistig-kultureller Wandlungen.

Die Gestaltung der entwickelten sozialistischen Gesellschaft macht es notwendig, alle Vorzüge und Triebkräfte, alle Seiten und Bereiche des gesellschaftlichen Lebens, die Produktivkräfte und Produktionsverhältnisse, die sozialen und politischen Beziehungen, die Wissenschaft und das Bildungswesen, die sozialistische Ideologie und Kultur, die Gesamtheit der Arbeits- und Lebensbedingungen sowie die Landesverteidigung planmäßig auf hohem Niveau zu entwickeln. Die entwickelte sozialistische Gesellschaft setzt die ungeteilte Herrschaft der sozialistischen Produktionsverhältnisse voraus.

Entwickelte sozialistische Gesellschaft – das heißt,

alle materiellen, sozialökonomischen und politisch-ideologischen Vorausset-

zungen zu schaffen, damit der Sinn des Sozialismus, alles zu tun für das Wohl des Volkes, für die Interessen der Arbeiterklasse, der Genossenschaftsbauern, der Intelligenz und der anderen Werktätigen, auf ständig höherer Stufe verwirklicht wird. Entsprechend dem ökonomischen Grundgesetz des Sozialismus besteht die Hauptaufgabe bei der Gestaltung der entwickelten sozialistischen Gesellschaft in der weiteren Erhöhung des materiellen und kulturellen Lebensniveaus des Volkes auf der Grundlage eines hohen Entwicklungstempos der sozialistischen Produktion, der Erhöhung der Effektivität, des wissenschaftlich-technischen Fortschritts und des Wachstums der Arbeitsproduktivität.

Entwickelte sozialistische Gesellschaft – das heißt,

eine leistungsfähige materiell-technische Basis zu schaffen, die ein stabiles Wirtschaftswachstum, hohe Arbeitsproduktivität und Effektivität der gesellschaftlichen Arbeit ermöglicht. Der Hauptweg dazu ist die Intensivierung der gesellschaftlichen Produktion. Die organische Verbindung der Errungenschaften der wissenschaftlich-technischen Revolution mit den Vorzügen des Sozialismus ist dafür eine entscheidende Bedingung.

Entwickelte sozialistische Gesellschaft – das heißt,

Wirtschaftspolitik und Sozialpolitik in untrennbarer Einheit durchzuführen. Das Ringen um ein hohes Wachstum der Produktion und ihrer Effektivität dient der systematischen Verbesserung der Arbeits- und Lebensbedingungen der Werktätigen. Die konsequente Verwirklichung des Prinzips „Jeder nach seinen Fähigkeiten, jedem nach seiner Leistung" setzt neue Triebkräfte für den ökonomischen und sozialen Fortschritt frei.

Entwickelte sozialistische Gesellschaft – das heißt,

die Produktionsverhältnisse als Beziehungen kameradschaftlicher Zusammenarbeit und gegenseitiger Hilfe zwischen den Werktätigen und zwischen den Arbeitskollektiven weiterzuentwickeln und zu vervollkommnen, die Kollektivität in den gesellschaftlichen Beziehungen zu verstärken.

Entwickelte sozialistische Gesellschaft – das heißt,

die Rolle der Arbeiterklasse und ihrer Partei als führende Kraft der Gesellschaft zu erhöhen, ihr Bündnis mit der Klasse der Genossenschaftsbauern, mit der Intelligenz und allen anderen Werktätigen ständig zu festigen. Das heißt zugleich, die Annäherung aller Klassen und Schichten auf der Grundlage der marxistisch-leninistischen Weltanschauung der Arbeiterklasse, der sozialistischen Produktionsverhältnisse, der ständigen Verbesserung der Arbeits- und Lebensbedingungen, der verstärkten Anwendung des wissenschaftlich-technischen Fortschritts in allen gesellschaftlichen Bereichen planmäßig zu vollziehen. Dazu sind weitere Schritte zur allmählichen Überwindung der wesentlichen Unterschiede zwischen Stadt und Land sowie zwischen geistiger und körperlicher Arbeit notwendig.

Entwickelte sozialistische Gesellschaft – das heißt,

die sozialistische Staats- und Rechtsordnung allseitig zu festigen und die sozialistische Demokratie breit zu entfalten. Die umfassende gesellschaftliche Aktivität der Arbeiter, der Genossenschaftsbauern, der Intelligenz und der anderen Werktätigen, die mit hoher politischer Verantwortung und Sachkenntnis

an der Leitung und Planung der gesellschaftlichen Entwicklung mitwirken, ist ein charakteristisches Merkmal des entwickelten Sozialismus.
Entwickelte sozialistische Gesellschaft – das heißt,
die sozialistische Bewußtheit der breiten Massen weiter zu erhöhen, ihre marxistisch-leninistische Weltanschauung und kommunistische Moral aktiv herauszubilden, Egoismus, Individualismus und andere Erscheinungen der bürgerlichen Ideologie konsequent zu überwinden.
Entwickelte sozialistische Gesellschaft – das heißt,
den Schutz des Friedens und der sozialistischen Errungenschaften jederzeit zuverlässig zu gewährleisten und bei allen Bürgern der Deutschen Demokratischen Republik die Bereitschaft zur Verteidigung des Sozialismus zu festigen. Unter Führung der Sozialistischen Einheitspartei Deutschlands, in enger Klassen- und Waffenbrüderschaft mit der Sowjetarmee und den anderen Armeen der Teilnehmerstaaten des Warschauer Vertrages erfüllen die Nationale Volksarmee, die Grenztruppen, die anderen Schutz- und Sicherheitsorgane der Deutschen Demokratischen Republik sowie die Kampfgruppen der Arbeiterklasse ihre Pflicht, um den Frieden in Europa zu sichern, um günstige Bedingungen für den sozialistischen und kommunistischen Aufbau schaffen zu helfen.
Entwickelte sozialistische Gesellschaft – das heißt,
die ständige Festigung und Vertiefung des Bruderbundes mit der Sowjetunion und den anderen Ländern der sozialistischen Gemeinschaft. Die entwickelte sozialistische Gesellschaft ist das gemeinsame revolutionäre Werk der Arbeiterklasse und aller Werktätigen in den Ländern der sozialistischen Gemeinschaft.
(Protokoll der Verhandlungen des IX. Parteitages der Sozialistischen Einheitspartei Deutschlands, Band 2, Berlin 1976, S. 218ff.)

Der X. Parteitag der SED 1981 führte die Politik zur Gestaltung der entwickelten sozialistischen Gesellschaft unter veränderten inneren und äußeren Bedingungen fort und erarbeitete die ökonomische Strategie, deren Schwerpunkte auf die intensiv erweiterte Reproduktion gerichtet sind. Mit Blick auf das Jahr 2000 faßte der XI. Parteitag der SED 1986 bedeutsame Beschlüsse für die Weiterführung der bewährten Strategie der SED.

Seit den historischen Beschlüssen des VIII. Parteitages der SED im Jahre 1971 sind inzwischen viele Jahre vergangen. Die Konzeption zur Gestaltung der entwickelten sozialistischen Gesellschaft wurde seither in der DDR konsequent durchgesetzt. Dies hat die DDR vor krisenhaften Erschütterungen und gesellschaftlichen Deformationen bewahrt. Jeder Bürger kann spüren, daß die auf dieser Konzeption basierende Politik seinen ureigensten Interessen entspricht. Die Konzeption zur Gestaltung des entwickelten Sozialismus hat ihre Bewährungsprobe im Leben bestanden.

Sie erweist sich als klares und stabiles Fundament für die erfolgreiche Fortführung der auf das Wohl des Volkes gerichteten Politik. Zu den gesicherten theoretischen Positionen dieser Konzeption gehören vor allem folgende: Die entwickelte sozialistische Gesellschaft ist eine allgemeine Gesetzmäßigkeit auf dem Weg zum Kommunismus. Nach dem erfolgreichen Abschluß der Übergangsperiode vom Kapitalismus zum Sozialismus ist ein längerer historischer Abschnitt unumgänglich, in dem alle Triebkräfte, Vorzüge, Potenzen, Ideale und Werte des Sozialismus voll zur Geltung gebracht und für jeden spürbar werden.

Als zentrale Frage und Voraussetzung zur Lösung aller anderen Aufgaben erweist sich daher die rasche Entwicklung der Produktivkräfte und das Erreichen der höheren Arbeitsproduktivität der industriell entwickelten kapitalistischen Länder. Die intensiv erweiterte Reproduktion ist der der entwickelten sozialistischen Gesellschaft gemäße Reproduktionstyp.

Die Gestaltung der entwickelten sozialistischen Gesellschaft ist ein Prozeß ständiger Veränderungen aller Lebensbereiche, ein Prozeß tiefgreifender ökonomischer, politischer, sozialer und geistig-kultureller Wandlungen. Im Mittelpunkt steht dabei der Sinn des Sozialismus, alles für das Wohl des Menschen zu tun.

? Was ist das Neue am Kurs der Hauptaufgabe?

Als die SED ihren VIII. Parteitag vorbereitete, bewegte die Mitglieder der Partei der Arbeiterklasse und viele andere Bürger eine Reihe von Fragen, auf die der Parteitag eine klare Antwort geben mußte. Etliche davon betrafen die entstandene wirtschaftliche Lage in der DDR und ihre Auswirkungen auf das tagtägliche Leben der Menschen. Hier wirkten die Folgen nach, die sich objektiv aus dem wirtschaftlichen Aufbau der DDR ergeben hatten. Die notwendig vorrangige Entwicklung bestimmter Industriezweige führte in der Volkswirtschaft zu Disproportionen und Engpässen in der Versorgung. Bestimmte Wirtschaftsstrukturen erwiesen sich als nicht zeitgemäß wie auch manche gesellschaftspolitische Überlegung. Trotz großer Anstrengungen der Werktätigen in Industrie und Landwirtschaft, trotz Überstunden und Sonderschichten traten in vielen Betrieben erhebliche Planrückstände ein. Der Verbrauch an Energie stieg schneller als das Energieaufkommen. Probleme häuften sich bei der Versorgung der Industrie mit Rohstoffen und Materialien. Die Lücken bei der Versorgung der Bevölkerung mit Konsumgütern wurden größer. Die Parteiführung der SED analysierte auf ihrer 14. Tagung im Dezember 1970 die entstandene Lage. Sie zog Schlußfolgerungen, um die Schwierigkeiten zu überwinden und einen Aufschwung der Wirtschaft herbeizuführen.

Zentrales Problem war die Frage, wie man künftig den Sinn des Sozialismus, alles für das Wohl des Volkes zu tun, mit noch größerer Konsequenz in der Wirtschafts- und Sozialpolitik verwirklichen konnte. Es ging vor allem um ihre engere Verflechtung. In der Parteiführung der SED wurde diese Frage intensiv diskutiert. „Natürlich wußten wir", so erinnerte sich später Erich Honecker, „daß es selbst bei bedeutenden wirtschaftlichen Erfolgen nicht möglich ist, allen Wünschen und Erwartungen zu entsprechen. Daher galt es, die Ziele der Wirtschafts- und Sozialpolitik genau abzuwägen, sie zu den verfügbaren Mitteln und zum möglichen Leistungsanstieg der Volkswirtschaft ins Verhältnis zu setzen." Erste Schritte in diese Richtung wurden bereits unmittelbar nach der 14. Tagung des ZK der SED eingeleitet.

Eine gemeinsame Kommission der SED, der Regierung und der Gewerkschaften erarbeitete Vorschläge, die darauf zielten, das erwirtschaftete Nationaleinkommen gerechter zu verteilen und die Leistungen der Arbeiterklasse höher zu bewerten.

Am 1. März 1971 wurden die Löhne und Gehälter der unteren und mittleren Einkommensgruppen erhöht. Diese Maßnahme kam über 1,7 Millionen Menschen zugute. Mindestrenten wurden heraufgesetzt und die Leistungen der Sozialversicherung verbessert.

In den 70er Jahren wird das bisher größte Wohnungsbauprogramm der deutschen Geschichte in Angriff genommen.
Zwischen 1971 und 1988 wurden die Wohnbedingungen für jeden zweiten DDR-Bürger grundsätzlich verbessert.

Im Frühjahr 1971 begannen sich die getroffenen Beschlüsse zur Veränderung der Lage bereits deutlich auszuwirken. In dieser Situation trat im Juni 1971 der VIII. Parteitag der SED zusammen. Er beschloß als Hauptaufgabe, das materielle und kulturelle Lebensniveau des Volkes weiter zu erhöhen und mittels eines hohen Entwicklungstempos der Produktion einer höheren Effektivität und wachsender Arbeitsproduktivität die dafür notwendigen Voraussetzungen zu schaffen.

» *„Die Hauptaufgabe des Fünfjahrplanes besteht in der weiteren Erhöhung des materiellen und kulturellen Lebensniveaus des Volkes auf der Grundlage eines hohen Entwicklungstempos der sozialistischen Produktion, der Erhöhung der Effektivität, des wissenschaftlich-technischen Fortschritts und des Wachstums der Arbeitsproduktivität."*

(Entschließung des VIII. Parteitages der SED 1971, Protokoll, Band 2, S. 296)

Ausgangspunkt für diesen Beschluß war die Feststellung, daß die Wirtschaftstätigkeit im Sozialismus kein Selbstzweck ist und ihre Ergebnisse der heute lebenden und arbeitenden Generation dienen müssen.

Erich Honecker, der auf der 16. Tagung des ZK der SED im Mai 1971 zum Ersten Sekretär des ZK der SED gewählt worden war, erklärte im Rechenschaftsbericht an den VIII. Parteitag: „Wir kennen nur ein Ziel, das die gesamte Politik unserer Partei durchdringt: alles zu tun für das Wohl des Menschen, für das Glück des Volkes, für die Interessen der Arbeiterklasse und aller Werktätigen. Das ist der Sinn des Sozialismus. Dafür arbeiten und kämpfen wir."

Ursprünglich war die Aufgabenstellung der Hauptaufgabe nur für einen Fünfjahrplanzeitraum gedacht. Sehr schnell wurde aber klar, daß es sich bei der Hauptaufgabe in ihrer Einheit von Wirtschafts- und Sozialpolitik um eine Grundaufgabe bei der Gestaltung der entwickelten sozialistischen Gesellschaft handelte. Deshalb wurde die untrennbare spezifische Verbindung zwischen Wirtschafts- und Sozialpolitik, die Politik der Hauptaufgabe als Kernstück der Gesellschaftsstrategie, auch im Parteiprogramm der SED von 1976 fest verankert. Wiederholt stand seither die Frage, ob der Kurs der Einheit von Wirtschafts- und Sozialpolitik auch angesichts sich rasch verändernder innerer und äußerer Bedingungen fortgesetzt werden kann.

„Ende der 70er Jahre, Anfang der 80er Jahre standen wir vor der Frage, wie es weitergehen soll.

Sollten wir jenen Gehör schenken, die für ein Abbremsen des Tempos waren, oder denjenigen, die dafür waren, die umfassende Intensivierung, den Kurs der Einheit von Wirtschafts- und Sozialpolitik weiterzuführen. Wir haben diesen Kurs gewählt, und die Ergebnisse sind heute offen sichtbar." *(Erich Honecker auf dem XI. Parteitag der SED, 1986)*

Der XI. Parteitag bezeichnete deshalb die Einheit von Wirtschafts- und Sozialpolitik als Hauptkampffeld der SED.

Warum nahm und nimmt die Einheit von Wirtschafts- und Sozialpolitik eine derartige Schlüsselstellung in der Politik der SED ein?

„Erstens entspricht sie dem Wesen der sozialistischen Gesellschaft, das am klarsten im ökonomischen Grundgesetz des Sozialismus formuliert ist. Wir entwickeln die Produktion nicht um ihrer selbst willen, sondern allein mit dem Ziel, alles zum Wohle des Volkes zu tun, das materielle und geistig-kulturelle Lebensniveau aller Werktätigen systematisch zu erhöhen ...

Zunächst muß man daran erinnern, daß die Arbeiterklasse schon immer, das heißt seit mehr als hundert Jahren, um ein Leben in materiellem Wohlstand, vor allem aber um eine Gesellschaft gekämpft hat, in der jeder Fortschritt in der Produktion mit einer Verbesserung ihrer Arbeits- und Lebensbedingungen einhergeht. Dieses Ziel wird heute unter den Bedingungen der wissenschaftlich-technischen Revolution immer aktueller. Geht es doch um die Entscheidung der Frage, ob der wissenschaftlich-technische Fortschritt mit dem sozialen Fortschritt untrennbar verbunden werden kann oder ob er Quelle tiefer sozialer Widersprüche ist; ob er die soziale Sicherheit der Werktätigen, die Sicherheit ihrer Arbeitsplätze, die Bildungsmöglichkeiten der Jugend vergrößert oder untergräbt ...

Es gibt zweitens einen weiteren Grund, der der Politik der Hauptaufgabe prinzipielle Bedeutung für die entwickelte sozialistische Gesellschaft verleiht: Die Einheit von Wirtschafts- und Sozialpolitik ist entscheidende Triebkraft des Sozialismus ...

Schließlich ist drittens die Politik der Hauptaufgabe wesentlich für die innere politische Stabilität der sozialistischen Ordnung in der DDR. Offensichtlich besteht folgender ursächlicher Zusammenhang: Politische Stabilität ist auf die Dauer nur durch soziale Stabilität, durch sozialen Fortschritt erreichbar; dieser aber kann nur auf der Basis eines kontinuierlichen und dynamischen Wachstums der Wirtschaft gesichert werden."

(Erfolgreiche Jahre, Berlin 1982, S. 7, 18, 19, 20, 21)

Von 1971 bis 1987 gaben wir insgesamt 315 Milliarden Mark für das Wohnungsbauprogramm aus. Das sind 10 Prozent des in diesem Zeitraum produzierten Nationaleinkommens.

- Von 1971 bis Herbst 1988 entstanden drei Millionen neugebaute und modernisierte Wohnungen. Damit verbesserten sich die Wohnbedingungen für jeden zweiten DDR-Bürger grundlegend.

• Die Mieten sind niedrig und stabil. Sie betragen im Durchschnitt weniger als 3 Prozent vom Haushaltsnettoeinkommen der Arbeiter- und Angestelltenhaushalte.
• Das Realeinkommen der Bürger hat sich im Zeitraum von 1971 bis 1987 mehr als verdoppelt. Von entscheidendem Gewicht sind dabei die gestiegenen Nettogeldeinnahmen. Sie wuchsen in diesem Zeitraum pro Kopf der Bevölkerung auf das Zweifache.

1971 bis 1987

• Das produzierte Nationaleinkommen stieg von 121,6 Milliarden Mark im Jahre 1970 auf mehr als 261 Milliarden Mark im Jahre 1987 (um 115%).
• Die industrielle Bruttoproduktion der Volkswirtschaft erhöhte sich im gleichen Zeitraum um 128%.
• Die Bauproduktion in der Volkswirtschaft wuchs 1987 gegenüber 1970 um 93%.
• Die Produktion der Landwirtschaft wurde 1987 gegenüber 1970 bei einem Rückgang der landwirtschaftlichen Nutzfläche und der Arbeitskräfte in der Landwirtschaft beträchtlich gesteigert. So erhöhte sich
die Getreideproduktion um 5 Millionen Tonnen = 78 Prozent
die Produktion von
Feldfutterpflanzen um 12 Millionen Tonnen = 79 Prozent
die Schlachtviehproduktion um 1 Million Tonnen = 56 Prozent.

? Wie gelang es, die diplomatische Blockade gegen die DDR zu durchbrechen?

Die Deutsche Demokratische Republik war erst wenige Tage alt, als eine TASS-Meldung aufmerken ließ. Die Regierung der UdSSR hatte am 15. Oktober 1949 beschlossen, „diplomatische Missionen mit der Provisorischen Regierung der Deutschen Demokratischen Republik auszutauschen". Sie ernannte G.M. Puschkin zum Chef ihrer Mission in der DDR. Er wurde Anfang November im Amtssitz des Präsidenten Wilhelm Pieck empfangen. In der Sowjetunion nahm Rudolf Appelt als erster Botschafter der DDR seine Arbeit auf. Der erste Staat, der die Deutsche Demokratische Republik diplomatisch anerkannte, war also die UdSSR. Bald folgten weitere Länder. Noch im Gründungsmonat der DDR vereinbarten Bulgarien, Polen, die ČSR, Ungarn, Rumänien und China diplomatische Beziehungen mit dem deutschen Arbeiter-und-Bauern-Staat. Im November und Dezember 1949 waren es die Koreanische Demokratische Volksrepublik und die Volksrepublik Albanien, im Frühjahr 1950 die Demokratische Republik Vietnam und die Mongolische Volksrepublik. Diese erste Anerkennungswelle war ein deutlicher Vertrauensbeweis für die junge DDR. Sie sicherte ihr von Anfang an Rückhalt im internationalen Geschehen und eine stabile Position als Glied der sich entwickelnden sozialistischen Gemeinschaft.

»

Aus den Erinnerungen Herbert Kegels an die Anfänge im Außenministerium der DDR:

„Buchstäblich von einer Stunde zur anderen erhielt ich den brandeiligen Auftrag, am Aufbau des Außenministeriums der soeben geborenen Deutschen Demokratischen Republik teilzunehmen ...

Der Aufbau des unentbehrlichen mittleren und technischen Apparates steckte in den allerersten Anfängen. Büroräume waren an jenem Tag, an dem ich zum Hauptabteilungsleiter des gerade aus der Taufe gehobenen Ministeriums ernannt wurde, noch nicht vorhanden ... Ich erinnere mich noch sehr gut daran, wie der neugebackene Außenminister der DDR, unterstützt von einem ebenso neugebackenen Staatssekretär ... und von mir, als ersten Diplomaten eines Staates, der beschlossen hatte, die völkerrechtliche Existenz der souveränen Deutschen Demokratischen Republik anzuerkennen, den Botschafter der Sowjetunion begrüßte ...

Nur ganz allmählich entstand ein Außenministerium der DDR mit allem, was dazugehört – mußten wir doch buchstäblich bei Null beginnen; Kader mit

Die diplomatische Blockade gegen die DDR ist endgültig zusammengebrochen. Auf der 28. Tagung der UNO-Vollversammlung erhält sie Sitz und Stimme in der Weltorganisation.
DDR-Außenminister Otto Winzer wird zu seinem Platz geleitet, 18. September 1973.

Erfahrungen im außenpolitischen Bereich gab es so gut wie gar nicht."
(Herbert Kegel: In den Stürmen unseres Jahrhunderts. Ein deutscher Kommunist über sein ungewöhnliches Leben, Berlin 1983, S. 536/537)

Am 28. September 1950 teilte der Sekretär des Rates für Gegenseitige Wirtschaftshilfe mit, daß alle Teilnehmerländer der Aufnahme der DDR in den RGW zugestimmt hatten. Der entsprechende Antrag war am 26. August gestellt worden. Dem RGW gehörten zu diesem Zeitpunkt die UdSSR, Polen, die ČSR, Rumänien, Bulgarien und Albanien an. Die Mitgliedschaft im RGW half der DDR, der ökonomischen Erpressung durch den Imperialismus und dem Wirtschaftskrieg besser zu widerstehen. Der Aufstieg der Volkswirtschaft der DDR wäre ohne diese Zusammenarbeit undenkbar gewesen.

In den fünfziger Jahren machte die weitere internationale Anerkennung der Deutschen Demokratischen Republik jedoch nur noch zaghafte Fortschritte. Gewiß, die schwer überschaubare Entwicklung der ohnehin komplizierten deutschen Frage ließ manche Regierung zunächst zögern. Der kalte Krieg, der das internationale Klima vergiftete, tat sein übriges. Die eigentliche Ursache aber war der massive Druck, den die imperialistischen Hauptmächte und die BRD auf andere Staaten ausübten. Gegen die Arbeiter-und-Bauern-Macht auf deutschem Boden wurde in einer konzertierten Aktion eine regelrechte diplomatische Blockade verhängt. Die DDR war diesen Kräften ein Dorn im Auge. Sie sollte so weit wie möglich isoliert und vom internationalen Geschehen ferngehalten werden, um dadurch leichter annektiert werden zu können. Die diplomatische Blockade gegen die DDR war Teil der Strategie des Imperialismus, mit der der Sozialismus zurückgerollt werden sollte. Die imperialistischen Hauptmächte, allen voran die USA, nutzten ihr politisches und ökonomisches Gewicht sowie ihre Position in internationalen Gremien – darunter in der UNO –, um eine Anerkennung der DDR zu verhindern. Die BRD maßte sich ein Alleinvertretungsrecht an. Einzig die Bundesrepublik Deutschland und ihre Regierung, so wurde behauptet, seien rechtmäßig und deshalb auch nur allein befugt, im Namen des deutschen Volkes zu sprechen und zu handeln. Als angeblicher Rechtsnachfolger des ehemaligen Deutschen Reiches sprachen sie der DDR jede Existenzberechtigung ab. Die DDR wurde als „Gebilde", als „Zone", bestenfalls als „sogenannte DDR" diffamiert. Die Gänsefüßchen zur Staatsbezeichnung der DDR waren bis Anfang der 70er Jahre im offiziellen Sprachgebrauch der BRD obligatorisch und sind noch heute in Springer-Zeitungen üblich. Konrad Adenauer legte den Grundstein zur Alleinvertretungsdoktrin bereits am 20. September 1949 in seiner Regierungserklärung, als er die BRD zum eigentlichen „deutschen Kernstaat" erhob und Ansprüche auf abgetrennte Gebiete anmeldete.

Diese Alleinvertretungsanmaßung wurde am 11. Oktober 1949 von den Westmächten unterstützt. Antikommunistische Kräfte aller Schattierungen folgten dieser Lesart nur zu gern.

Eine weitere Zuspitzung erfuhr die Alleinvertretungsanmaßung mit der „Hallstein-Doktrin". Sie verdankte ihren Namen einer Studie, die der Bonner Staatssekretär Walter Hallstein gemeinsam mit Prof. Grewe, dem Leiter der Politischen Abteilung im Bonner Auswärtigen Amt, verfaßt hatte.

Die „Hallstein-Doktrin" denunzierte – wie es im Bonner Amtsdeutsch hieß – „die Intensivierung der Beziehungen mit Pankow (gemeint ist die DDR, der Verf.) ... als eine unfreundliche Handlung". Dafür wurden Sanktionen angedroht. Staaten, die die DDR anerkannten, sollten aus den diplomatischen Beziehungen mit der BRD ausgeschlossen bleiben oder mit dem Abbruch bestehender Kontakte „bestraft" werden. Diese außenpolitische Interventionsstrategie richtete sich also nicht nur gegen die DDR. Sie war zugleich eine völkerrechtswidrige Einmischung in souveräne Rechte dritter Staaten. Anfang Dezember 1955 wurde der diplomatische Apparat der BRD darauf vergattert.

Zwar scheiterte die „Hallstein-Doktrin" letztlich kläglich, dennoch beeinträchtigte sie viele Jahre die Beziehungen der DDR zu Staaten der nichtsozialistischen Welt erheblich. Die NATO-Länder unterstützten diesen Kurs. So wurden jahrelang Ausweise und Pässe der DDR in ihrem Einflußbereich nicht anerkannt. Reisende aus der DDR mußten sich an das Travel-Office in Westberlin wenden, das in eigener Machtbefugnis Ersatzpapiere ausstellte – oder eben auch verweigerte.

Es bedurfte großer Anstrengungen, um die errichteten Barrieren zu durchbrechen. Modifikationen der „Hallstein-Doktrin" waren noch an der Wende zu den 70er Jahren im Gebrauch. Damals versuchte die BRD-Regierung der internationalen Öffentlichkeit einzureden, die Anerkennung der DDR würde die Regelung der Beziehungen zwischen beiden deutschen Staaten behindern.

Die Alleinvertretungsanmaßung zeigte nicht selten Auswüchse, die zur Karikatur gerieten. So war es in der Bundesrepublik verboten, die Fahne der DDR öffentlich zu zeigen oder ihre Hymne zu spielen. Wollten sich die Sportler der DDR nicht diskriminieren lassen, mußten sie also den Wettkämpfen in der BRD fernbleiben. Das minderte den Wert dieser Veranstaltungen erheblich, da die DDR oft die Leistungsspitze verkörperte. Viele internationale Sportverbände zogen es deshalb bald vor, bestimmte Ausscheide nicht mehr an die BRD zu vergeben.

Als 1959 in Genf die Außenminister der vier Mächte mit Vertretern beider deutscher Staaten zusammentrafen, verzichtete der BRD-Außenminister auf die persönliche Teilnahme an den Verhandlungen, um nicht mit seinem Amtskollegen aus der DDR zusammentreffen zu müssen.

Die imperialistische Politik der Isolierung und Diskriminierung der DDR konnte trotz massiven Drucks nicht im gewünschten Umfang durchgesetzt werden. Schritt um Schritt baute die DDR ihre Position aus. Die verbündeten sozialistischen Staaten vertraten den deutschen Arbeiter-und-Bauern-Staat in internationalen Gremien und brachten dort die Positionen der DDR zu Gehör. Viele imperialistische Länder und solche der dritten Welt wollten keineswegs auf Handelsbeziehungen mit der DDR verzichten, zumal sich die Leipziger Messe bald wieder zu einer Drehscheibe des Welthandels profilierte.

Bereits 1953 schlossen die Niederlande, Belgien, Griechenland, Frankreich, Österreich und Norwegen Abkommen über den Warenaustausch mit der DDR auf der Ebene der Außenhandelskammern. Ein Jahr später folgte ein Handelsabkommen mit Indien, und 1955 entschied sich Ägypten für eine Handelsvertretung mit diplomatischen Rechten in der DDR.

In den 60er Jahren waren immer weniger Staaten und internationale Organisationen bereit, sich dem Nichtanerkennungsdiktat der BRD und der NATO zu beugen. Zahlreiche arabische, afrikanische und asiatische Staaten bauten ihre vertraglichen Beziehungen zur DDR aus und richteten Generalkonsulate in der DDR ein. Das Internationale Olympische Komitee trug 1968 der Realität von zwei deutschen Staaten endgültig Rechnung. Das NOK der DDR wurde in seine vollen Rechte eingesetzt. Von nun an konnten die Sportler des sozialistischen Deutschlands auch bei Olympia mit einer eigenen Mannschaft unter den Symbolen ihres Staates starten, erstmals geschah dies 1972. Es entfielen die nervenaufreibenden Ausscheidungswettkämpfe für eine gesamtdeutsche Mannschaft. 1969 nahmen sieben Staaten Asiens und des Nahen Ostens diplomatische Beziehungen zur DDR auf. Sieben weitere folgten 1970. In den europäischen kapitalistischen Ländern stellten sich Tausende Persönlichkeiten aus Politik, Wirtschaft und Kultur hinter die Forderung: Die DDR jetzt anerkennen! Die Hallstein-Doktrin brach zusammen.

Der Übergang zu einer Phase der Entspannung in Europa am Beginn der siebziger Jahre eröffnete Möglichkeiten, die gleichberechtigte Teilnahme der DDR am internationalen Leben endgültig und umfassend durchzusetzen.

Zum einen war die Politik der Stärke und der Alleinvertretungsanmaßung gescheitert. Auch in der BRD wurde nach Wegen gesucht, den Ballast des kalten Krieges loszuwerden und der Gefahr der eigenen Isolierung zu entgehen. Zum anderen war realistischen Politikern im Lager des Imperialismus inzwischen klargeworden, daß ohne die Deutsche Demokratische Republik keine Lösung der für Europa anstehenden Fragen möglich ist. Deshalb beseitigte das europäische Vertragswerk Anfang der siebziger Jahre die letzten Barrieren, die einer weltweiten Anerkennung der gegebenen staatlichen und gesellschaftlichen Tatsachen im Wege standen. Im Vierseitigen Abkommen über Berlin (West) respektierten die USA, Großbritannien und Frankreich erstmals die DDR als souveränen Staat.

Als der VIII. Parteitag der SED 1971 die nächsten Ziele der Außenpolitik absteckte, mag vielleicht mancher Bürger der DDR eingedenk bisheriger Erfahrungen mit längeren Zeiträumen gerechnet haben. Immerhin ging es um die Mitgliedschaft der DDR in der UNO, um normale diplomatische Beziehungen zu allen Staaten und um gleichberechtigte vertraglich geregelte Beziehungen zur BRD auf der Grundlage des Völkerrechts.

»

Aus der Entschließung des VIII. Parteitages der SED zum Bericht des Zentralkomitees, Juni 1971: *„Der Parteitag tritt für die Mitgliedschaft der Deutschen Demokratischen Republik in der Organisation der Vereinten Nationen und in deren Spezialorganisationen ein. Dies ist ein wichtiges Erfordernis des Weltfriedens sowie der Universalität der UNO. Der Parteitag unterstreicht die Bereitschaft der Deutschen Demokratischen Republik, mit allen Staaten normale diplomatische Beziehungen aufzunehmen. Die Deutsche Demokratische Republik erstrebt die Herstellung gleichberechtigter Beziehungen zur BRD auf der Grundlage des Völkerrechts."*

(Protokoll der Verhandlungen des VIII. Parteitages der Sozialistischen Einheitspartei Deutschlands, Band 2, Berlin 1971, S. 293)

Doch bereits 1972 setzte eine buchstäbliche Anerkennungswelle ein. Von den europäischen kapitalistischen Staaten waren es die Schweiz, Schweden und Österreich und von den NATO-Mitgliedern Belgien, die sich als erste von der anachronistischen Alleinvertretungsanmaßung der BRD abwandten und diplomatische Beziehungen zum sozialistischen deutschen Staat aufnahmen. Die meisten anderen Staaten folgten diesem Schritt 1973. Niemand wollte den Zug der Zeit verpassen. Mit den USA wurden 1974 und mit Kanada 1975 diplomatische Vertretungen ausgetauscht. Die Teilnahme der DDR an den Vorbereitungen zur Konferenz für Sicherheit und Zusammenarbeit in Europa (KSZE) wurde fast schon als etwas völlig Normales betrachtet.

Am 18. September 1973 nahm die XXVII. Tagung der UN-Vollversammlung die Deutsche Demokratische Republik als 133. Mitgliedsstaat der Weltorganisation auf. Wichtige Spezialorganisationen der UNO hatten sich bereits zuvor der Mitarbeit der DDR versichert. Der langwierige Prozeß der internationalen Anerkennung des sozialistischen deutschen Staates war im wesentlichen abgeschlossen. Im 25. Jahr ihrer Existenz unterhielt die DDR mit über 100 Staaten diplomatische Beziehungen, darunter mit allen kapitalistischen Hauptländern. Das außenpolitische Programm des VIII. Parteitages der SED hatte sich als realistisch erwiesen.

Wo waren die Ursachen für diesen raschen Fortschritt zu suchen?

An erster Stelle muß hier die – trotz mancher Wachstumsprobleme – stabile und erfolgreiche Entwicklung der DDR selbst genannt werden. Allen Widerständen zum Trotz hatte sich im Herzen Europas ein ökonomisches und politisches Potential entwickelt, an dem niemand einfach mehr vorbeigehen konnte. Die DDR präsentierte sich als ein hochentwickelter Industriestaat mit leistungsfähiger Landwirtschaft. Das produzierte Nationaleinkommen hatte sich seit 1949 vervierfacht. Der Außenhandelsumsatz betrug Anfang der 70er Jahre bereits 40 Mrd. Valuta-Mark, das zehnfache gegenüber 1950.

Schöpfertum und Fleiß der Bürger dieses Staates wurden so zu einem Politikum, das mehr wog als revanchistische Illusionen Ewiggestriger.

Ihr konsequentes Eintreten für Frieden, Völkerverständigung und Abrüstung sowie ihre umfangreiche antiimperialistische Solidarität trugen der DDR und ihren Bürgern in wachsendem Maße Respekt und Sympathie fortschrittlicher Kräfte in aller Welt ein. Ende der sechziger Jahre entwickelte sich eine umfangreiche internationale Anerkennungsbewegung, die sich in nationalen und internationalen Komitees organisierte. Die Kampfwoche für die Anerkennung der DDR im Mai 1970 beispielsweise war von Aktionen in 50 Ländern begleitet. Nicht wenig hatten die Diplomaten im Trainingsanzug – die Sportler der DDR – und die Botschafter im Blauhemd – die FDJ-Brigaden im Ausland – dazu beigetragen, das internationale Ansehen ihres Staates zu stärken. Wer DDR-Sportler erlebte und ihre Siege, wer auf die Jugendlichen im Blauhemd traf, konnte schwerlich begreifen, daß sie aus einem Staat kamen, der nach BRD-Diktion eigentlich gar nicht existieren sollte. Zu den X. Weltfestspielen 1973 in Berlin konnten sich 25646 Gäste aus 140 Ländern mit den Leistungen des deutschen Arbeiter-und-Bauern-Staates vertraut machen. Sie erlebten einen Staat und eine Jugend, die Frieden und antiimperialistische Solidarität zu ihrem ureigensten Anliegen gemacht hatten. Die X. Weltfestspiele der Jugend und Studenten festigten die internationale Autorität der DDR.

Großes Gewicht hatte auch die solidarische Haltung der Sowjetunion und der anderen sozialistischen Staaten. Diese machten die internationale Anerkennung der DDR zu einem zentralen Anliegen ihrer Außenpolitik. Sie nahmen konsequent und zu jeder Zeit die Interessen des sozialistischen deutschen Staates in der internationalen Öffentlichkeit wahr, garantierten in Verträgen seine Souveränität und Integrität. Der Versuch der BRD, in den sechziger Jahren ihre Beziehungen zu den sozialistischen Ländern unter Umgehung der DDR zu normalisieren, scheiterte. Die koordinierte Außenpolitik der Staaten des Warschauer Vertrages ließ nicht zu, Entspannung an der DDR vorbei zu organisieren.

In der internationalen kommunistischen Bewegung und in der Weltfriedensbewegung hatte die DDR gleichfalls tatkräftige Bundesgenossen. Auf ihrer Beratung im Juni 1969 in Moskau stellten sich 75 kommunistische und Arbeiterparteien unter anderem die Aufgabe, „für die Unantastbarkeit der in Europa bestehenden Grenzen, insbesondere der Oder-Neiße-Grenze und der Grenze zwischen BRD und der DDR, für die völkerrechtliche Anerkennung der Deutschen Demokratischen Republik, ... für den Verzicht der BRD auf die Alleinvertretungsanmaßung“ zu kämpfen.

Einen beachtlichen Beitrag zur weltweiten Anerkennung der DDR hatten auch realistische Kräfte in nichtsozialistischen Ländern geleistet. Vor allem die Freundschaftsgesellschaften mit der DDR setzten sich unermüdlich für offizielle Beziehungen ein, halfen Kontakte zu knüpfen und ein wahrhaftiges Bild vom sozialistischen deutschen Staat zu verbreiten. Viele Freundschaftsgesellschaften wirkten so als „Botschafter“ der DDR in ihren jeweiligen Ländern.

? Welchen Beitrag leistete die DDR für das Zustandekommen der Schlußakte von Helsinki?

In einer feierlichen Zeremonie unterzeichneten am 1. August 1975 die Staatsoberhäupter von 33 Ländern Europas sowie aus den USA und Kanada in der finnischen Hauptstadt ein bedeutendes Dokument: die Schlußakte der Konferenz über Sicherheit und Zusammenarbeit in Europa (KSZE). 30 Jahre nach dem Ende des zweiten Weltkrieges vereinbarten sie, „bessere Beziehungen untereinander zu fördern sowie Bedingungen zu gewährleisten, unter denen ihre Völker in echtem und dauerhaftem Frieden, frei von jeglicher Bedrohung oder Beeinträchtigung ihrer Sicherheit leben können".

Von Europa, dessen Völker die blutigsten Kriege erlitten, ging ein Signal des Friedens und der Hoffnung für die Völker aus. Erstmals in der Geschichte des alten Kontinents setzten sich europäische Staatsmänner an einen Tisch, um darüber zu beraten, wie man gemeinsam Sicherheit und Frieden gewährleisten konnte. Daß sich daran sowohl Vertreter sozialistischer als auch kapitalistischer und neutraler Staaten beteiligten, macht das bis dahin Ungewöhnliche dessen, was dort im sommerlichen Helsinki passierte, nur noch deutlicher. Bis der finnische Präsident Urho Kekkonen alle Repräsentanten Europas, der USA und Kanadas begrüßen konnte, war es ein langer Weg mit vielen Hindernissen.

Die Initiative zur Einberufung einer solchen Konferenz war vom Warschauer Vertrag ausgegangen. Auf der Tagung seines Politischen Beratenden Ausschusses am 5. Juli 1966 schlugen die Staaten des Warschauer Vertrages vor, eine gesamteuropäische Konferenz über Sicherheit und Zusammenarbeit einzuberufen. Sie sollte den Weg zu einem System kollektiver Sicherheit in Europa eröffnen.

Eine derartige Konferenz war ohne die konstruktive Mitarbeit der beiden deutschen Staaten und eine deutliche Verbesserung ihrer Beziehungen nicht denkbar. Guter Wille, Bereitschaft zu vernünftigen Regelungen und Kompromissen waren auf beiden Seiten erforderlich, um den Prozeß der europäischen Entspannung zu fördern und nicht durch Auseinandersetzungen zwischen beiden deutschen Staaten zusätzlich zu erschweren.

Die DDR entsprach ihrer Verantwortung. Sie gehörte von Anfang an zu den Initiatoren und Wegbereitern der Konferenz über Sicherheit und Zusammenarbeit in Europa. Grundlage für ihre außenpolitischen Aktivitäten war das vom VIII. Parteitag der SED 1971 beschlossene Fünfpunktefriedenskonzept.

**Der Vorsitzende des Staatsrates der DDR, Erich Honecker, unterzeichnet in Helsinki die Schlußakte der Konferenz über Sicherheit und Zusammenarbeit in Europa, 1. August 1975.
Neben ihm BRD-Kanzler Helmut Schmidt (links),
USA-Präsident Gerald Ford (rechts),
und Österreichs Bundeskanzler Bruno Kreisky**

»

*„**Erstens.** Die DDR trat entschieden für die Einberufung einer europäischen Sicherheitskonferenz ein. Sie war gewillt, als gleichberechtigter Teilnehmer einer solchen Konferenz aktiv auf deren Erfolg hinzuwirken.*

***Zweitens.** Die DDR bekundete erneut ihre Bereitschaft, Mitglied der Organisation der Vereinten Nationen und ihrer Spezialorganisationen zu werden.*

***Drittens.** Die DDR bekräftigte ihre Absicht, zu allen Staaten normale diplomatische Beziehungen auf der Grundlage gegenseitiger Achtung der Gleichberechtigung und der Souveränität herzustellen.*

***Viertens.** Die DDR setzte sich für die Aufnahme normaler Beziehungen zur BRD entsprechend den Grundsätzen des Völkerrechts ein.*

***Fünftens.** Nach wie vor war die DDR dazu bereit, auf der Grundlage, daß Westberlin eine Stadt mit einem besonderen politischen Status ist, nicht zur BRD gehört und nicht von ihr regiert werden darf, im Interesse der Entspannung im Zentrum Europas das Verhältnis zu Westberlin zu normalisieren."*

(Geschichte der Außenpolitik der DDR, Abriß, Berlin 1984, S. 265f.)

Dieses Programm erwies sich als realistisch und zeitgemäß. Mit ihren Anstrengungen, dieses Friedenskonzept zu verwirklichen, leistete die DDR einen entscheidenden Beitrag zum Zustandekommen der Konferenz von Helsinki.

Ein gefährlicher Herd für Spannungen in Europa war Westberlin. Er wurde gelöscht durch das am 3. September 1971 nach zähen Verhandlungen unterzeichnete Vierseitige Abkommen über Berlin (West). Präzise wurde festgelegt, daß Westberlin kein Bestandteil der BRD ist und auch nicht von ihr regiert werden darf. An der Haltung der Sowjetunion scheiterten Versuche der westlichen Seite, einen „Viermächtestatus von Groß-Berlin" und rechtswidrige Ansprüche auf die Hauptstadt der DDR durchzusetzen. Die drei Westmächte mußten somit erstmals in völkerrechtlich verbindlicher Form die Existenz der DDR als souveräner Staat, seine Grenzen und sein Territorium bestätigen. Am Zustandekommen des Vierseitigen Abkommens hatte die DDR aktiv mitgewirkt. Auf ihre Initiative hin wurden die Verhandlungen mit der BRD-Regierung und dem Senat von Westberlin über konkrete Rahmenbedingungen des Abkommens zügig zum Abschluß gebracht. Die Regierungen der DDR und der BRD unterzeichneten am 17. Dezember 1971 das Abkommen über den Transitverkehr von zivilen Gütern zwischen der BRD und Berlin (West). Die Regierung der DDR und der Senat von Westberlin vereinbarten am 20. Dezember 1971 Erleichterungen und Verbesserungen des Reise- und Besucherverkehrs. Das schuf weitere Voraussetzungen für eine Normalisierung der Lage.

Im Juni 1972 begann auf Initiative der DDR ein Meinungsaustausch zwischen den Staatssekretären Michael Kohl (DDR) und Egon Bahr (BRD) über die Herstellung normaler Beziehungen zwischen beiden deutschen Staaten. Diese Gespräche mündeten im August 1972 in offizielle Verhandlungen über einen von der DDR vorgeschlagenen Vertragsentwurf. Nach langen und komplizierten Verhandlungen kam es am 21. Dezember 1972 in Berlin zur Unterzeichnung des „Vertrages über die Grundlagen der Beziehungen zwischen der DDR und der BRD".

Zugleich hatten die vier Mächte am 9. November 1972 im Zusammenhang mit den Verhandlungen um den Grundlagenvertrag eine Erklärung abgegeben, in der sie die Aufnahme der DDR und der BRD in die UNO befürworteten.

Auf der XXVIII. Tagung der UN-Vollversammlung am 18. September 1973 wurden die DDR und die BRD in die Weltorganisation aufgenommen. Das war ein Ereignis von historischer Bedeutung. Nunmehr konnte die DDR völlig gleichberechtigt am internationalen Leben teilnehmen und einen noch wirksameren Beitrag zu Frieden, Entspannung und Abrüstung leisten. Damit waren weitere wichtige Schritte auf dem Wege zu einer europäischen Sicherheitskonferenz gemacht.

In Dipoli bei Helsinki begannen am 22. November 1972 multilaterale Konsultationen bevollmächtigter Vertreter aus europäischen Ländern, den USA und Kanada zur Vorbereitung der KSZE.

Ihre unmittelbare Vorbereitung verlief dann in drei Phasen:

Die erste Phase begann am 2. Juli 1973 auf der Ebene der Außenminister der 35 Teilnehmerstaaten. Gemeinsam mit den Delegationen der sozialistischen Bruderländer leistete die Delegation der DDR, die unter Leitung von Otto Winzer stand, einen konstruktiven Beitrag zum Gelingen der Beratungen. Gemeinsam mit der Ungarischen Volksrepublik legte sie den Entwurf einer Erklärung über die Entwicklung der Zusammenarbeit auf dem Gebiet der Wirtschaft, des Handels, der Wissenschaft und Technik sowie im Bereich des Umweltschutzes vor.

Die zweite Phase der Konferenz dauerte fast zwei Jahre. Die Verhandlungen in Genf vom 18. September 1973 bis zum 21. Juli 1975 gingen nur langsam voran. Als besonders kompliziert erwies sich die Arbeit in der Kommission, die die Zusammenarbeit auf humanitärem Gebiet behandelte. Immer wieder versuchten imperialistische Kreise, von den sozialistischen Ländern „Gegenleistungen" für angebliches Entgegenkommen zu fordern.

Die dritte Phase der Konferenz fand vom 30. Juli bis 1. August 1975 in Helsinki auf höchster Ebene statt. Die Repräsentanten der teilnehmenden Länder unterzeichneten am 1. August 1975 die Schlußakte der Konferenz. Sie bildet ein geschlossenes aus mehreren Komplexen bestehendes Dokument. Kernstück ist die „Erklärung über die Prinzipien, die die Beziehungen der Teilnehmerstaaten leiten", die in zehn Punkten die praktische Anwendung der Politik der friedlichen Koexistenz von Staaten unterschiedlicher Gesellschaftsordnung in Europa beschreibt. Anerkannt wird die Notwendigkeit, die politische Entspannung durch Schritte der militärischen Entspannung zu ergänzen. Ein zweiter Komplex umfaßte vertrauensbildende Maßnahmen und verschiedene Aspekte der Sicherheit und Abrüstung, Fragen der Sicherheit und Zusammenarbeit im Mittelmeer und Maßnahmen zur Zusammenarbeit in den Bereichen Wirtschaft, Wissenschaft und Technik sowie Umweltschutz. Der dritte Komplex beinhaltet Festlegungen zur Zusammenarbeit in humanitären und anderen Bereichen (Kultur, Bildung, Information, menschliche Kontakte). Dieser auch als „Korb drei" bezeichnete Komplex wurde in der Folgezeit immer wieder von entspannungsfeindlichen Kräften als Argument mißbraucht, wenn es galt, Attacken gegen die vermeindliche Verletzung der „Menschenrechte" in den sozialistischen Ländern zu reiten. Im Schlußteil „Folgen der Konferenz" wurden verschiedene Maßnahmen festgelegt, um bi- und multilateral den Prozeß der Gewährleistung von Sicherheit und Zusammenarbeit in Europa fortzusetzen.

Mit dem erfolgreichen Abschluß der KSZE war die Wende vom kalten Krieg zur Entspannung endgültig vollzogen. Wesentliche Grundlagen für eine stabile Friedensordnung in Europa wurden geschaffen und Fortschritte auf dem Wege zu einem System der kollektiven Sicherheit und Zusammenarbeit erzielt. Die Staaten Europas, die USA und Kanada bekannten sich erstmals in der Geschichte zu einem Kodex der Anwendung der Prinzipien der friedlichen Koexistenz zwischen Staaten unterschiedlicher Gesellschaftsordnung. Gegenseitige Anerkennung der Souveränität, der territorialen Integrität, Respektierung der Unterschiedlichkeit der politischen, ökonomischen und sozialen Systeme der Teilnehmerstaaten sind seither als unverzichtbare Elemente einer europäischen Friedensordnung von allen Seiten anerkannt.

Die Konferenz von Helsinki war ein Sieg der Vernunft und des Realismus, zu dem die DDR einen eigenen Beitrag geleistet hat.

Auf dem Treffen für kernwaffenfreie Zonen im Juni 1988 in Berlin sagte Erich Honecker: „Sozialistische und kapitalistische Staaten leben auf diesem Kontinent in einem gemeinsamen Haus. Leider gibt es noch vieles, was Frieden und Sicherheit stört. Mit dem europäischen Vertragswerk wurde ein Fundament gelegt, auf dem sich weiter aufbauen läßt." Und er betonte: „Die Schlußakte von Helsinki ist gleichsam der Leittext für die Ausarbeitung einer Hausordnung unter Berücksichtigung der Interessen aller Seiten."

? Warum sprach Erich Honecker am 6. März 1978 mit Bischof Albrecht Schönherr?

„Der Generalsekretär des Zentralkomitees der Sozialistischen Einheitspartei Deutschlands und Vorsitzende des Staatsrates der Deutschen Demokratischen Republik, Erich Honecker, empfing am 6. März 1978 den Vorstand der Konferenz der Evangelischen Kirchenleitungen in der Deutschen Demokratischen Republik unter Leitung seines Vorsitzenden, Bischof D. Albrecht Schönherr, zu einem Antrittsbesuch." So stand es damals in allen Zeitungen. Diese lakonische Meldung hatte durchaus Brisanz – sie beschreibt das Ende eines langen, beschwerlichen Weges und signalisierte zugleich einen Neubeginn.

Als die DDR gegründet wurde, gehörten mehr als 90 Prozent der Bevölkerung einer Kirche oder Religionsgemeinschaft an, die meisten waren Protestanten. Dies ist in keinem anderen sozialistischen Land der Fall. Die SED stand vor der Aufgabe, den Sozialismus in einem Land mit protestantischen Mehrheitskirchen aufzubauen und die Zusammenarbeit von Marxisten und Protestanten zu entwickeln. Sie konnte sich bei der Lösung dieser neuartigen und komplizierten Aufgaben auf die Erkenntnisse der Klassiker des Marxismus-Leninismus stützen und Erfahrungen der deutschen und internationalen Arbeiterbewegung nutzen. Dennoch mußte sie kirchenpolitisches Neuland beschreiten, Wege und Formen der Zusammenarbeit und der Gestaltung des Verhältnisses Staat–Kirche suchen, für die es noch keine Beispiele gab. Der Aufbau des Sozialismus im Mutterland der Reformation war eine außerordentliche Herausforderung an die weltanschauliche Klarheit, ideologische Reife und politische Weitsicht der SED.

Wenngleich die Mitgliederzahlen der acht evangelischen Landeskirchen in den zurückliegenden vierzig Jahren auch abgenommen haben, so dominieren weiter die Protestanten unter den gläubigen Bürgern der DDR. Man geht davon aus, daß etwa drei bis vier Millionen Menschen evangelisch und rund eine Million katholisch sind. Zehntausende gehören Freikirchen und anderen Religionsgemeinschaften an. Als einzige nichtchristliche Religionsgemeinschaft wirkt in der DDR die Jüdische Gemeinde, deren Mitgliederzahl infolge des faschistischen Vernichtungsfeldzuges auf wenige hundert gesunken ist.

Bei der Gestaltung der Zusammenarbeit von Marxisten und Gläubigen ließ sich die SED von Anfang an von Grundprinzipien leiten, wie sie die KPD im antifaschistischen Kampf entwickelt und praktiziert hat:

1. Marxisten und Werktätige mit einem religiösen Bekenntnis vereinen gemeinsame Lebensinteressen. Sie verbindet der Wunsch nach einer Welt ohne Krieg, Ausbeutung und Unterdrückung.

2. Zwischen der wissenschaftlichen Weltanschauung der Arbeiterklasse und jeder Religion besteht ein grundlegender weltanschaulicher Unterschied. Dieser Unterschied darf aber nicht verwechselt und auch nicht gleichgesetzt werden mit einem Gegensatz der Lebensinteressen von Werktätigen, die sich zum Marxismus bekennen oder die religiöse Positionen vertreten. Der weltanschauliche Unterschied bedeutet kein Hindernis für die Zusammenarbeit von Marxisten und Gläubigen.

3. Zusammenarbeit bedeutet und bedingt nicht die Aufgabe unterschiedlicher weltanschaulicher Überzeugungen. Ein Marxist braucht im Interesse der Zusammenarbeit ebensowenig auf die Verbreitung seiner wissenschaftlichen Weltanschauung zu verzichten, wie ein Gläubiger sich von seinem Glauben abkehren oder aus seiner Kirche austreten muß.

Diese Prinzipien beruhen auf der grundlegenden Erkenntnis der Klassiker des Marxismus-Leninismus, daß man als wirklicher Revolutionär die Gemeinsamkeiten im Klassenkampf höher stellen muß als das Trennende. Sie haben sich in allen Etappen des Aufbaus des Sozialismus in der DDR bewährt und sind auch künftig Richtschnur für den Umgang mit Gläubigen.

So haben Millionen von Gläubigen durch ihre tägliche Arbeit zum Werden und Wachsen der DDR beigetragen. Die DDR ist auch ihr Werk und ihre Heimat. Diesem Umstand war es vor allem zu danken, daß auch die Kirchenführer mehr und mehr bestrebt waren, das Verhältnis zwischen Staat und Kirche auf eine konstruktive Grundlage zu stellen. Dies erwies sich als ein außerordentlich komplizierter und langwieriger Prozeß.

Besonders schwierig gestalteten sich die Beziehungen zwischen Staat und Kirche in den fünfziger Jahren. Dafür gab es verschiedene Ursachen. Der vom Imperialismus provozierte kalte Krieg erreichte in jenen Jahren seinen Höhepunkt und brachte die Menschheit an den Rand eines atomaren Krieges. In den USA und in Westeuropa wurde eine bisher nicht gekannte antikommunistische Hysterie erzeugt und der Antisowjetismus geschürt. Zum Arsenal der kalten Krieger in Washington und Bonn gehörte der politische Klerikalismus als bevorzugtes Mittel. Unter der Losung der „Rettung des christlichen Abendlandes“ riefen sie zum Kreuzzug gegen den „atheistischen Osten“ auf. Der Imperialismus fand bei kirchlichen Amtsträgern Verbündete, die die DDR als „Provisorium“ betrachteten, dem jede Legitimität fehle und das als Staat lebensunfähig sei. Ein führender Kirchenmann jener Zeit erklärte damals öffentlich, die DDR müsse man sich als ein Wölkchen vorstellen, das die Sonne kurzzeitig verdunkle, aber schnell vorüberziehe. Nach dem Scheitern der Genfer Außenministerkonferenz von 1955 wurde so manchem Kirchenmann deutlich: „Die DDR ist keine Eintagsfliege. Es wurde höchste Zeit, die Situation theologisch zu reflektieren und die Folgerungen zu ziehen.“ *(Bischof Albrecht Schönherr, 1986)*

Wer damals mit Kommunisten zusammenarbeitete, dem drohte der Papst mit der Exkommunizierung. Evangelische Laien und Amtsträger sahen sich einer Vielzahl raffiniert angelegter Repressalien und Diffamierungen von seiten der Kirchenbehörden ausgesetzt. In den Augen jener Kirchenführer konnten sie keine guten Christen und treuen Diener ihrer Kirche sein.

So kam es in den fünfziger Jahren zu harten Auseinandersetzungen mit Kirchenführern, die gegenüber der DDR auf einen Konfrontationskurs setzten, vernünftige Regelungen zwischen Staat und Kirche erschwerten und der Zusammenarbeit von Marxisten und Gläubigen Steine in den Weg legten. Besonders spitzten sich die Auseinandersetzungen über Fragen der Ausbildung und Erziehung der jungen Generation, über die Jugendweihe und die Junge Gemeinde zu. Völlig entlarvten sich diese Kirchenmänner, als sie 1957 dem Abschluß eines Militärseelsorgevertrages zwischen der Regierung der BRD und der Evangelischen Kirche in Deutschland (EKD) zustimmten, der den Einsatz evangelischer Pfarrer in der Bundeswehr regelte. Zu diesem Zeitpunkt bildeten die evangelischen Landeskirchen in der DDR und in der BRD noch eine institutionell-rechtliche Einheit, die Evangelische Kirche in Deutschland (EKD). Nach dem Abschluß des Militärseelsorgevertrages lehnte die Regierung der DDR jegliche Kontakte mit Gremien der EKD ab und erklärte, nur noch mit Kirchenvertretern zu verhandeln, die ihren Wohn- und Amtssitz in der DDR haben. Diese entschiedene Haltung und die Vernunft führten bereits wenige Monate später zu ersten Erfolgen. Im Frühsommer des Jahres 1958 kam es zu intensiven Gesprächen, die am 21. Juli 1958 mit einem Gemeinsamen Kommuniqué endeten. In ihm garantierte der sozialistische Staat auch künftig die Glaubens- und Gewissensfreiheit und die ungestörte Religionsausübung. Die Delegation der evangelischen Kirchen in der DDR erklärte ihrerseits, daß sie nicht an den Militärseelsorgevertrag mit der BRD-Regierung gebunden sei und dieser für die DDR keine Gültigkeit habe. Die Kirche diene mit ihren Mitteln dem Frieden und stimme daher auch grundsätzlich mit den Friedensbestrebungen der DDR und ihrer Regierung überein. Ihrem Glauben entsprechend erfüllen Christen ihre staatsbürgerlichen Pflichten auf der Grundlage der Gesetzlichkeit. Sie respektieren die Entwicklung zum Sozialismus und tragen zum friedlichen Aufbau bei.

Damit waren wichtige Voraussetzungen für eine Verbesserung des Verhältnisses von Staat und Kirche geschaffen, wenngleich zu dieser Zeit noch viele Probleme ungelöst und die Gegenkräfte stark und einflußreich blieben. Die Erklärung war eine Ermutigung für alle realistischen Kräfte in den evangelischen Kirchen. Zugleich war sie ein wichtiger Schritt auf dem Weg zur Eigenständigkeit der Kirchen in der DDR.

Die Sicherung der Staatsgrenze zu Westberlin am 13. August 1961 beschleunigte den Klärungsprozeß innerhalb der maßgeblichen Kirchenkräfte. Sie zwang Christen und Kirchen über ihr Verhältnis zur DDR neu nachzudenken. Der 13. August 1961 war eine Niederlage für all jene, die auf die Adenauer-Konzeption von der „Befreiung der Brüder und Schwestern im Osten" gesetzt hatten. Die vermeintliche „Einheit der evangelischen Kirche" war endgültig zur Fiktion geworden. Indem man aber weiter daran festhielt, wurde eine weitere Normalisierung des Verhältnisses zwischen Staat und Kirche behindert. Die Regierung der DDR hatte ihre Bereitschaft mehrfach unüberhörbar bekundet, miteinander zu reden. Deutliche Signale waren die Erklärung des Vorsitzenden des Staatsrates, Walter Ulbricht, vom Oktober 1960, sein Gespräch mit einer Delegation von Christen unter Leitung von Emil Fuchs im Februar 1961 sowie ein Treffen mit dem Thüringischen Landesbischof, Moritz Mitzenheim, im August 1964 auf der Wartburg bei Eisenach. Programmatische Bedeutung hatte die dabei von Walter Ulbricht getroffene Feststellung, daß Marxisten und Christen eine gemeinsame humanistische Verantwortung für die Erhaltung des Friedens, die Ausgestaltung der sozialistischen Gesellschaft und die Entwicklung friedlicher Beziehungen zwischen beiden deutschen Staaten verbinde.

Deutliche Fortschritte des innerkirchlichen Umdenkungs- und Klärungsprozesses wurden im Rahmen der breiten Volksaussprache über den Entwurf der sozialistischen Verfassung im Frühjahr 1968 sichtbar. Zahlreiche Gläubige und auch Amtsträger der Kirchen meldeten sich zu Wort. Von weitreichender kirchenpolitischer Bedeutung war ein Brief aller evangelischen Bischöfe in der DDR an Walter Ulbricht. Unter anderem stellten sie darin fest: „Als Staatsbürger eines sozialistischen Staates sehen wir uns vor die Aufgabe gestellt, den Sozialismus als eine Gestalt gerechteren Zusammenlebens zu verwirklichen." Der Thüringische Landesbischof Moritz Mitzenheim erklärte öffentlich, daß die Grenzen der DDR auch die Grenzen für kirchliche Organisationsmöglichkeiten darstellten. Gegen den erbitterten Widerstand von Kirchenführern, die die Realitäten nicht zur Kenntnis nehmen wollten, setzte sich diese Position in den Leitungsgremien der evangelischen Landeskirchen mehr und mehr durch. Sichtbarer Ausdruck dafür war die Bildung des Bundes der evangelischen Kirchen (BEK) in der DDR im Juni 1969 und die damit vollzogene Loslösung von der EKD. Dies war wohl der entscheidende Schritt, um den Weg zu einem konstruktiven Verhältnis zwischen Staat und Kirche frei zu machen.

Vertrauensvoller Dialog im Staatsratsgebäude.
Erich Honecker im Gespräch mit Bischof Albrecht Schönherr,
6. März 1978

Erfahrungsaustausch
junger Christen im Hause des Zentralrats der FDJ,
16. Februar 1983

Anfang der siebziger Jahre begann eine neue Etappe der kirchenpolitischen Arbeit und des Wirkens der Gläubigen und Kirchen in der DDR. Nunmehr ging es um die Lösung von drei eng miteinander verbundenen Aufgaben:

• um die Gewinnung der Gläubigen, an der Verwirklichung der Hauptaufgabe in ihrer Einheit von Wirtschafts- und Sozialpolitik mitzuarbeiten;
• um einen aktiven Beitrag der Kirchen zur Durchsetzung des Entspannungsprozesses und im Kampf um Frieden und Völkerverständigung;
• um die Ausgestaltung des Verhältnisses Staat–Kirche, nachdem die Kirchen begannen, Schlußfolgerungen aus der Anerkennung von zwei deutschen Staaten zu ziehen und nach einem neuen Standort in der sozialistischen Gesellschaft zu suchen.

Die grundlegenden strategischen Entscheidungen der SED Anfang der siebziger Jahre über die weitere Gestaltung der entwickelten sozialistischen Gesellschaft in der DDR führten auch zu neuen kirchenpolitischen Überlegungen. Die Entwicklung eines modernen Sozialismusbildes ging einher mit der Überwindung vereinfachter, verkürzter und einseitiger Vorstellungen über Religion und Kirche im Sozialismus und im internationalen Weltgeschehen. Ausgangspunkt für derartige Überlegungen war die Erkenntnis, daß Religion und Kirche noch lange existieren werden und nicht als „Muttermal des Kapitalismus", als „unerledigter bürgerlicher Restbestand", als „Makel des Sozialismus" betrachtet werden dürfen.

Am 9. Februar 1971 erläuterte Paul Verner, Mitglied des Politbüros des ZK der SED, vor dem CDU-Hauptvorstand die kirchenpolitischen Vorstellungen der SED. Er sprach sich gegen das Hochspielen sowie das Verwischen der weltanschaulichen Unterschiede aus, da dies allein den Feinden des Friedens und des gesellschaftlichen Fortschritts diene. Er hob hervor, daß in der DDR jeder geachtet und gefördert werde, auch derjenige, der sich aus christlicher Überzeugung für Sozialismus und Frieden einsetze. Paul Verner versicherte den Kirchen, daß es eine Sozialisierung der christlichen Lehre, eine „sozialistische Kirche" bisher nicht gegeben habe und auch in Zukunft nicht geben werde.

Auf der Eisenacher Bundessynode des BEK im Juli 1971 hob Landesbischof Rathke hervor, ein Christ könne in einer Reihe von Fragen auch an der vom VIII. Parteitag der SED gestellten Aufgabe, alles für das Wohl des Menschen zu tun, mitarbeiten. Auf der Synode wurde die Formel von der **„Kirche nicht neben, nicht gegen, sondern im Sozialismus"** geprägt. Damit war der Standort der Kirche in der sozialistischen Gesellschaft der DDR neu bestimmt.

Sehr bald setzten um die Ausfüllung dieser Formel heftige, kontrovers geführte innerkirchliche Debatten ein. Die Selbstverbrennung des

Pfarrers Brüsewitz im August 1976 markierte eine deutliche Zuspitzung der Auseinandersetzung zwischen realistischen, um ein loyales Verhältnis zum sozialistischen Staat bemühten und den auf Konfrontation setzenden Kräften in den evangelischen Kirchen.

Zur gleichen Zeit wurde in den verantwortlichen staatlichen Stellen die Frage eines Empfangs der Leitungsgremien des BEK durch den Vorsitzenden des Staatsrates diskutiert, um auf diese Weise ein deutliches Signal für die Verbesserung des Verhältnisses Staat–Kirche zu setzen.

Nach monatelangen vertraulichen Gesprächen kam es am 6. März 1978 zu einer Begegnung im Amtssitz des Staatsrates. Erich Honecker empfing den Vorstand der Konferenz der Evangelischen Kirchenleitungen in der DDR, dessen Vorsitzender Bischof Albrecht Schönherr war. Erich Honecker würdigte das Friedensengagement der Kirchen, ihr Eintreten für Frieden, Entspannung und Völkerverständigung sowie ihren Beitrag zur Beendigung des Wettrüstens, zum Verbot der Massenvernichtungsmittel, vor allem der Neutronenwaffen. Der Vorsitzende des Staatsrates drückte seine hohe Wertschätzung aus für die humanitäre Hilfe der Kirchen in der DDR, die diese in der dritten Welt leisteten. Er erläuterte den auf das Wohl des ganzen Volkes gerichteten Kurs der Hauptaufgabe.

„Den Kirchen als Kirchen im Sozialismus“, so betonte Erich Honecker, „eröffnen sich heute und künftig viele Möglichkeiten des Mitwirkens an diesen zutiefst humanistischen Zielen. Wir gehen von der Beteiligung aller Bürger am Werk des Sozialismus aus, das im gesellschaftlichen wie im individuellen Interesse liegt.“ Er erinnerte daran, daß die sozialistische Gesellschaft jedem Bürger, unabhängig von Alter und Geschlecht, Weltanschauung und religiösem Bekenntnis Sicherheit und Geborgenheit bietet. Gleichberechtigung und Gleichachtung aller Bürger sowie ihre uneingeschränkte Einbeziehung in die Gestaltung der entwickelten sozialistischen Gesellschaft stelle eine Norm dar, welche die zwischenmenschlichen Beziehungen prägt und für alle verbindlich ist. Der Vorsitzende des Staatsrates bekräftigte das Prinzip der Freiheit der Religionsausübung bei klarer Trennung von Staat und Kirche.

Bischof Schönherr betonte seinerseits, daß der Christ seine Existenz als Staatsbürger der DDR nicht nur so verstehe, daß er die bestehenden Gesetze formal einhalte, sondern daß er sich von seinem Glauben her mitverantwortlich sowohl für das Ganze als auch für den einzelnen und auch für dessen Verhältnis zum Ganzen wisse. Der Bischof charakterisierte „Kirche im Sozialismus“ als eine Kirche, die christlichen Bürgern und der einzelnen Gemeinde helfe, einen Weg zu finden in der Freiheit und Bindung des Glaubens. Sie bemühe sich darum, das Beste für alle und für das Ganze zu suchen. „Das Verhältnis von Staat und Kirche ist so gut, wie es der einzelne christliche Bürger in seiner gesellschaftlichen Situation vor Ort erfährt“, stellte Bischof Schönherr fest.

Im Verlauf des Gesprächs wurden verschiedene Sachfragen erörtert. Dies betraf unter anderem kirchliche Sendungen im Rundfunk und Fernsehen, Fragen der Seelsorge in Strafvollzugsanstalten und der Altersversorgung für auf Lebenszeit angestellte kirchliche Mitarbeiter. Kirchlichen Aktivitäten zum 500. Geburtstag des Reformators Martin Luther im Jahre 1983 wurden staatlicherseits Unterstützung zugesichert.

Worin liegt nun die historische Bedeutung dieses Treffens vom 6. März 1978? War es eine Kehrtwende in der Kirchenpolitik der SED und des Staates? War es eine „Eintagsfliege“?

Vier Aspekte sollen hervorgehoben werden:

1. Gespräche zwischen Vertretern von Staat und Kirche hat es in der Geschichte der DDR immer gegeben – selbst in Zeiten erheblicher Spannungen. 1978 war es allerdings das erste Mal, daß das Staatsoberhaupt der DDR mit der Führungsspitze der evangelischen Landeskirchen in der DDR zu einem Grundsatzgespräch zusammentraf. Kein anderes Treffen hat so nachhaltig und langfristig das Zusammenwirken von Marxisten und Christen gefördert und das Verhältnis von Staat und Kirche in der DDR so grundlegend verändert.

2. Das Treffen war ein markanter Höhepunkt bisheriger kirchenpolitischer Anstrengungen der SED und des sozialistischen Staates, es bestätigte eindrucksvoll die Nützlichkeit dieser Politik. Zugleich war es das Ergebnis neuer Einsichten und Überlegungen zur Lebensdauer von Religion und zu den Wirkungsmöglichkeiten einer Kirche, die die DDR als den von Gott gewiesenen Ort ihres Wirkens anerkannt und kirchenrechtliche Konsequenzen aus der Existenz von zwei deutschen Staaten gezogen hat. So wurde das Treffen zum Ausgangspunkt für weitere Schritte, die die gleichberechtigte, gleichgeachtete Mitwirkung von Gläubigen förderten und Vertrauen, Offenheit, Verläßlichkeit und Bereitschaft zu konstruktiven Regelungen zwischen Staat und Kirche stärkten.

3. Das Treffen vom 6. März 1978 markiert zugleich einen gewissen Einschnitt in einen langwierigen, widerspruchsvollen, von Rückschlägen begleiteten Lern- und Umdenkungsprozeß der evangelischen Kirchen in der DDR. Es bestärkte viele Amtsträger der Kirchen in der Überzeugung, daß ein konstruktives, von Respekt und Verständnis geprägtes Verhältnis zum sozialistischen Staat im wohlverstandenen Interesse kirchlicher Arbeitsmöglichkeiten und von Millionen Gläubigen liegt. So hat das Treffen die Positionen vernünftiger, realistischer, auf Verständigung und nicht auf Konfrontation setzender Kräfte in den Kirchen gefestigt.

4. Bei dem Treffen wurde kein Vertrag abgeschlossen. Dennoch blieb es nicht bei bloßen Absichtserklärungen. Beide Seiten haben Grundpositionen bezogen und Leitlinien für künftiges Zusammenwir-

ken festgelegt. Verlauf, Ergebnisse und Atmosphäre bewiesen, was trotz unterschiedlicher Auffassungen in wichtigen Grundfragen möglich ist, wenn beide Seiten unter Wahrung der Identität des anderen Felder für gemeinsames Wirken im Interesse der Menschen abstecken. Insofern reicht das Treffen in seiner Wirkung weit über den Tag hinaus und hat gewissermaßen Modellcharakter für die Zusammenarbeit und die Art des Umgangs miteinander über soziale, politische, weltanschauliche und religiöse Grenzen und Meinungsverschiedenheiten hinweg.

Zehn Jahre nach diesem historischen Treffen hatte Erich Honecker am 3. März 1988 eine Begegnung mit dem neuen Vorsitzenden der Evangelischen Kirchenleitung in der DDR, Dr. Werner Leich. In seiner Ansprache erklärte das DDR-Staatsoberhaupt, daß dieses erneute Treffen von dem Willen getragen sei, das Werk vom 6. März 1978 fortzusetzen. Damals sei eine Entwicklung eingeleitet worden, die sich auf die Gestaltung der entwickelten sozialistischen Gesellschaft, in der auch die Kirche einen festen Platz einnimmt, fruchtbar ausgewirkt habe.

? Was leistete die DDR für Dialog und Friedenssicherung in den internationalen Beziehungen?

1034 Gäste aus 113 Ländern versammelten sich im Juni 1988 im Palast der Republik. Sie folgten der Einladung Erich Honeckers zum Internationalen Treffen für kernwaffenfreie Zonen. Längst hatte sich herumgesprochen – die Hauptstadt der Deutschen Demokratischen Republik war ein bewährter Ort freimütigen Meinungsaustauschs. Hier ging es nicht darum, vorgefaßte Positionen zu bestätigen. Gefragt war der verantwortungsbewußte Gedankenaustausch zu Kardinalfragen der Zeit. 651 Redner nutzten diese Möglichkeit in zwei Plenarberatungen, neun Kommissionssitzungen, neun spezifischen Treffen und in weiteren Podiumsdiskussionen. „Die Deutsche Demokratische Republik“, so versicherte der Gastgeber zum Abschluß der Beratungen, „wird auch künftig mit Konsequenz und Initiative unserem gemeinsamen Anliegen, der edelsten Sache der Menschheit, dem Frieden, dienen.“

» ***Aus der Eröffnungsansprache Erich Honeckers auf dem Internationalen Treffen für kernwaffenfreie Zonen in Berlin am 20. Juni 1988:***

„Wird die Vernunft oder die Bombe die Welt regieren? Werden die Errungenschaften schöpferischen menschlichen Geistes das Leben der Nationen und der Natur bestimmen oder zur Vernichtung mißbraucht? …

Im Interesse des Friedens und der Prosperität ist es daher an der Zeit, bestehende Barrieren zu überwinden, Rivalität, Exklusivität und Voreingenommenheit aus den internationalen Beziehungen zu verbannen. …

Eine Welt ohne Kernwaffen ist zweifellos eine kühne, aber keineswegs illusionäre Vision, mag der Weg dorthin auch beschwerlich sein. Ihn bis zum Ziel zu beschreiten verlangt Beharrlichkeit, Mut und Geduld von allen Seiten. Es verlangt guten Willen, Vertrauen in die Kraft und Vernunft der Völker, deren erstes Menschenrecht der Frieden ist. … Unterschiedliche politische und ideologische Standpunkte dürfen uns nicht daran hindern, gemeinsame Interessen wahrzunehmen und eine Kultur des sachlichen politischen Dialogs zu praktizieren, die einschließt, selbst Gegensätze in einer Weise auszutragen, die dem Zusammenwirken dient und niemandem schadet.“

(Neues Deutschland [B] vom 21. Juni 1988)

Die Vereinbarung zwischen der UdSSR und den USA, ihre Mittelstrekkenraketen in Europa wieder abzubauen und zu vernichten, zeigte, daß selbst scheinbar unlösbare und komplizierte Probleme geregelt

Die Friedensbewegung in der DDR – Teil der weltweiten Aktionen gegen Hochrüstung und Konfrontationspolitik

werden konnten. Dieser Einstieg in die atomare Abrüstung ließ den Nutzen langjähriger konsequenter Anstrengungen augenscheinlich werden. Der Sowjetunion war dieser Sieg der Vernunft in erster Linie zu danken. Doch auch die DDR hatte mit allen Möglichkeiten, die ihr zu Gebote standen, dafür gewirkt, die Bedrohung durch die Raketenhochrüstung von Europa und der Welt abzuwenden.

Doch wie war es zu dieser Bedrohung gekommen? Hatte nicht in den siebziger Jahren die Entspannung in Europa Erfolge gefeiert? Ja, sicher. Doch am Ausgang dieses außenpolitisch so erfolgreichen vergangenen Jahrzehnts sah die Welt bereits wieder anders aus. In dieser Zeit gingen die aggressivsten Kräfte des Imperialismus offen zur Konfrontation und Hochrüstung über. Aus Regierungskreisen der USA war vom „Kreuzzug gegen die Welt des Bösen“ – den Sozialismus – und von „Enthauptungsschlägen“ zu hören. 1978 verkündeten die NATO-Staaten ihr Langzeitrüstungsprogramm, das bisher umfangreichste in der Geschichte des Militärpaktes. Auf Betreiben der USA und der BRD-Regierung faßten sie im Dezember 1979 in Brüssel den verhängnisvollen Beschluß, ab 1983 neue moderne atomare Mittelstreckenraketen und Marschflugkörper in Westeuropa zu stationieren. In den USA reiften Pläne für einen „führbaren Atomkrieg“. Dieser sollte nach Ansicht der Pentagon-Strategen vorzugsweise auf Europa konzentriert werden.

Mit ihrer Hochrüstungspolitik hofften aggressive imperialistische Kreise, das entstandene militärstrategische Gleichgewicht zu ihren Gunsten verschieben und den Sozialismus totrüsten zu können. Sie wollten die Fähigkeit zum nuklearen Enthauptungsschlag erlangen. Als Vorwand für die Raketenhochrüstung mußte eine angebliche Bedrohung der NATO-Länder durch sowjetische Mittelstreckenraketen herhalten. In Wahrheit begann die Entwicklung der Pershing II schon, ein Jahr bevor der NATO 1975 die Erprobung der sowjetischen SS-20 bekannt wurde. Die ersten erfolgreichen Flugtests der amerikanischen TOMAHOWK wurden bereits 1976 durchgeführt. Dem angeblichen „Nachrüstungsbeschluß“ der NATO von 1979 waren gezielte Entwicklungen neuer Waffensysteme vorausgegangen. Einer der Wortführer der US-amerikanischen Nuklearkriegsstrategie, Colin S. Gray, bestätigte Anfang der 80er Jahre in aller Öffentlichkeit: „Bei dem NATO-Plan, 108 Pershing II und 464 bodengestützte Marschflugkörper zu stationieren, geht es nicht darum, ein Gleichgewicht oder ein Gegengewicht gegenüber der sowjetischen SS-20-Stationierung zu schaffen ... Die NATO braucht eine beträchtliche Anzahl dieser 572 Systeme ..., **gleichgültig**, ob die sowjetische SS-20-Stationierung auf Null reduziert wird **oder nicht.**“

In der Tat ging es nicht bloß – wie behauptet – um eine Modernisierung der Bewaffnung. Die Pershing II und Cruise Missiles konnten innerhalb weniger Minuten von Westeuropa aus sowjetisches Gebiet bis zum Ural erreichen. Außerdem konnten sie der Ortung durch herkömmliche Radarsysteme entgehen und ihre Ziele annähernd punktgenau treffen. Für die Staaten des Warschauer Vertrages reduzierten sich die Vorwarnzeiten so extrem, daß dieser Begriff eigentlich gar nicht mehr zutreffend war.

Die Staaten des Warschauer Vertrages konzentrierten zunächst ihre Anstrengungen darauf, die Stationierung neuer Raketen in Westeuropa abzuwenden und damit die Zuspitzung der militärstrategischen Situation zu vermeiden. Sie wußten sich in dieser Zielstellung eins mit einer wachsenden Friedensbewegung in den westeuropäischen Ländern. Hunderttausende gingen dort auf die Straßen, fanden sich zu Kundgebungen und Protestaktionen, um ihre Politiker zur Vernunft zu mahnen. Die BRD erlebte die gewaltigsten Demonstrationen ihrer Geschichte. In Genf verhandelten die Vertreter der UdSSR und der USA intensiv, doch letztlich erfolglos.

Im Herbst 1979 wandte sich Erich Honecker mehrfach an den damaligen Bundeskanzler der BRD, Helmut Schmidt, mit der Aufforderung, seinen Einfluß für Rüstungsbegrenzung und Abrüstung geltend zu machen. Am Vorabend des SPD-Parteitages telefonierte er erneut mit ihm. Es ging um die Folgen, die eine Zustimmung der SPD zur Raketenstationierung haben würde.

Die Bürger der DDR spürten an der Trennlinie der beiden gewaltigen Militärblöcke die wachsende Bedrohung des Friedens besonders nachhaltig. In Mitteleuropa konzentrierten sich mehr Waffenpotentiale als in anderen Regionen der Welt. Im Falle eines militärischen Konflikts waren nicht nur die Früchte fleißiger Arbeit, sondern die Existenz allen Lebens generell in Frage gestellt. Über 13 Millionen Bürger – das waren 96 Prozent aller Einwohner über 14 Jahre – unterzeichneten im Oktober und November 1979 eine Willenserklärung. „Wir haben unser Land nicht aus Ruinen aufgebaut, damit noch einmal alles in Trümmern versinkt ... Wir fordern: Keine neuen Atomraketen in Westeuropa – dafür Schritte zur Abrüstung“, hieß es dort. Am 28. November wurden die Dokumente zur Willenserklärung an den UNO-Generalsekretär übergeben.

Die Friedensbewegung in der DDR erreichte bislang nicht gekannte Dimensionen. Vor allem ihre Breite und Vielfalt setzte deutlich neue Akzente. Meetings, Kundgebungen, Demonstrationen, Foren, Mahnwachen, Ausstellungen, Konzerte in allen Kreisen der DDR bekräftigten: In diesem Land befindet sich die Mehrheit der Bevölkerung in Übereinstimmung mit der Friedenspolitik ihrer Regierung. Hier mußte nicht Friedenswillen gegen den Staat demonstriert werden. Besonders engagierte sich die Jugend. Das war nur zu verständlich. Es ging um ihre Zukunft, um ihr Leben. Veranstaltungen und Initiativen der FDJ wie „Rock für den Frieden“ oder „Friedenswochen der Jugend“ fanden in den folgenden Jahren ein Millionenpublikum.

Auch in kirchlichen Kreisen fand die Friedenspolitik der SED und der Staatsführung Würdigung und Unterstützung. Sie leisteten mit eigenen Veranstaltungen und spezifischen Mitteln einen wichtigen Beitrag im Friedenskampf.

Die DDR unternahm alles, um die Ergebnisse des Entspannungsprozesses zu bewahren und den Dialog mit Staaten und Politikern unterschiedlicher politischer Orientierung zu führen. Dem Besuch des Staatsratsvorsitzenden in Österreich 1980 folgten Visiten in Japan, Mexiko 1981 sowie Syrien, Zypern und Kuweit 1982. „Wir sind nicht für den Abbruch, sondern für die Fortsetzung des Dialogs zwischen Ost und West, Süd und Nord“, hatte Erich Honecker im Mai 1980 mit allem Nachdruck erklärt.

Im Dezember 1981 traf er am Werbellinsee mit Bundeskanzler Helmut Schmidt zu ausführlichen Gesprächen zusammen. Beide Staatsmänner bekräftigten ihre Überzeugung, daß von deutschem Boden nie wieder Krieg ausgehen darf. Trotz unterschiedlicher Meinungen über die Ursachen der internationalen Spannungen und des Rüstungswettlaufs war ein gemeinsames Interesse formuliert, das Ansätze für einen aktiven Beitrag beider deutscher Staaten zu Entspannung und Abrüstung einschloß. Die DDR suchte nicht nur den Dialog mit der Bundesregierung, sondern mit allen politischen Kräften in der BRD. Es galt, den Boden für eine Koalition der Vernunft und des Realismus zu bereiten. Angesichts der heraufziehenden Gefahren war es relativ unerheblich, wie tief politische Gegensätze und Meinungsverschiedenheiten bisher waren und auch in Zukunft sein würden. Es ging um die Existenz des europäischen Kontinents und seine Sicherheit. Von Interesse war, ob der jeweilige Partner bereit sein würde, eine Alternative zu Hochrüstung und Konfrontation zu suchen und zu vertreten.

Die wenigen Jahre der Entspannung hatten nicht ausgereicht, um tiefverwurzeltes Mißtrauen und in Jahrzehnten errichtete Barrieren zu überwinden. In der NATO setzten sich jene Kräfte durch, die auf den Konfrontationskurs eingeschworen waren. Entgegen dem Willen der Mehrheit der Völker begann am 14. November 1983 die Stationierung amerikanischer Raketen im britischen Greenham Common. Nachdem sich am 22. November der Bundestag der BRD gegen die Stimmen der SPD und der Grünen für die Stationierung entschieden hatte, rollten 4 Tage später auch die Raketentransporte nach Mutlangen. Waren die weltweiten Proteste der Friedensbewegung, der Kampf von Millionen Raketengegnern, die Dialogbemühungen sozialistischer Länder umsonst gewesen? Sollte sich der Sozialismus nun doch Konfrontation und Wettrüsten aufdrängen lassen?

Die Raketenstationierung in Westeuropa verlangte rasche Maßnahmen der sozialistischen Länder. Abstriche an der wirksamen militärischen Verteidigung des Sozialismus durften nicht zugelassen werden. In Abstimmung mit den Regierungen der ČSSR und der DDR wurden die Vorbereitungen für die Stationierung sowjetischer operativ-taktischer Raketen beschleunigt. Die DDR stand zuverlässig zu ihren Bündnisverpflichtungen. Zugleich machte sie keinen Hehl daraus, daß sie sich ihr Territorium sobald als möglich wieder von diesem „Teufelszeug" frei wünschte.

Mancher dachte, im Angesicht der neuen atomaren Mittelstreckenraketen habe sich der weitere Dialog erübrigt.

In der Tat war die Raketenstationierung in Westeuropa eine schwere Belastung für das internationale Klima. Hier und da wurde sogar einer „neuen Eiszeit" das Wort geredet. Die SED hingegen sah ihre Aufgabe darin, „den Schaden möglichst zu begrenzen". So formulierte es die 7. Tagung des Zentralkomitees der SED im November 1983. Gerade weil die Bedrohung für den Frieden so groß geworden war, mußte der Kampf für den Frieden und die Abwendung eines nuklearen Infernos „jetzt erst recht" fortgesetzt werden. Die Führung der DDR führte den Dialog mit Staatsmännern und Politikern aus den verschiedensten Lagern weiter, obwohl nach den gescheiterten Abrüstungsverhandlungen in Genf und der Raketenstationierung zunächst eine „Zeit der Sprachlosigkeit" in den Beziehungen der Großmächte einsetzte.

»

Erich Honecker auf der 7. Tagung des ZK der SED, 25. November 1983:
„Selbstverständlich lösen diese Maßnahmen, die unumgänglich waren, um eine militärstrategische Überlegenheit der USA zu vereiteln, in unserem Lande keinen Jubel aus. Wir waren nie Anhänger des Wettrüstens und werden es nie sein. Aber da es gilt, den Frieden zu sichern, tun wir konsequent, was getan werden muß ...

Auf die Frage, wie es nun in der durch den Stationierungsbeginn der NATO veränderten Lage weitergeht und worauf es ankommt, antworten wir: Der Kampf für die Abwendung eines nuklearen Weltkrieges, für die Beendigung des Wettrüstens wird jetzt erst recht fortgesetzt ... Das vorrangige Ziel der Außen- und Sicherheitspolitik der DDR bleibt es, ihren Beitrag zu leisten, damit ein nukleares Inferno verhindert und der Weltfrieden gesichert wird. Nach wie vor gibt es zur Politik der friedlichen Koexistenz von Staaten unterschiedlicher sozialer Ordnung keine vernünftige Alternative ...
Als wirkliche Anhänger des Friedens lassen wir uns stets von der alten Volksweisheit leiten, daß es auf jeden Fall besser ist, zehnmal zu verhandeln als einmal zu schießen ...
Von großer Bedeutung ist es, den politischen Dialog mit allen Kräften fortzusetzen, die ihre Verantwortung für die Geschicke ihrer Völker und der Mensch-

heit wahrnehmen und zu einer Verständigung bereit sind ...
Wir sind dafür, den Schaden möglichst zu begrenzen."
(Erich Honecker: Reden und Aufsätze, Band 10, Berlin 1986, S. 9, 16, 17)

Die Politik des konstruktiven Dialogs war für die DDR keine taktische Variante, sondern eine prinzipielle strategische Orientierung, die mit Geduld und Konsequenz zu fördern war. Gerade im Karl-Marx-Jahr 1983 gelangen auf diesem Gebiet Weichenstellungen und Durchbrüche, deren Früchte sich in den folgenden Jahren zeigen sollten. Das wohl herausragendste Ereignis in diesem Zusammenhang war die Internationale Wissenschaftliche Konferenz „Karl Marx und unsere Zeit – der Kampf um Frieden und sozialen Fortschritt", zu der die SED in die Hauptstadt der DDR eingeladen hatte. Aus 111 Ländern nutzten insgesamt 145 kommunistische und andere revolutionäre Vorhutparteien, national-revolutionäre und demokratische, sozialistische und sozialdemokratische Parteien und Organisationen die Möglichkeit des gleichberechtigten und freimütigen Meinungsaustausches. Bereits die Sitzordnung demonstrierte, daß hier jede Stimme gehört wurde. Ein solch breites Forum hatte es bis dahin nicht gegeben. Vor allem waren zuvor noch nie soviel Parteien der beiden Hauptströme der Arbeiterbewegung in einem Saal zusammengekommen. Mit dieser Konferenz wurden Barrieren abgebaut und Türen geöffnet. Die DDR wußte sich dabei eins mit den Orientierungen, wie sie in der Prager Deklaration der Staaten des Warschauer Vertrages von 1983 abgesteckt waren.

» ***Aus der Rede Erich Honeckers auf der Karl-Marx-Konferenz in Berlin, 11. April 1983:***

„Heute haben wir es jedoch mit einer Weltsituation zu tun, in der die Gefahr eines Nuklearkrieges das Leben der Völker überschattet, eines Infernos, das im Falle seines Ausbruchs die Selbstvernichtung der Menschheit bedeuten würde. Dies zu verhindern, einen sicheren Frieden zu gewährleisten, ist das Wichtigste in unserer Zeit. Nur dadurch werden der weitere soziale Fortschritt und die Lösung anderer gesellschaftlicher Probleme möglich, wird die Rettung der Zivilisation möglich. ...
Vor diesem Forum, das sich zu Ehren von Karl Marx versammelt hat, möchte ich es als ein Gebot der Stunde bezeichnen, daß alle politischen und gesellschaftlichen Kräfte, die den Frieden aufrichtig wollen, ungeachtet unterschiedlicher politischer Programme, weltanschaulicher Positionen und religiöser Bekenntnisse, über Klassenschranken, über Trennendes hinweg zusammenwirken, um die Völker vor der Katastrophe eines Nuklearkrieges zu bewahren.
... Selbst die Realisierung von Profit wird durch einen nuklearen Weltkrieg illusionär. So entsteht die historische Chance, daß im Kampf für den Frieden

die unterschiedlichsten Kräfte zueinanderfinden und dieser Kampf eine Breite erlangt, wie sie bisher nie bestand.“
(Erich Honecker: Reden und Aufsätze, Band 9, Berlin 1985, S. 280, 284)

Die SED nutzte in den folgenden Jahren intensiv die Möglichkeiten, die sich auch für den Meinungsaustausch mit der SPD ergaben. Standpunkte von SPD-Politikern, daß es nur „gemeinsame Sicherheit“ geben könne und trotz unterschiedlicher Bündniszugehörigkeit und gesellschaftlicher Ordnung eine Sicherheitspartnerschaft anzustreben sei, verdienten größte Aufmerksamkeit. Aus diesem Dialog gingen verschiedene Abrüstungsvorschläge und das gemeinsame Papier der Akademie für Gesellschaftswissenschaften beim ZK der SED und der Grundwertekommission der SPD „Der Streit der Ideologien und die gemeinsame Sicherheit“ hervor, das im August 1987 veröffentlicht wurde. Inzwischen sind regelmäßige Beratungen zu Fragen von Abrüstung und Sicherheit zwischen beiden Parteien bereits ein Stück Normalität.

Die DDR unterstützte auch Vorschläge, wie sie beispielsweise vom schwedischen Ministerpräsidenten Olof Palme unterbreitet wurden. Sie war bereit, ihr gesamtes Territorium für einen kernwaffenfreien und truppenreduzierten Korridor zur Verfügung zu stellen. Immer wieder unterbreitete sie Angebote und Vorschläge für vertrauensbildende Maßnahmen und Teilschritte zur Abrüstung. So schlug die DDR im Februar 1987 gemeinsam mit der ČSSR der Regierung der BRD Verhandlungen über einen atomwaffenfreien Korridor in Europa vor.

»

Friedens- und Abrüstungsinitiativen des Sozialismus von April 1985 bis Januar 1986:

April 1985:
Appell Erich Honeckers an Helmut Kohl, seinen Einfluß für einen konstruktiven Verlauf der Genfer Verhandlungen zwischen der UdSSR und den USA geltend zu machen.
Vorschläge Michail Gorbatschows zur Einstellung des Wettrüstens.
Juni 1985:
Arbeitsgruppe der SED und der SPD unterbreitet einen „Rahmen für ein Abkommen zur Bildung einer von chemischen Waffen freien Zone in Europa“.
August 1985:
UdSSR stellt einseitig Kernwaffenversuche ein.
Vorschlag der UdSSR zur friedlichen Erschließung des Weltraumes.
September 1985:
Schreiben Erich Honeckers an Helmut Kohl: Vorschlag zu Verhandlungen über chemiewaffenfreie Zonen in Mitteleuropa.

Oktober 1985:
Warschauer Vertrag verabschiedet Vorschläge „Für die Beseitigung der nuklearen Gefahr, für eine Wende zum Besseren in Europa und in der Welt".
November 1985:
Gipfeltreffen zwischen UdSSR und USA.
Januar 1986:
Michail Gorbatschow unterbreitet Programm zur etappenweisen Reduzierung der nuklearen Rüstungen mit dem Ziel einer kernwaffenfreien Welt bis zum Jahre 2000.

Angesichts der ungeheuren Bedrohung, die sich hinter den angehäuften Waffenarsenalen, insbesondere hinter dem Vernichtungspotential atomarer Waffensysteme verbarg, galt es manche politische Prämisse neu zu bedenken und kritisch zu prüfen. Noch nie stand die Existenz der ganzen Menschheit auf dem Spiel. Eine Nachkriegszeit würde es nicht mehr geben. Konnte unter solchen Bedingungen der Krieg noch als Fortsetzung der Politik gelten, wie es einst der preußische Militärreformer Clausewitz formuliert hatte? Wenn ein Nuklearkrieg weder Sieger noch Besiegte kannte, welchen Sinn hatte dann das Soldatsein? Sollte der Sozialismus im militärischen Schutz seiner Errungenschaften nachlassen, nur weil ein militärischer Konflikt im Inferno münden würde? Welche Schlußfolgerungen waren für die Militärdoktrin unter diesen neuen Bedingungen notwendig? Konnte ein Weltkrieg noch Ausgangspunkt revolutionärer Veränderungen sein, wie das zweimal in der Geschichte dieses Jahrhunderts war? Fragen über Fragen, die bedacht sein wollten, Antworten erheischten und vielfach neue Wege des Denkens und Handelns erforderten. Die SED hat den Diskussions- und Erkenntnisprozeß dazu maßgeblich mit gefördert.

Einen ebenso wichtigen Friedensbeitrag wie mit ihrer Politik des Dialogs leistete die DDR mit der stabilen wachstumsorientierten Entwicklung ihrer Volkswirtschaft.

Die Losung „Mein Arbeitsplatz ist mein Kampfplatz für den Frieden", die in den 80er Jahren großes Echo fand, traf den Nagel auf den Kopf. Nur eine leistungsfähige sozialistische Gesellschaft vermochte die Potenzen und Triebkräfte freizusetzen, die zur effektiven Sicherung des Friedens notwendig waren. Die Frage konnte deshalb auch nicht lauten: Entweder erhöhte Verteidigungsanstrengungen oder ökonomisches Wachstum? Gesichertes ökonomisches Wachstum und Friedenssicherung waren eine Einheit, das eine ohne das andere nicht zu haben. Daß beide Aufgaben zugleich größte Anstrengungen erforderten, darüber gab es keinerlei Illusionen.

Die ökonomische Strategie der SED war insofern zugleich Friedensstrategie. Dazu kommt, daß die Meisterung der wissenschaftlich-technischen Revolution ökonomische wie friedenssichernde Dimensionen hat. In vielerlei Hinsicht bestätigt sich aufs neue die historische Erfahrung, daß der Frieden sicherer ist, wenn es gelingt, den Sozialismus zu stärken. Das Gewicht der DDR im Dialog um den Frieden wäre ohne ihre ökonomischen Leistungen, ohne den Fleiß ihrer Bürger nicht denkbar. Anfang 1988 begann der vorzeitige Abzug sowjetischer Mittelstreckenraketen des Typs OTR-22 vom Territorium der DDR. Die DDR hatte sich darüber mit der Führung der UdSSR verständigt. In den ehemaligen Standort Warenhof (Müritz) zogen bereits am 3. Juli Urlauber ein. Die Neubaukaserne war zum FDGB-Ferienobjekt umgestaltet worden.

? Welche Zukunftsfragen nahm der XI. Parteitag der SED in Angriff?

In etwas mehr als zehn Jahren wird dieses Jahrhundert zu Ende gehen und ein neues Jahrtausend der Menschheitsgeschichte beginnen. Alt und jung, Menschen auf allen Kontinenten ist diese Zeitenwende Anlaß, Bilanz zu ziehen und über die Zukunft nachzudenken. Fragen nach der eigenen Zukunft verbinden sich mit Fragen nach den Perspektiven der Menschheit und der Gesellschaft, in der man seine Lebenspläne realisieren will.

Im 20. Jahrhundert, das sich nun dem Ende zuneigt, haben zwei verheerende Weltkriege einen Strich durch die Lebensplanung ganzer Generationen gemacht. Wird es gelingen, die Atomwaffen für immer vom Erdball zu verbannen, einen dritten, einen atomaren Weltkrieg zu verhindern und ein friedliches Zusammenleben der Völker zu sichern? Wie wird der Wettbewerb der Systeme weitergehen? Ist die Menschheit in der Lage, den folgenden Generationen eine gesunde Umwelt zu hinterlassen? Wird sie Unterentwicklung und Hunger überwinden können? Kann solch bedrohlichen Krankheiten wie Krebs und AIDS Paroli geboten werden? Wie wird die Entwicklung von Wissenschaft und Technik weitergehen, und welche Folgen wird das für Beruf und Freizeit haben?

Zweifelsohne steht der Sozialismus wie die gesamte Menschheit vor großen Herausforderungen, die die Anspannung aller Kräfte nötig machen.

Es war deshalb selbstverständlich, daß der XI. Parteitag der SED, der im April 1986 – vier Jahrzehnte nach dem historischen Beschluß zur Vereinigung von KPD und SPD – tagte, ebenfalls die Aufmerksamkeit auf das Jahr 2000 lenkte. Mit welcher Strategie ist die Schwelle zum nächsten Jahrtausend erfolgreich zu meistern? Welchen Aufgaben muß sich die sozialistische Gesellschaft verstärkt widmen, um den Anforderungen der Jahrtausendwende gerecht zu werden? Welche Entwicklungen der Gegenwart sind die Hauptwege in die Zukunft?

Zunächst bekräftigte die Partei der Arbeiterklasse: Die Gestaltung der entwickelten sozialistischen Gesellschaft wird auch in den nächsten Jahrzehnten unsere Kraft und unsere Aufmerksamkeit erfordern. Die sozialistische Gesellschaft ist nach wie vor ein relativ junger sozialer Organismus. Ihre Vorzüge und Triebkräfte zu entfalten und ihre Ideale zu verwirklichen, beansprucht einen längeren historischen Zeitraum. Es bestätigt sich, was das Programm der SED bereits 1976 deutlich herausarbeitete: „Die Gestaltung der entwickelten sozialistischen Gesellschaft ist ein historischer Prozeß tiefgreifender politischer, ökonomischer, sozialer und geistig-kultureller Wandlungen."

Die bewährte Gesellschaftsstrategie wird deshalb konsequent weiter verfolgt und vervollkommnet. Im Zentrum aller Anstrengung bleibt, Wirtschafts- und Sozialpolitik in einer solchen Einheit zu verwirklichen, die dem Sinn des Sozialismus, seinem sozialen und humanistischen Charakter entspricht. Im Kern geht es darum, wie Wirtschaftswachstum und technischer Fortschritt unmittelbar in soziale Leistungen und Lebensqualität umgesetzt und wie soziale Sicherheit und Wohlstand zu echten Leistungsfaktoren gemacht werden können.

Hier gibt es keinen Automatismus. Ständig sind in diesem Zusammenhang neue Fragen zu beantworten und komplizierte Probleme zu lösen. Der XI. Parteitag der SED hat deshalb den Kurs der Einheit von Wirtschafts- und Sozialpolitik zum Hauptkampffeld erklärt. Auf diesem Gebiet werden, wie internationale Erfahrungen zeigen, Zukunfts- und Existenzfragen entschieden.

» ***Erich Honecker auf dem XI. Parteitag der SED, April 1986:***
„Die Tatsache, daß die DDR nun schon über anderthalb Jahrzehnte eine kontinuierliche ökonomische und soziale Entwicklung gewährleistet, darf man zu Recht als ein historisches Zeugnis dafür bezeichnen, was der reale Sozialismus vermag. Bei unseren Erfolgen übersehen wir jedoch keineswegs, daß das Erreichte noch nicht das Erreichbare ist …
Ende der 70er, Anfang der 80er Jahre standen wir vor der Frage, wie es weitergehen soll. Sollten wir jenen Gehör schenken, die für ein Abbremsen des Tempos waren, oder denjenigen, die dafür waren, die umfassende Intensivierung, den Kurs der Einheit von Wirtschafts- und Sozialpolitik weiter durchzuführen. Wir haben diesen Kurs gewählt, und die Ergebnisse sind offen sichtbar."
(Protokoll der Verhandlungen des XI. Parteitages der Sozialistischen Einheitspartei Deutschlands, Berlin 1986, S. 48)

Wer Zukunftsfragen beantworten will, muß ökonomisches Wachstum sichern und sich dem Fortschritt der Produktivkräfte, den neuen Tendenzen in Wissenschaft und Technik stellen. Dabei geht es gegenwärtig und künftig nicht um wissenschaftlichen und technischen Fortschritt schlechthin. Wir erleben vielmehr eine tiefgreifende Revolution. Mikroelektronik, Computertechnik, Roboter, neue Technologien und Verfahren ermöglichen gänzlich neue Lösungen für die Produktion, für die Steuerung und Verkettung von Maschinensystemen, für die Automatisierung und die Produktionsvorbereitung. Kaum ein Bereich des Lebens bleibt von der neuen Etappe der wissenschaftlich-technischen Revolution ausgespart. Erstmals ist auch der Bereich der geistigen Arbeit, wenn wir z. B. an Personalcomputer denken, in die technischen Umwälzungen einbezogen. Bei der Meisterung der wissenschaftlich-technischen Revolution ist im wahrsten Sinne des Wortes

Von der Tribüne des XI. Parteitages der SED wendet sich der Generalsekretär des ZK der SED und Vorsitzende des Staatsrates der DDR, Erich Honecker, an die Jugend der DDR: Ihr werdet in der Blüte eures Lebens das Banner der Errungenschaften des Sozialismus auf deutschem Boden über die Schwelle des neuen Jahrtausends tragen!

ein Wettlauf mit der Zeit zu bestehen. Das Tempo der Entwicklung hat sich international stark beschleunigt. Schonplätze im Wettbewerb werden aber nicht vergeben. Das gilt insbesondere für den Wettstreit der gegensätzlichen Systeme. In diesem Wettlauf mit der Zeit fallen weitreichende Entscheidungen zum Platz der Volkswirtschaft der DDR im internationalen Wirtschaftsleben sowie zum künftigen Wohlstand unserer Gesellschaft und ihrer einzelnen Mitglieder.

Der XI. Parteitag der SED orientiert deshalb auf die beschleunigte Entwicklung und breite Anwendung ausgewählter Schlüsseltechnologien. Diese Aufgabe steht an der Spitze der ökonomischen Strategie, die mit Blick auf das Jahr 2000 präzisiert wurde. Neben der Mikroelektronik geht es dabei vor allem um moderne Rechentechnik, Informationstechnologie, CAD/CAM-Arbeitsstationen, flexible Automatisierung und neue Verfahren der Biotechnologie. Allen ist gemeinsam, daß sie einen Schlüssel für tiefgreifende Erneuerungen und Veränderungen im Produktions- und Reproduktionsprozeß bieten. CAD/CAM-Lösungen im VEB Kombinat Umformtechnik „Herbert Warnke“ in Erfurt hatten z. B. zum Zeitpunkt des XI. Parteitages die Produktionsdurchlaufzeiten um 40 Prozent verringert und Lieferfristen um ein Drittel bzw. um die Hälfte verkürzt.

Die DDR verfügt über eine volkswirtschaftliche Basis, die anspruchsvolle Ziele ermöglicht. Ein Drittel ihrer Maschinen und Anlagen ist nicht älter als fünf Jahre. Mitte der 80er Jahre beherrschte die DDR-Volkswirtschaft bereits 17 Basistechnologien der Mikroelektronik und produzierte 612 Grundtypen von aktiven elektronischen Bauelementen. 1986 konnten über 21000 Personalcomputer „PC 1715“ bereitgestellt werden. Mehr als 5 Millionen Facharbeiter und Meister, 200000 hochqualifizierte Kader in Forschung und Entwicklung sowie 1,7 Millionen Berufstätige mit Hoch- und Fachschulabschluß verkörpern ein beachtliches geistiges Potential.

Zugleich sind hohe Investitionen nötig, um mit der Entwicklung Schritt zu halten. 27 Milliarden Mark, d. h. 40 Prozent der geplanten Mittel für Wissenschaft und Technik, sollen nach dem gegenwärtigen Stand für die Entwicklung der Schlüsseltechnologien eingesetzt werden. Bis 1990 ist ein sprunghafter Zuwachs bei der Produktion mikroelektronischer Bauelemente vorgesehen. Die Mikroelektronik hat zentrale Bedeutung für die Meisterung der wissenschaftlich-technischen Revolution. Sie wird deshalb in der DDR beschleunigt entwickelt. 160000 bis 170000 Büro- und Personalcomputer sowie annähernd 80000 Industrieroboter sieht der Fünfjahrplan vor. Am 12. September 1988 konnten die ersten in der DDR hergestellten 1-Megabit-Speicherschaltkreise vom Kombinat Carl Zeiss JENA an Erich Honecker übergeben werden. In nur zwei Jahren hatten die beteiligten Kollektive, deren Durchschnittsalter 26 Jahre beträgt, diesen Entwicklungsauftrag gemeistert.

Natürlich ist es weder möglich noch notwendig, in den nächsten Jahren überall Spitzentechnik einzuführen. Doch auch dort, wo dies nicht geschieht, bleibt die Aufgabe, rationeller zu produzieren, sind Ideen und schöpferische Lösungen gefragt. Die Wende zur intensiv erweiterten Reproduktion, die in den zurückliegenden Jahren in der Volkswirtschaft vollzogen werden konnte, muß unbedingt umfassend durchgesetzt und stabilisiert werden. Über viele Jahre hinweg hohe Einsparungen beim Material- und Energieeinsatz zu erreichen ist eine anspruchsvolle und schwierige Aufgabe. Was vor Jahren noch allein durch sorgfältigeren Umgang mit Material zu erreichen war, wird mehr und mehr nur noch durch neue Erzeugnisse, Technologien und Produktionsverfahren möglich. Anders ist aber künftig ökonomisches Wachstum nicht mehr möglich. Naturreichtümer und Rohstoffe sind nicht unerschöpflich.

Die Intensivierung der Volkswirtschaft und die Meisterung der wissenschaftlich-technischen Revolution berührt eine weitere Zukunftsfrage: Wie kann ökonomisches Wachstum gesichert und zugleich die Belastung der Umwelt verringert werden? Da in der DDR bekanntlich Braunkohle der Hauptenergieträger ist, geht es bei der Einsparung von Energie um mehr als nur um die Senkung der Produktionskosten und des Aufwandes. Durch die Verwertung von Sekundärenergie konnten 1986 beispielsweise 48 Millionen Tonnen Rohbraunkohle eingespart werden. Das bedeutet, daß die Emission von schätzungsweise 800000 Tonnen Schwefeldioxyd vermieden wurde. Neue energiesparende Maschinen, Anlagen und Konsumgüter sind deshalb ein maßgeblicher Beitrag zum Umweltschutz. Gerade die Mikroelektronik eröffnet dafür bisher nicht gekannte Möglichkeiten. Abproduktarme Technologien, geschlossene Produktionskreisläufe, die Wiederverwendung von Sekundärrohstoffen sind weitere Wege, unsere Umwelt auch künftigen Generationen zu erhalten.

Bereits 1980 beschloß der Ministerrat der DDR eine Jahrhundertkonzeption für die Entwicklung des Waldes. Beträchtliche Mittel werden eingesetzt, um Waldschäden vorzubeugen und geschwächte Bestände wieder zu stärken. Langfristige und nicht selten aufwendige Projekte werden auch in der Wasserwirtschaft verwirklicht. Die Talsperre in Eibenstock, die Industriekläranlage in Buna und das Klärwerk Nord vor den Toren Berlins sind nur drei der Objekte, die in den 80er Jahren in Betrieb gingen.

Zu den Zukunftsfragen, denen sich der XI. Parteitag widmete, gehörten ebenfalls die neuen Anforderungen, die für die Zusammenarbeit der sozialistischen Länder und die sozialistische ökonomische Integration in der künftigen Etappe stehen. Der Entwicklung und dem Ausbau dieser Zusammenarbeit kommt gerade angesichts komplizierter internationaler Vorgänge große Bedeutung zu. „Bei all unseren Plänen und ihrer Realisierung“, betonte Erich Honecker im Bericht an den XI. Parteitag der SED, „können wir uns auf feste Vereinbarungen über die weitere Vertiefung der sozialistischen ökonomischen Integration stützen." Auf ihrer Moskauer Beratung im Juni 1984 hatten die führenden Repräsentanten des RGW bisherige Erfahrungen bei der Verwirklichung des Komplexprogramms von 1971 geprüft und Hauptrichtungen der weiteren Entwicklung abgesteckt. Im Dezember 1985 wurde das „Komplexprogramm des wissenschaftlich-technischen Fortschritts der Mitgliedsländer des RGW bis zum Jahr 2000" unterzeichnet. Die DDR und die UdSSR vereinbarten im Jahr zuvor für den gleichen Zeitraum ein Programm der Zusammenarbeit in Wissenschaft, Technik und Produktion. Die Verwirklichung dieser Ziele stellt für alle Partner eine große Herausforderung dar. „Dabei muß jedes Land seinen Entwicklungsstand und seine spezifischen Gegebenheiten berücksichtigen, was natürlich mit sich bringt, daß es auch Unterschiede im Herangehen gibt." *(Erich Honecker, Februar 1987)*

Einen herausragenden Platz unter den Zukunftsfragen nimmt selbstverständlich die Erhaltung des Friedens ein. Der XI. Parteitag begrüßte die Initiativen der Sowjetunion, die auf die Beseitigung aller Atomwaffen bis zum Jahr 2000 gerichtet sind. Er versicherte: „Die DDR wird sich weiterhin durch eine Politik des ergebnisorientierten, sachlichen Dialogs und der Zusammenarbeit für die Gesundung der internationalen Lage und die Rückkehr zur Entspannung einsetzen." Die SED bekräftigte, daß es in einem Nuklearkrieg weder Sieger noch Besiegte gibt. Wettrüsten, darüber müssen sich alle Seiten klar sein, ist nicht zu gewinnen. Dafür stehen die Erfahrungen mehrerer Jahrzehnte Nachkriegsentwicklung und Konfrontation. Zukunftspolitik hingegen muß sich am Ideal einer Welt ohne Waffen und ohne Gewalt orientieren. Die sozialistische Gesellschaft, vor allem ihre Jugend, wird dieses Ideal ins neue Jahrtausend tragen.

Bis zum Jahr 2000 und darüber hinaus sind die grundlegenden Entwicklungslinien abgesteckt. In welchem Tempo, mit welchen Erfolgen wir auf diesem Weg vorankommen, hängt von vielen Faktoren ab. Sicher ist, daß wir immer wieder vor neuen Problemen, Widersprüchen und Herausforderungen stehen werden. Sie zu meistern erfordert die Tatkraft, das Schöpfertum, das Engagement jedes einzelnen.

Der Ruf an die Jugend von der Tribüne des XI. Parteitages der SED orientiert auf den aktiven Beitrag der Hausherren von morgen.

„Ihr, die ihr heute jung seid, werdet in der Blüte eures Lebens das Banner der Errungenschaften des Sozialismus auf deutschem Boden über die Schwelle des neuen Jahrtausends tragen. Bereitet euch darauf vor! Mit eurer Arbeit und eurer Verteidigungsbereitschaft, mit eurem Wissen und Können, mit eurem Fleiß und eurem Schöpfertum bestimmt ihr den künftigen Weg unseres Arbeiter-und-Bauern-Staates mit.

Studiert den Marxismus-Leninismus, lernt aus der Geschichte, übernehmt die revolutionären Erfahrungen der Generationen vor euch und geht auf ihrem Wege mit eigenen Schritten voran.

Befähigt euch, jederzeit der stürmischen Entwicklung von Wissenschaft und Technik gewachsen zu sein. Tragt mit unbedingtem Leistungswillen und höchster Arbeitsmoral dazu bei, die Wirtschaftsstrategie unserer Partei umfassend zu verwirklichen.

Bewährt euch in den Jugendbrigaden, Jugendforscherkollektiven und Jugendobjekten, in der Bewegung der Messe der Meister von morgen und bei den ökonomischen Initiativen der FDJ als Initiatoren des Neuen. Die wissenschaftlich-technische Revolution zu meistern ist heute eine Aufgabe von revolutionärer Bedeutung für die gesamte junge Generation.

Stärkt durch eure Tat den Sozialismus. Nur er garantiert der jungen Generation ein Leben in Frieden und Freiheit, in Menschenwürde und sozialer Sicherheit. Entwickelt und erprobt euer Talent, entfaltet eure Fähigkeiten und nehmt bewußt teil an der Verwirklichung der Politik unserer Partei. Erschließt euch die Schätze der Wissenschaft, der Kultur und Kunst als ständige Weggefährten eures Lebens. Bereichert sie mit neuen eigenen Schöpfungen.

Stellt euch mit euren Freunden in der Sowjetunion und in den anderen Ländern der sozialistischen Gemeinschaft den neuen Dimensionen der sozialistischen Integration. Festigt die Freundschaft mit der fortschrittlichen Jugend aller Nationen und steht in antiimperialistischer Solidarität fest an der Seite der Völker, die um ihre nationale und soziale Befreiung kämpfen.

Das Leben im Sozialismus ist für jeden eine große Chance.

Lernt und arbeitet, arbeitet und lernt so, daß jeder von euch in Wort und Tat als sozialistischer Patriot und proletarischer Internationalist, als schöpferischer Mitgestalter und standhafter Verteidiger der sozialistischen Revolution auf deutschem Boden bestehen kann. Vereint alle eure Kräfte im Kampf um die Lösung der wichtigsten Aufgabe der Gegenwart – die Sicherung des Friedens, je stärker der Sozialismus, desto sicherer der Frieden; je sicherer der Frieden, desto klarer die Zukunft der Jugend."

(Protokoll der Verhandlungen des XI. Parteitages der Sozialistischen Einheitspartei Deutschlands, Berlin 1986, S. 97/98)

An der Vorbereitung des Manuskriptes waren beteiligt:

Hans-Joachim Hinz,
Ulrich Jochmann,
Detlef Meyer,
Lothar Scheffler,
Hans-Ulrich Wuttig

Redaktionelle Mitarbeit:

Dieter Reichelt,
Frank Schumann,
Reinhard Thyzel

Gestaltung:

Norbert Biskup, Inhalt
Klaus Schirrmeister, Umschlag

ISBN 3-73-02-0590-0
Herausgegeben vom Zentralrat der FDJ in Zusammenarbeit mit der Akademie für Gesellschaftswissenschaften beim ZK der SED über Verlag Junge Welt

1. Auflage
Druckgenehmigungsnummer: 308/72/88
Printed in the German Democratic Republic
Gesamtherstellung: Graphischer Großbetrieb Karl-Marx-Werk Pößneck V 15/30
Organisationspreis: 3,00 Mark

Fotonachweis:
ADN-Zentralbild (9); Thomas Billhardt (1);
Junge Welt-Archiv (4); Junge Welt-Reproduktion (38);
Privat (2); Zentralarchiv der FDJ (11).